ミネルヴァ日本評伝選

天下第一の母

藤原彰子

朧谷　寿　著

ミネルヴァ書房

刊行の趣意

「学問は歴史に極まり候ことに候」とは、先哲荻生徂徠のことばである。歴史のなかにこそ人間の智恵は宿されている。人間の愚かさもそこにはあらわだ。この歴史を探り、歴史に学んでこそ、人間はようやくみずからの正体を知り、いくらかは賢くなることができる。新しい勇気を得て未来に向かうことができる。徂徠はそう言いたかったのだろう。

「ミネルヴァ日本評伝選」は、私たちの直接の先人について、この人間知を学びなおそうという試みである。日本列島の過去に生きた人々の言行を、深く、くわしく探って、そこに現代への批判を聴きとろうとする試みである。日本人ばかりではない。列島の歴史にかかわった多くの異国の人々の声にも耳を傾けよう。先人たちの書き残した文章をそのひだにまで立ち入って読み、彼らの旅した跡をたどりなおし、彼らのなしとげた事業を広い文脈のなかで注意深く観察しなおす——そのとき、はじめて先人たちはいまの私たちのかたわらによみがえってくる。彼らのなまの声で歴史の智恵を、また人間であることのよろこびと苦しみを、私たちに伝えてくれもするだろう。

この「評伝選」のつらなりのなかから、列島の歴史はおのずからその複雑さと奥ゆきの深さをもって浮かび上がってくるはずだ。これを読むとき、私たちのなかに新たな自信と勇気が湧いてきて、その矜持と勇気をもって「グローバリゼーション」の世紀に立ち向かってゆくことができる——そのような「ミネルヴァ日本評伝選」にしたいと、私たちは願っている。

平成十五年（二〇〇三）九月

上横手雅敬
芳賀　徹

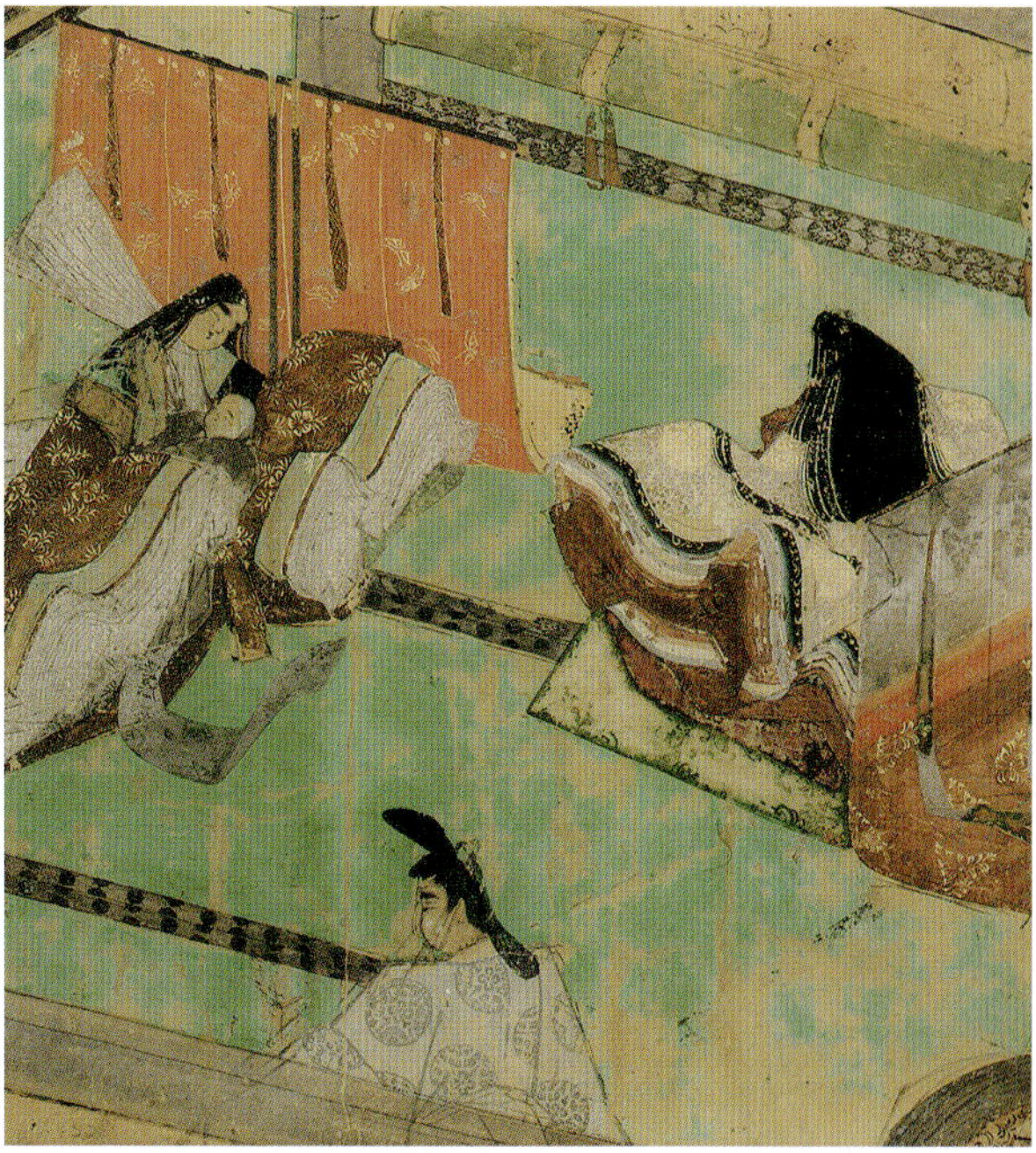

若宮を抱く中宮彰子と見守る道長（五十日祝い）

金銀鍍宝相華文経箱（延暦寺蔵）

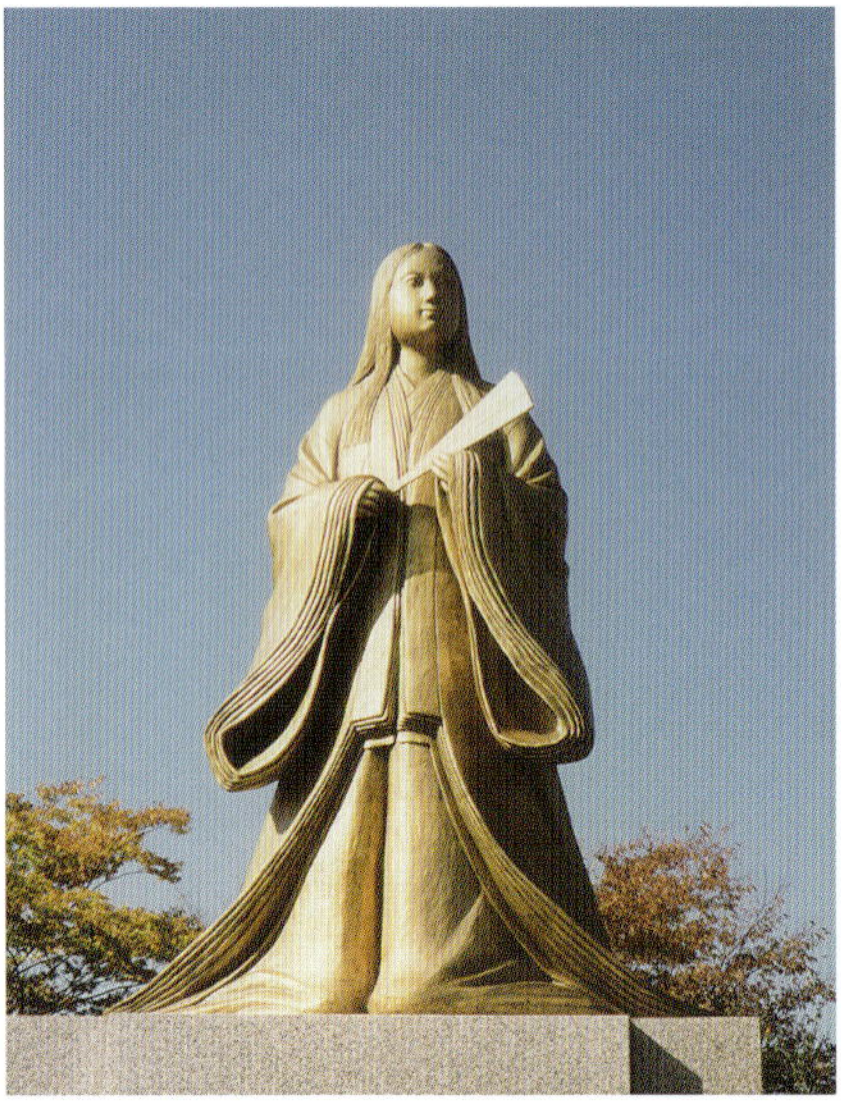

紫式部像（越前市，円鍔勝三制作）

藤原彰子——天下第一の母

目次

第六章　女院出家する……201

図版一覧

関係地図

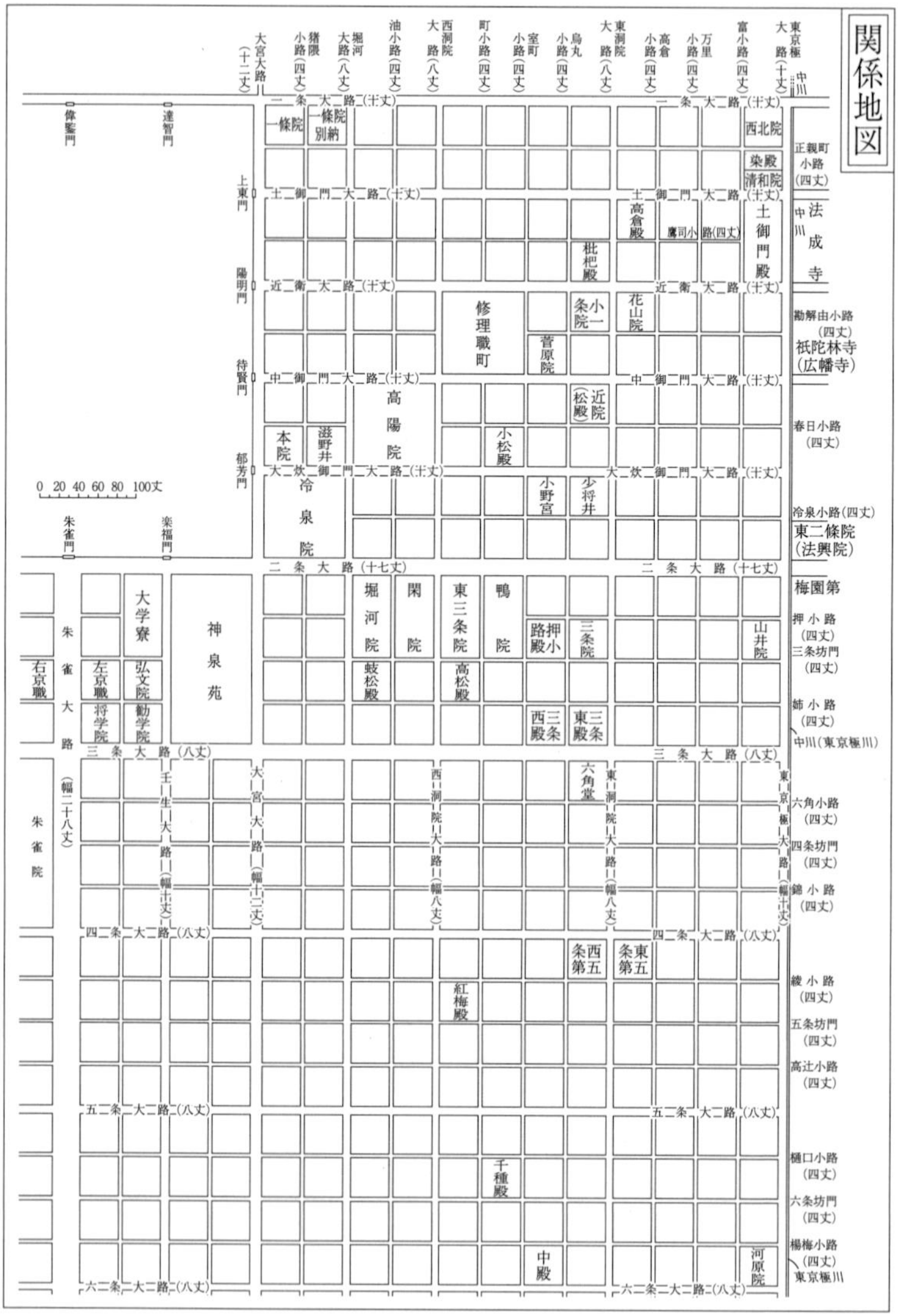

平安京左京図（六条以北）

関係系図

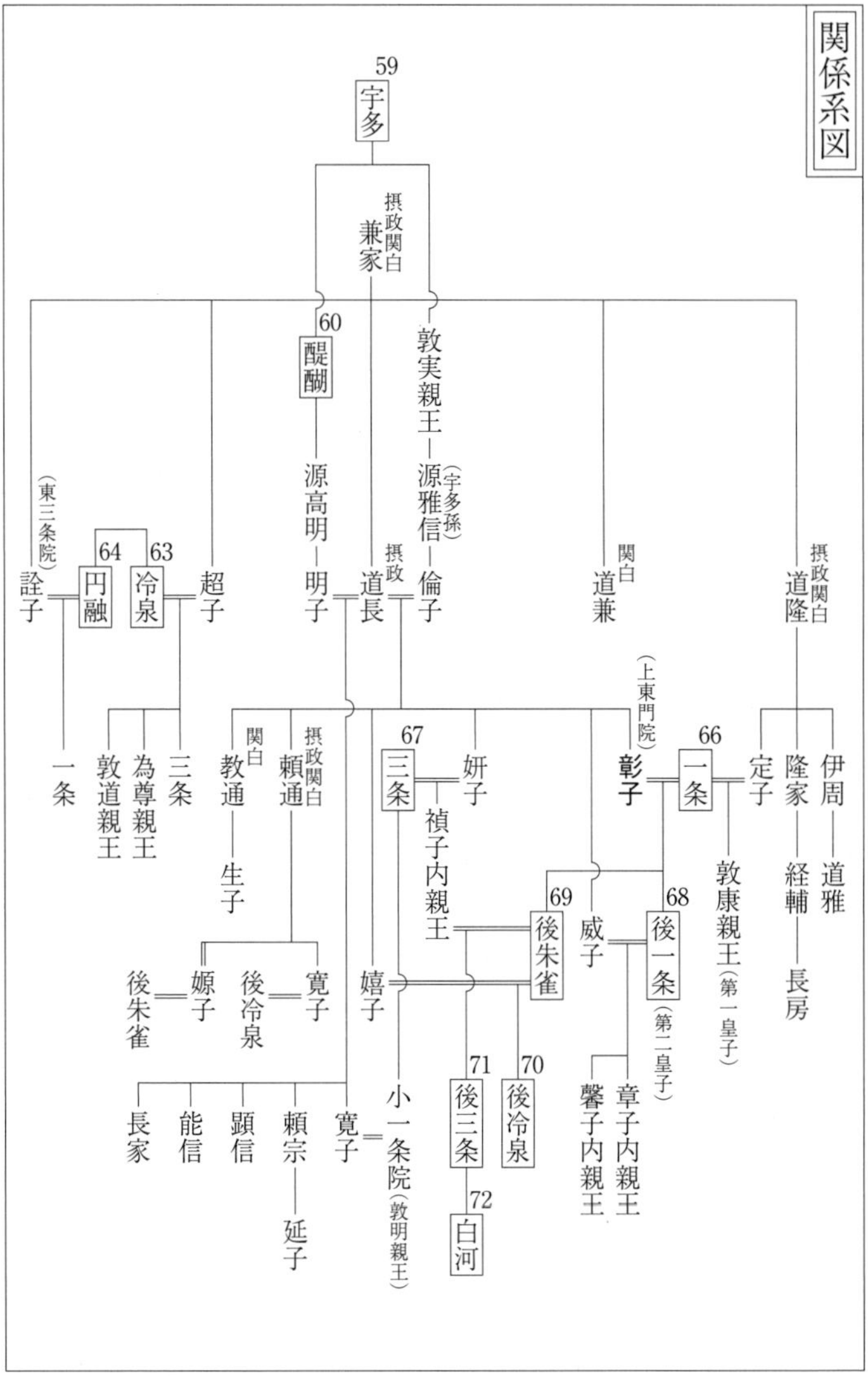
59 宇多
摂政関白 兼家
60 醍醐
敦実親王
源高明
源雅信（宇多孫）
（東三条院）詮子
64 円融
63 冷泉
超子
明子
摂政 道長
倫子
関白 道兼
摂政関白 道隆
一条
敦道親王
為尊親王
三条
関白 教通
摂政関白 頼通
67 三条
妍子
（上東門院）彰子
66 一条
定子
隆家
伊周
生子
禎子内親王
69 後朱雀
威子
68 後一条
敦康親王（第一皇子）
経輔
道雅
長房
後朱雀
嫄子
後冷泉
寛子
嬉子
（第二皇子）
71 後三条
70 後冷泉
馨子内親王
章子内親王
長家
能信
顕信
頼宗
寛子
小一条院（敦明親王）
延子
72 白河

序章　「望月」の娘

ほろ酔い気分の藤原道長が、居並ぶ公卿を前にして、

この世をば我が世とぞ思う望月の
　欠けたることのなしと思へば

と、夜のしじまを破って高らかに歌いあげたことはよく知られている。

今年（二〇一八年）は、この歌が詠まれてちょうど千年の節目にあたるが、道長に、わが世の栄華を謳歌させた要因をつくったのが、本書の主人公、娘の藤原彰子（上東門院）である。

寛仁二年（一〇一八）十月十六日、一条天皇の中宮彰子が生んだ後一条天皇に入内していた彰子の妹の威子が立后したことで、道長は三后（太皇太后・皇太后・皇后）をわが娘で独占し、史上例を見な

い快挙を成し遂げたのである。その舞台は再建間もない大豪邸、土御門殿の寝殿においてであり、祝宴は深夜におよんでいる。

道長の栄華の舞台ともなった土御門殿（九千坪ほど）の跡は、こんにちの京都御苑の中央東寄り、京都迎賓館の南に求められ、仙洞御所の北塀と砂利道を挟んだ公園の南端の地に駒札が建っている。これは「源氏物語千年紀」（二〇〇八年）のおりに建碑されたものであり、僭越ながら私も一役買っている。

この「源氏物語千年紀」も彰子と関わりが深い。彰子所生の敦成《あつひら》親王（のちの後一条天皇）の土御門殿での五十日《いか》の祝いの夜、酒に酔った藤原公任《ふじわらのきんとう》が、紫式部の部屋のあたりで「このあたりに若紫さんはいらっしゃいますかね」と問いかけた話（『紫式部日記』）から、この時点（二〇〇八年十一月一日）において『源氏物語』が確実に存在したことを裏づけるものとして記念行事が催行されたのである。

ちなみに平安時代の当辺は、道長邸をはじめとする有力貴族や皇族たちの住む高級住宅域であって、天皇およびこれに関わる生活空間（内裏）をはじめ諸々の役所などは、道長邸より一キロメートル余り西方にあった（大内裏）。今は人家の密集地と化している。

以下に彰子の生涯を述べるにあたって、その前史ともいえる道長に至る藤原氏の大きな動きを素描しておこう。

摂関家前史

そもそも藤原氏（北家）が千年におよんで独占する摂政・関白（略して摂関）は、道長を遡ること五代の藤原良房《よしふさ》（八〇四～七二）にはじまる。文徳天皇に入れていた娘の明子が生んだ皇子が九歳になった時、天皇が三十二歳の若さで崩御すると、即位して清和天皇となり、外祖父である良房が幼帝の政治を後見した（実質上の摂政）。そして八年後の貞観八年（八六六）に起きた応天門の変で、大納言伴善男《とものよしお》らを失脚させるなど朝廷に漂う暗雲のなかをうまく乗りきった。そして良房は臣下として初の摂政となったのである。

良房には男子がいなかったので兄の子、基経《もとつね》（八三六〜九一）を養子にして後継者とした。摂政を引き継いだ基経は、清和天皇のあと皇位についた皇子の陽成天皇（母は基経の妹の藤原高子）に粗暴な振る舞いが目立ったため十七歳で退位に追い込み、五十五歳という破格な高齢の光孝天皇の即位に踏み切った。この天皇が在位四年で崩御すると、第七皇子で臣下となっていた源定省《みなもとのさだみ》が皇族に戻り、帝位についた（宇多天皇）。宇多天皇は基経を関白に任じたが、基経の上表に対する勅答文の「阿衡《あこう》」の解釈をめぐって論争となり、基経が政務から手を引くという事態が生じたが、天皇側が折れて収束した（阿衡の紛議）。

基経の死後、宇多天皇は摂関を置かずに親政を目ざし、醍醐天皇も継承し、ここに四十年間に亙る摂関不置の時代が到来した。また宇多天皇は、基経の嫡男、時平《ときひら》（八七一〜九〇九）に権力が集中するのを抑えるため菅原道真《すがわらのみちざね》（八四五〜九〇三）を重用し、道真は右大臣にまで昇るが、これが仇となって、左大臣時平によって逆心を理由に大宰府へ流罪となり、かの地で他界した。しばらくすると都では東宮の夭折や時平の死（三十九歳）をはじめ天災や疫病が相次ぎ、これが道真の怨霊の祟りと、誰の目にも映った。

時平のあと政権を握った実弟の忠平《ただひら》（八八〇〜九四九）は、道真を祀りあげることで怨霊から逃れ、醍醐天皇の崩御により、妹の中宮穏子所生の朱雀《すざく》天皇（八歳）の即位で四十年ぶりに摂政となり、天皇の元服後に関白に転じた。そして朱雀天皇の弟、村上天皇の即位四年目にして忠平が薨《こう》じると、天皇崩御までの十七年間、ふたたび摂関が途絶えるのである。

村上天皇には忠平の子、師輔《もろすけ》の娘の安子が中宮となって、二人の間に憲平《のりひら》・為平《ためひら》・守平《もりひら》の三親王が誕生していた。天皇が在位のまま崩御すると、第二皇子で東宮の憲平親王が即位して冷泉天皇となった（十八歳）。天皇には怨霊に取り憑かれるなどの噂とともに異常な行動があり、忠平の子の実頼（九〇〇〜七〇）が関白となった。ほんらい天皇の外祖父にあたる実頼《さねより》の異母弟の師輔がなるはずであったが、すでに他界していた。

安和二年（九六九）三月、突如として左大臣源高明《たかあきら》が大宰《だざいのごんのそち》権帥（帥に替って政務を執る者、またはこの例のように大臣などが流罪のさいに名目的に付けられる場合とある）に左遷され（安和の変）、後任の左大臣に右大臣藤原師尹《もろまさ》が就いたが、その年のうちに薨じている。事の真相は判然とせず、それだけに謀反の可能性が高い。

醍醐天皇を父にもつ源高明は賜姓皇族《しせいこうぞく》（姓を賜わり臣下となった皇族）で村上天皇の異母兄である。冷泉天皇即位のおりに東宮となったのは、兄の為平親王を差し置いて弟の守平親王であった。十八歳になっていた為平親王の四年前の元服式で加冠の役を務めたのは源高明であり、その翌年には高明の娘と結婚している。

こうした情況のもと、もし為平親王が皇太子、ついで天皇になれば高明が実権を握り、（醍醐）源氏の世になってしまう。このことを懸念した藤原伊尹《これまさ》・兼通《かねみち》・兼家《かねいえ》ら安子の兄弟や叔父の師尹らが高明の左遷を企んだ、とみるのが理にかなっているように思う（『大鏡』）。藤原氏による他氏（賜姓源氏）排斥事件といわれるゆえんである。

事件の数カ月後に冷泉天皇（二十歳）から円融天皇に替わり、摂政となった藤原実頼《さねより》が翌年に七十一歳で他界する。そこで安子の兄の伊尹（九二四～七二）が摂政を引き継いだ。伊尹は東宮の師貞《もろさだ》親王（花山天皇）の外祖父でもあったから将来への期待は大きかったが、二年後に四十九歳で薨じてしまう。

ここに伊尹の後継をめぐって兼通（九二五～七七）、兼家（九二九～九〇）兄弟の暗躍が展開する。順番からいえば次兄の兼通となるが、廟堂における官位が四歳年下の兼家の方が勝っていたことで兼家にも理がある。それを見越してか、兼通は生前の中宮安子に書いてもらった「関白は兄弟の順にするように」という御墨付をお守りのように首に懸けて持っていた。そして兄の伊尹が亡くなった時、円融天皇にそれを見せて関白になったのだという。これは流布本系の『大鏡』（小学館〈日本古典文学全集〉「太政大臣兼通」）に見られる話である。

天禄三年（九七二）十一月のことで、時に権中納言であった兼通は大納言を飛び越して内大臣となり、兼家の上席に立った。『大鏡』の話をそのまま史実とは考え難いが、後世の編纂物の『扶桑略記』には「忽ちに不次の朝恩を蒙る、これ母后の遺書によるなり」（十一月二十六日条）とあって、『大鏡』

と同根である。いっぽう平親信《ちかのぶ》の『親信卿記』には「円融天皇への伊尹の遺言」とあり（十一月二十六日条）、同時代の日記ゆえにこの可能性は高い。

兼通は関白にあること五年にして五十三歳で病死するが、その直前に関白を従兄弟の左大臣藤原頼《より》忠《ただ》（九二四〜八九）に指名している。『大鏡』には、危篤状態の兼通の執念極まりない行動が記されている。

しかし、兼家には希望があった。二人の娘のうち姉の超子が冷泉天皇の女御となって居貞《いやさだ》親王（三条天皇）を生んでおり、妹の詮子は円融天皇の女御となって懐仁《かねひと》親王（一条天皇）を生んでいる。いっぽう兼通と頼忠は、関白となって数カ月後に娘を円融天皇に入れているが（いずれも詮子の入内より早い）、そこに皇子は誕生していない。そこが兼家の強みであった。

関白頼忠は、温厚な性格から兼家にも心を配りながら政治を行った。円融天皇に代わって十七歳で即位した花山天皇は、東宮懐仁《かねひと》親王の早い即位をもくろむ藤原兼家父子の陰謀にかかって出家に誘い込まれ、二年で退位してしまう。寛和二年（九八六）六月、七歳の一条天皇が即位して頼忠が関白を退き、右大臣兼家が外祖父として待望の摂政となった。時に五十八歳。

政権の頂点に立った兼家は、子息らの昇進を鋭意にすすめた。そして摂政五年目に関白に転じてほどなく他界し（六十二歳）、嫡男の内大臣道隆《みちたか》（三十八歳、九五三〜九五）が後継者となった。その道隆が五年後に四十三歳で病死してしまう。その年の二月、疫病流行と天変によって正暦六年から長徳元年（九九五）に改元されてほどなくのことである。後継の関白には次兄の道兼《みちかね》（三十五歳、九六一〜九五）が就いた。ところが、あろうことか道兼は十日ほどで急逝してしまう。折から流行していた疫病につかまったらしい。何しろ晩春から三カ月ほどの間に公卿の三分の一にあたる八人が他界しているのである。

元気な二人の兄の相次ぐ死は病弱な道長（三十歳）に大きな運を引き寄せた。兄の死で右大臣に滑り込んだ道長は、甥の内大臣伊周《これちか》（道隆の子、九七四～一〇一〇）を越えて廟堂の頂点に立った。しかし、これで万全ではなかった。一条天皇としては中宮定子（九七七～一〇〇〇）への愛から、伊周に政治の後見をしてほしいという意思があったらしい。それを説得して道長に内覧《ないらん》（摂政・関白に準ずる職）の宣旨をもたらしたのは天皇の母であり、道長の姉の詮子（東三条院）である。こうして道長の時代が訪れた。

このように彰子の父、道長が政権を掌握するまでには長い歴史と幾多の紆余曲折が見られた。そして良房・基経にはじまる摂政・関白は藤原北家の独占となり、一、二の例外を除いて外戚関係の構築に成功した人が任じられたが、道長以降は、それに左右されない摂関の家柄が御堂流（道長の係累）などと呼ばれるこの一流に固定し、平安時代末期から鎌倉時代にかけて家名で唱える、いわゆる近衛・鷹司・九条・二条・一条の五摂家の成立をみるのである。

彰子の登場

頗る恵まれた家庭に生を享けた彰子は、父の道長が兄たちの死を受けて政権の頂点に立った長徳元年には八歳になっていた。時の一条天皇（十六歳）にはすでに故藤原道隆の娘の定子（十九歳）が中宮となっていた。天皇の外戚となることを願う道長にとって、娘の入内はその第一歩であったから、早期の実現を意図し、彰子が十二歳になった春にそれを果たしている。そして一週間後には女御となっている。同じ日に中宮定子は一受領の家で第一皇子（敦康親王）をひっそりと出産しており、明暗を分けた一日であった。

この三カ月後に彰子は中宮となったが、そのことによって定子は皇后に押しあげられたのである。これには弟の道長の意を汲んだ東三条院詮子（一条天皇の母）の働きが大きかった。このことで今までに例を見ない一帝二后という異常な状態が現出したのである。しかしその冬に、皇后定子は二十四歳でこの世を去っている。

定子を失った天皇は、おのずと彰子に向かわざるを得ないし、道長も、天皇の関心をひくべく彰子サロンの文化を高めるような措置を講じて娘への愛を引き出す努力をしている。にも拘らず一向に懐妊の兆しが現われない。彰子が一条天皇の第二皇子、敦成《あつひら》親王を出産したのは入内から九年後の二十一歳の時であった。そして翌年には第三皇子、敦良《あつなが》親王を生んでいるから、さぞや道長を驚喜させたことであろう。この二人の皇子がのちの後一条天皇と後朱雀天皇であり、続く後冷泉天皇は彰子の実妹の嬉子が、東宮時代の後朱雀天皇に入って生んだ天皇である。この三天皇の御代、半世紀ほどが頼通の摂関時代となるのである。

つまり上述の摂関の御堂流への固定に大きく貢献したのは彰子といってよく、この三代の摂関独占が御堂流への固定化に大きく作用したのである。

彰子は后という立場からして、男性貴族のように政治や社会の動きと直接に対峙するといったことはなく、後宮や里（実家）などでの暮らしに終始したという印象が一般的である。たしかに当時の貴族の日記に公卿、殿上人、官人らのように具体的に描写されることは少ないが、道長が事を行うに先だって指示を仰いでいることなどから、彰子の政界への影響力の大きさを推し測ることができよう。一方では、道長の強引なる婚姻策に振り回される妹たちに自らの体験を語り聞かせるなどして慰めることもあったろう。まさに母后の力といえよう。姉妹たちの存在なくして頼通の半世紀におよぶ摂関時代はなかったといってよい。

　彰子の八十七年間の生涯のうちで後半の半世紀ほどは子と孫の天皇時代であり、幼帝の行幸（天皇の外出）には同輿（ひとつ輿《くるま》に乗ること）ということがしばしば見られるなど、母后としての発言が強い影響力を持ったことは否めない。とりわけ道長薨去後は、関白頼通から何かと相談を受けることも多く、それが顕著であった。

　中宮彰子は一条天皇崩後の翌年、妹の妍子が三条天皇の中宮となったことで皇太后となり（二十五歳）、三十一歳で太皇太后となった。そして三十九歳の時に出家して上東門院と称した（法名は清浄《しょうじょう》覚《かく》）。伯母の詮子（東三条院）に次ぐ史上二人目の女院であり、その号も同じように邸宅名にちなんでいる。出家した場所は、生まれ育ち、そして生涯でもっとも親しんだ土御門殿であり、上東門第（京極殿）とも呼ばれた。彰子が出家した翌年、道長は自ら創建した法成寺の阿弥陀堂において九体の阿弥陀如来像を前に六十二歳の生涯を閉じている。

　注目されるのは、出家から十三年後、彰子が法成寺において再度、剃髪していることである（五十二歳）。この場合、最初のそれは肩のあたりで髪を切り揃える一般の出家であり、この度のは髪をみんな剃り落とす、こんにちみられる完全な剃髪である。いずれも受戒を伴うことはいうまでもない。彰子の二度目の出家は若くして崩御した後一条天皇を偲んでのことという。

彰子は女院として半世紀近くを過ごすことになるが、女院になってから法成寺内の東北院をはじめ諸堂の建立、各所での仏儀の行為が目につき、石清水・住吉・四天王寺御幸など寺社への参詣も見られる。しかし宗教人の暮らしに徹したわけではなく、朝覲行幸《ちょうきんぎょうこう》（天皇が正月に父帝や母后の御所に行幸して新年の挨拶をすること）を受け、関白頼通から意見を聞かれるなど剃髪後も存在感を失っていない。

史料の問題

公的な記録の要素の強いこの時代の男性貴族の日記には女性が登場することは稀である。しかし、彰子はそれなりに登場しているが、行啓（東宮や太皇太后・皇太后・皇后（中宮）の外出）とか仏会といったような形式的な記事が多い。さらには彰子の後半生に入るとまとまった現存史料が極端に少なくなる。詳細を極めた『小右記』が長元五年（一〇三二）をもって終わり、一部分重なる形で存在する『左経記』がその四年後の長元九年の記事をもって終わっている。それも「類聚雑例」として採られている後一条天皇の喪葬に関する記事のみである。いっぽう編纂書である『日本紀略』もこの記事をもって終わっている。これ以降は継続的な日記がなく、『春記』が登場するが脱漏が多く、長暦二年（一〇三八）から長久元年（一〇四〇）と永承年間（一〇四六～五三）ぐらいに比較的に纏まった記事が残る程度である。そして断片的ながら『水左記』『康平記』（『定家記』）といったところである。いわゆる藤原頼通時代の史料の手薄さが指摘されるところである。

なお、彰子に出仕した紫式部が『紫式部日記』を、赤染衛門が『栄花物語』を書き残していることで、彰子の動静を探ることができるのである。とりわけ『栄花物語』に負うところが大きいが、貴族たちの日記に比して、事がらによっては史実性の問題がある。

彰子が八十七歳という、当時としては破格な長寿を保ったことは驚くべきことである。その間に大病もせず、御堂流の発展のために動き、天寿を全うした。ただ、長生きをしたことで、夫の一条天皇、子と孫の四人の天皇、同母の三人の妹と一人の弟の死と向きあうことになった。想像するに、七十代に入ってからは動きも緩慢となり、静かな暮らしへと傾斜していったのではなかろうか。かりに貴族の日記などが残っていたとしても記載されるようなこともなかったであろう。

以上のようなことを念頭において彰子の生涯を詳細にみていくことにしよう（なお、父の道長については、彰子の生涯に大きく影響するところは取りあげたが、広く政治・社会・生活などを中心とした道長の生涯については本評伝選でも取りあげているし、有益なる関連書も多く公刊されているのでそれらを参照されたい。また、漢文史料は読み下し文とし、現代仮名遣いを旨とした）。

第一章　道長と倫子の女君

1　彰子の家系と父母

彰子の人となり

次の一文は、『大鏡』の語る藤原彰子のエッセンスである（新潮日本古典集成『大鏡』「道長」）。

第一の女君は、一条院の御時に、十二にて参らせたまひて、またの年長保二年庚子二月二十五日、十三にて后に立ちたまひて「中宮」と申ししほどに、打続き男親王《みこ》二人産み奉りたまへりしこそは、今の帝（後一条）・東宮（後朱雀）におはしますめれ。二所の御母后、「太皇太后宮」と申して、天下第一の母にておはします。

この彰子が、道長の栄華の原動力となったといっても過言ではなく、道長家に半世紀におよぶ摂政・関白をもたらしたのである。ここで生母の家柄をのぞいてみよう。

母の家系と誕生

『大鏡』(「道長」)には「この殿、宰相になりたまはで、直ちに権中納言にならせたまふ。御年廿三。その年、上東門院生まれたまふ」とある。道長は、父兼家が外孫の懐仁《かねひと》親王の即位(一条天皇、七歳)を実現させて摂政となった次の年に従三位(非参議)となり、その翌年の正月に六名の参議を飛び越して権中納言に任じられた。それは永延二年(九八八)のことであり、この年に彰子が誕生している。母は宇多天皇の孫の源雅信の娘の倫子である。したがって賜姓皇族《しせいこうぞく》(皇族に生れ、姓を得て臣下となった者)の出身ということになる。二人の結婚は前年末のことで(『台記別記』久安四年七月三日条)、ほどなく懐妊したらしい。時に道長は二十二歳、倫子は二十四歳であった。『栄花物語』(巻第三)には次のようなことが記されている(山中裕・秋山虔・池田尚隆・福永進校注・訳『栄花物語』①。以下とくに断らない限り『栄花物語』の原文・意訳などはこの書に依拠した)。

かくてこの殿には、左京大夫殿(道長)の上、悩ましげに思《おぼ》いたるうちにも、例せさせたまふことなどもなかりければ、大殿(兼家)も、三位殿(道長)もいみじううれしく思されて、御祈りどもさるべういみじくせさせたまふ。北の方、大上、御心のいたるかぎりの事ども、残るなうせさせたまふ。いとどもの栄《は》えある御さまなり。

冒頭の「この殿」というのは、倫子の住まいの土御門殿である。倫子が気分悩ましく過ごしているうちに月の障りもなくなって懐妊がわかった。そこで摂政兼家と道長がたいそう喜んで安産祈願の祈禱を大々的に催し、「北の方」つまり倫子の母の藤原穆子や「大上」こと雅信の母も、心の限りを尽くしてあれこれと遺漏なく行っている。まったく栄《は》えばえとした様子である。

倫子が産気づいて苦しそうにされると、多くの僧を招いて御読経《みどきょう》、御修法《みしゅほう》などを行わせて大騒ぎしている。いっぽう兼家や詮子（一条天皇母、道長の姉）から、ひっきりなしにお尋ねがある。やがて「いと平らかに、ことにいたうも悩ませたまはで、めでたき女君生れたまひぬ」とあって、倫子はひどく苦しむこともなく平穏に女児を出産したのである。

「この御一家は、はじめて女生れたまふをかならず后がね（将来の后の予定者）といみじきことに思したれば、大殿よりも御よろこびたびたび聞えさせたまふ」とあって、彰子の誕生は、将来の后がねとして待ちに待たれたものであった。実際に彼女はそれに十二分に応えることになるのである。

喜びにわく土御門殿において、三夜（雅信主催）、五夜（兼家主催）、七夜（詮子主催）の産養《うぶやしない》（出産後、三、五、七、九夜に行う祝宴）が盛大に行われている。

2　住まいと家族

土御門殿

土御門殿には上東門第、京極殿などの呼称があり、彰子をはじめ倫子腹の子女が生まれ育ち、道長の外孫の三人の天皇も生まれた、いうなれば道長の栄華の舞台であった。角田文衞氏の研究（「土御門殿と紫式部」）によれば、この邸は右大臣藤原定方《さだかた》から子の朝忠《あさただ》（土御門中納言と呼ばれた）、そして朝忠の娘穆子へと伝えられ、穆子との結婚により源雅信が手中にした。そして倫子、道長へと受け継がれたという。当初は一町（約四千三百坪）であったが、長徳二年（九九六）から翌年にかけて南町の買収を契機に土御門殿の大改造を行い、道長が内覧左大臣となったころに土御門殿は南北二町に拡大していたという。

道長の二人の妻と子の境遇

ところで彰子誕生の年の雅信は左大臣で廟堂の頂点にあり、道長の父の兼家は摂政として君臨していた。いっぽう彰子が生まれた年に道長は源明子と結ばれている。明子の父の源高明は醍醐天皇皇子で左大臣に至っているが、安和の変（九六九年に起きた藤原氏主導の政変）で失脚し、六年前に他界している。

このように道長の妻は二人とも賜姓皇族の娘であった。しかし明子腹の娘は誰も天皇に入っていないし、男子は摂関になっていない。このような子女の差異は道長との結婚の時点での妻の家の勢力の強弱に由来している。そして子女たちの官職・地位の差異から、倫子は正妻、明子は妾妻（二番手の妻）の立場にあった（『小右記』長和元年六月二十九日条）。

その意味で道長の栄華を大きく支えたのは倫子腹の子女たちであって、中でも最大の貢献者は彰子といってよい。

摂政兼家六十の賀

彰子誕生の永延二年（九八八）春のこと、祖父にあたる摂政藤原兼家の六十の賀が行われた。「公家、摂政六旬の筭《さん》を祈るために今日、諷誦《ふうじゅ》を六十ヵ寺に修す。……近京寺に至りては堂上四位を使となし、自余は侍従なり。また同じく皇太后宮これを修せらる。布施物同じ」とあり、一条天皇は内裏の常寧殿《じょうねいでん》（弘徽殿の東北にあり皇后・女御の居所）において六十算を賀し、諷誦を修した六十の寺に十貫文の布施が与えられ、一条天皇母の皇太后宮（詮子）も父のために修している。摂政兼家の二人の孫が祝いの舞を披露した（『小右記』『日本紀略』永延二年三月二十四・二十五日条）。この二年後に兼家は六十二歳で薨去している。

地方の事件

この年の冬には地方政治に関わる事件が起きている。永延二年十一月八日付の訴状が残る「尾張国郡司百姓等解文《おわりのくにぐんじひゃくしょうらのげぶみ》」（『平安遺文』三三九号）の名で知られるものである。国守藤原元命《もとなが》に不当な労働を強いられ、苛斂誅求《かれんちゅうきゅう》（租税などを厳しく取り立てること）に堪えかねた尾張国の郡司百姓らが非法を三十一カ条に認《したた》め上洛して直訴したのである（『日本紀略』永祚元年二月五日条）。公卿会議の結果、元命は罷免された。

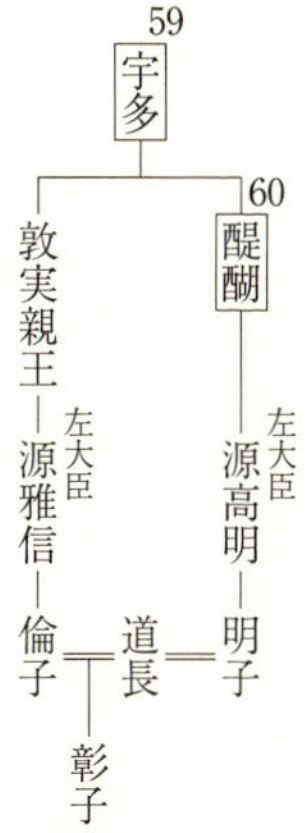

源倫子・明子系図

3 「ひな鶴」と「藤の花」

幼少期と裳着

幼少時代の彰子の動静は知られないが、倫子腹の年長者として、将来の后がねを目ざして大切に傅《かしず》かれたことは想像に難くない。彰子が歴史の舞台に大きく登場するのは十二歳の時である。その間に道長は内覧の宣旨を賜い、左大臣となって廟堂の頂点に立っていたし、妍子、頼通、教通といった、後に中宮、摂関となる弟妹が生まれている。

「大殿の姫君十二にならせたまへば、年のうちに御裳着ありて、やがて内に参らせたまはむといそがせたまふ」（『栄花物語』巻第六）とあるように、十二歳になった彰子は、長保元年（九九九）の春に着裳《ちゃくも》（十二〜十四歳頃に初めて裳を着ける儀で女子の成人式）の儀を行っている。それに関して道長は、自らの日記に次のように記している（『御堂関白記』長保元年二月九日条）。

比女、御着裳す。子の時（右傍に「戌時」）ばかり早く雨下る。而して即ち晴れ了んぬ。東三条院より装束二具を給わる。太皇太后宮より末・額を給わる。中宮より香壺筥一双を給わる。東宮より御馬一疋を賜わる。使者に皆白重褂・一重袴を給う。申の時ばかり諸卿来り問う。右府・内府着き給う。

彰子のことを「比女」（姫）と記す。夜中には雨が降っていたが、その後に晴れに変ったと記すが、道長にはこういうめでたい時の晴天を吉祥の一端とする傾向がある。着裳に際して東三条院詮子、太皇太后宮の昌子内親王（冷泉天皇皇后）、中宮定子、東宮の居貞《いやさだ》親王（のちの三条天皇）から諸々の贈り物があり、それをもたらした使者に道長から掛《うちき》などが下された。夕刻には藤原顕光《あきみつ》、同公季《きんすえ》が土御門殿を訪ねている。

道長は頭弁藤原行成に「屏風色形」（屏風に貼る色紙形の和歌）を書かせている。右大臣以下が参上しており、彼らの座が土御門殿の寝殿西から孫廂《まごびさし》、渡殿《わたどの》に設けられていた。盃酒が数巡し、糸竹（箏・琵琶・笙・笛などの楽器）の興が堪能者によって奏せられ、地下の楽人らを召して階下で酒食が振る舞われた。

この間に「着裳前物」が供せられた。陪膳人《ばいぜん》（膳部《かしわべ》の給仕役）が渡殿を経て寝殿西面に坐す上達部《かんだちめ》（公卿）から順に進めている。ついで公卿らが道長に和歌を献上し、序題は藤原行成の手になる。その後に道長から贈物があり、右大臣と内大臣には馬一疋・女装束一襲《かさね》（掛も）、それ以下には差があるものの、殿上人から侍臣にまでおよんでいる。さらに道長以下の上達部が、衣を脱いで楽人や近衛府官人らに与えている（九条道家の『玉蘂』〈今川文雄校訂〉建暦元年三月四日条に『小右記』からの拾遺記事として記載）。

華麗な宴であったことが想像される。着裳の儀を終えて成人となった彰子には天皇への入内が期待されるのである。

着裳から二日後、彰子を従三位に叙す、との一条天皇の命が、頭弁藤原行成によってもたらされた。これは入内を前提とした叙位であり、さっそく道長は参内して、射場殿《いばどの》において慶賀を奏上している（『御堂関白記』二月十一日条）。

従三位となる

入内は十カ月後の長保元年（九九九）十一月一日のことである。入内に備えて道長から屛風和歌の所望が公卿らにあり（『御堂関白記』十月二十一日条）、それに応じた公卿もいた。屛風は「倭絵《やまとえ》四尺屛風色紙形」といわれるもので、大和絵は故飛鳥部常則《あすかべのつねのり》の手になり（『権記』十月三十日条）、そこに色紙形の各人の詠歌が貼りこまれるのである。頭弁行成は二条殿において和歌を仕上げている（『権記』十月二十七・二十九日条）。

道長の所望に抵抗したのが中納言藤原実資《さねすけ》である。彼の日記『小右記』にはその顚末が詳しく記されている。道長の使いとして参議源俊賢《としかた》がやってきて屛風和歌の詠題を渡しながら和歌を詠むようにと申した。実資は返事を濁したが、公卿と、それ以下でも堪能な歌い手には題が渡されているという（『小右記』十月二十三日条）。

道長邸では、集まった和歌の選定が行われ、入内に持参する屛風歌に清書して貼ることになる。そこには花山法皇以下の和歌があったが、左大臣の命で公卿が和歌を献ずるなんて今まで聞いたことがない、まして法皇の御製、そして当の道長の歌なんて、と呆れたと言わんばかりの実資である。その後も実資のところへ催促が来たけれど、献歌を辞退しつつ「定めて不快の色あるか。この事甘心せざる事なり」と道長の顔色を気にしている。

一方で従兄弟の参議藤原公任が道長に追従していることに関して「一家之風、豈《あに》かくの如きか。嗟乎《ああ》痛ましいかな」と、実資は嘆いている（『小右記』十月二十八日条）。

予測通りに道長から源俊賢を介して譴責《けんせき》があったが、実資は重ねて辞退している（『小右記』十月二十九日条）。行成は屏風の色紙形に各人の和歌を認《したた》めているが、花山法皇の御製は読人知らずとしている。ここに至ってなお道長から所望されたが固辞しており、この時期の実資はなかなか強気である。そして屏風に名を残した人は「後代すでに面目を失う」と嘯《うそぶ》く実資である（『小右記』十月三十日条）。

花山法皇と藤原公任の歌

『栄花物語』（巻第六）によれば、人家に小さな鶴を描いている絵のところには、次のような花山法皇の御製が配してあった。

ひな鶴を養ひたてて松が枝の蔭に住ませむことをしぞ思ふ

「ひな鶴」は彰子、「松が枝」は一条天皇を指している。また、藤の花の咲いている絵のところには参議藤原公任の、

紫の雲とぞ見ゆる藤の花いかなる宿のしるしなるらむ

があったという。「紫の雲」は皇后、「藤の花」は彰子を指し、立后を見据えての詠歌という。

公任の歌に関しては興味深い話が伝わっている。四月に藤の花が美しく咲いている家を描いた屛風の一帖が公任にあてられたが、なかなか歌ができない。和歌の執筆役の行成は落ち着かない様相で待っている。道長以下の公卿らも気が気でない。再三の督促で参上し、辞退を仄めかすなどやり取りのすえ披露したのが秀逸と、みなの称賛を博したという。その詠歌が「紫の雲」である(『日本古典文学全集』『今昔物語集 三』第二十四巻第三十三、〈新日本古典文学大系〉『古本説話集』)。

道長が花山法皇はじめ公卿たちに詠歌を強要したのはほかでもない、定子の後宮に勝るとも劣らぬ彰子後宮の形成を目ざしたためであった。実資はその辺りを見抜いていたのであろう、それゆえの抵抗ではなかったか。

入内

入内に備えて道長と彰子は、六日前に西の京の大蔵録《おおくらのさかん》秦連雅《はたのつらまさ》宅に渡っており、藤原行成らが供奉している(『小右記』『権記』『御堂関白記』十月二十五日条)。入内当日の「吉方」ということで方違えをしたのである。公卿らも次々とこの邸に参上している(『小右記』十月二十八日条)。彰子の入内当日の様子について道長は、『御堂関白記』十一月一日条に淡々と次のように記している。

酉の時を以て入内す。上達部・殿上人ら多く来たる。家人十八、九参る。右中弁道方《みちかた》朝臣御書を持ち來たる。内に参着し了りて輦車宣旨《てぐるまのせんじ》、蔵人泰通《やすみち》仰す。上達部共すること多し。道方朝臣に被物《かずけもの》あり。

この時の内裏は一条院である。本内裏は夏の火事で焼失しており、二日後に一条院に遷御している（『本朝世紀』長保元年六月十四・十六日条）。ちなみに内裏としての一条院はここに始まるのである。西の京で見送った公卿や殿上人が内裏の方に顔を見せ（右大臣・内大臣と実資を除く全公卿）、二十人近い道長家の人々も参内した。彰子の車が一条院の西門に着いた時に輦車の宣旨が下され、そこからは輦車で中に入っている。

何かと批判的な藤原実資は、西の京を出立する彰子一行を見送った十名余りの公卿の名を記して「末代の公卿、凡人に異ならず」と嘆いている。とりわけ従兄弟の検非違使別当藤原公任が、巡検の装束で当日の朝に西の京に参り、彰子に随行して内裏へ向かったのは別当職を蔑《ないがし》ろにする、と憤っている（『小右記』十一月二日条）。

とはいうものの、彰子の入内の話で過日に道長邸を訪れた実資は、久しく歓談しての帰りぎわに武蔵守藤原寧親《やすちか》が馬六疋《ひき》を道長に献上するのに出くわした。道長は実資を招いて馬を見せて一疋を給い、実資は手綱の端を持って小拝（軽い拝礼）しているが、このとき道長は、殿上から下りて地べたに立った、という（『小右記』十月十九日条）。実資は道長と常に対立していたわけではなかったのである。

藤壺の室礼

入内の二週間後、天皇は女御彰子の直廬へ渡って来られ（『御堂関白記』十一月十四日条）、九日後には「新女御、初めて上御座に上り給う」（『権記』十一月二十三日条）と、彰子が清涼殿の上の御局に渡ったことを知る。翌年のことながら、同じく一条院内裏へ土御門殿から渡った（『御堂関白記』長保二年四月七日条）彰子のもとへ天皇の渡御があったのは一カ月後であり（『権記』五月四日条）、二十日後には彰子は土御門殿へ行啓している。このように、二人の逢瀬の頻度は低かったようである。一日も早い皇子の誕生を願う道長は気を揉んだことであろう。

彰子に付き従った女房について『栄花物語』（巻第六）には次のようにある。

女房四十人、童女《わらは》六人、下仕《しもづかへ》六人なり。いみじう選《え》りととのへさせたまへるに、かたち、心をばさらにもいはず、四位、五位の女《むすめ》といへど、ことに交らひわろく、成出《なりいで》きよげならぬをば、あへて仕うまつらせたまふべきにもあらず、物清らかに、成出よきをと選らせたまへり。

女房、若い召使、雑用係などは器量、人柄を優先し、四・五位でも付き合いや育ちの悪い者は避けたという。これらの女房は道長が私的に採用した人たちである。紫式部、和泉式部といったいわゆる才女と呼ばれた女性たちは、この類に属する。

彰子の容姿は、髪は身の丈に五、六寸（十七センチ前後）あまっていて申しぶんない美しさで、まだ幼少ともいう歳で入内して大丈夫かな、との心配をよそに、十二歳には見えない大人っぽいところがあったという。いっぽう天皇は二十歳になっているので大人で何事にも分別があり、恥ずかしそうにしている彰子に優しく気配りされていた。「いみじう御かたちよりはじめ、きよらにあさましきまでおはします」とあって気品ある美男の天皇であった。

彰子が入った藤壺は、几帳や屏風の襲まで蒔絵や螺鈿《らでん》が施されるなど部屋の飾りが素晴らしい。中宮定子や女御たち（一条天皇の女御として藤原義子、同元子、同尊子がいた）はそれなりの歳なので、大人っぽくてきちんとしているが、彰子は初々しく、天皇が渡って来ると、その部屋の装いに加えて、彰子の立ち居振る舞いが新鮮で、さも姫君を養育するように接しておられた。部屋に焚きこめられた香の薫り、様々な調度品に心奪われる天皇は「興味をひかれてばかりいると政治を忘れて愚か者になってしまう」と仰って帰還された。これはかなり美化されており、実際には、当初は中宮定子への愛から彰子の方にはあまり通ってこなかったらしい。

中宮定子、皇子を出産

彰子に女御の宣旨が下されたのと同じ日、中宮定子が平生昌の三条宅で第一皇子の敦《あつ》康《やす》親王を出産しているが（『小右記』十一月七日条。親王の生涯については山中裕「敦康親王」参照）、公卿以下が彰子の方へ行ってしまい寂しいことであった。七日夜の産養は道長が奉仕したとする『栄花物語』（巻第五）は作者の脚色で、一条天皇の主催であった。『権記』十一月七日条に、天皇による喜びの言葉と七夜の準備が記されている。そもそも皇子の七夜は父帝が行うのが一般的であった。年末には倫子が三女の威子を出産している（『小右記』十二月二十三日条）。この女子が後に後一条天皇の中宮となって、道長に「この世をば」を歌わせる契機となるのである。

長保元年は道長にとって天皇家との結びつきを確たるものとした年となったが、加えて注目されるのは、上島享氏が指摘する道長邸における季御読経の創始である（「藤原道長と院政」）。『御堂関白記』の閏三月条に「二日、季読経幷に修善初む。五日、読経結願す。七日、御読経発願す。十日、御読経結願す」とある。季御読経とは春と秋の二回、各四日間を要して百僧を宮中に召して大般若経などを転読させ、国家の安寧を祈願する恒例の朝廷の行事で、上の記事では「読経」と「御読経」と使い分けているように、七日から十日までのが朝廷挙行のものである。そして二日から五日までの四日間のそれが道長家の季御読経である。

このような規模での御読経は朝廷（公家＝天皇）以外にも上皇・中宮・東宮などでも行われており、それは「彼らが国王たる天皇と一体で、その権限の一部を分有しうる存在であることを象徴する。自邸での季御読経の実施は、道長もその一員であったことを明示するもの」で、道長における季御読経の実施は、「道長が権力基盤を確立させ、まさに公家・諸院宮とも並びうる地位に立ったという現実を示すもの」ということになる。季御読経以外の道長が自邸で挙行の法会も大規模なもので道長の権勢の反映とみる。宗教の面から道長政権を検証したもので注目される見解である。

第二章　一条天皇の后

1　中宮への道

一帝二后

女御となって三カ月後には彰子の立后（正式に皇后となること）が見られた。そもそも彰子の立后については、女御（中宮の次に位置する后妃）となった一カ月後、東三条院（詮子）の御書を清涼殿の昼御座《ひのおまし》（天皇の日中の座所）で一条天皇に奏覧（天皇にお目にかけること）しているが、これは道長の申請によるものであったらしい。そして、天皇から東三条院へ返書があった（『権記』長保元年十二月七日条）。

年改まって長保二年（一〇〇〇）一月末のこと、勅使（天皇の使者）が彰子のもとを訪れて、道長に立后の日を定めるよう一条天皇の言葉を伝え、陰陽師《おんみょうじ》安倍晴明《あべのせいめい》に立后の日、彰子の内裏（一条院）から土御門殿、そこから内裏へ遷る日などを勘申《かんじん》させている（『御堂関白記』『権記』正月二十八日条）。

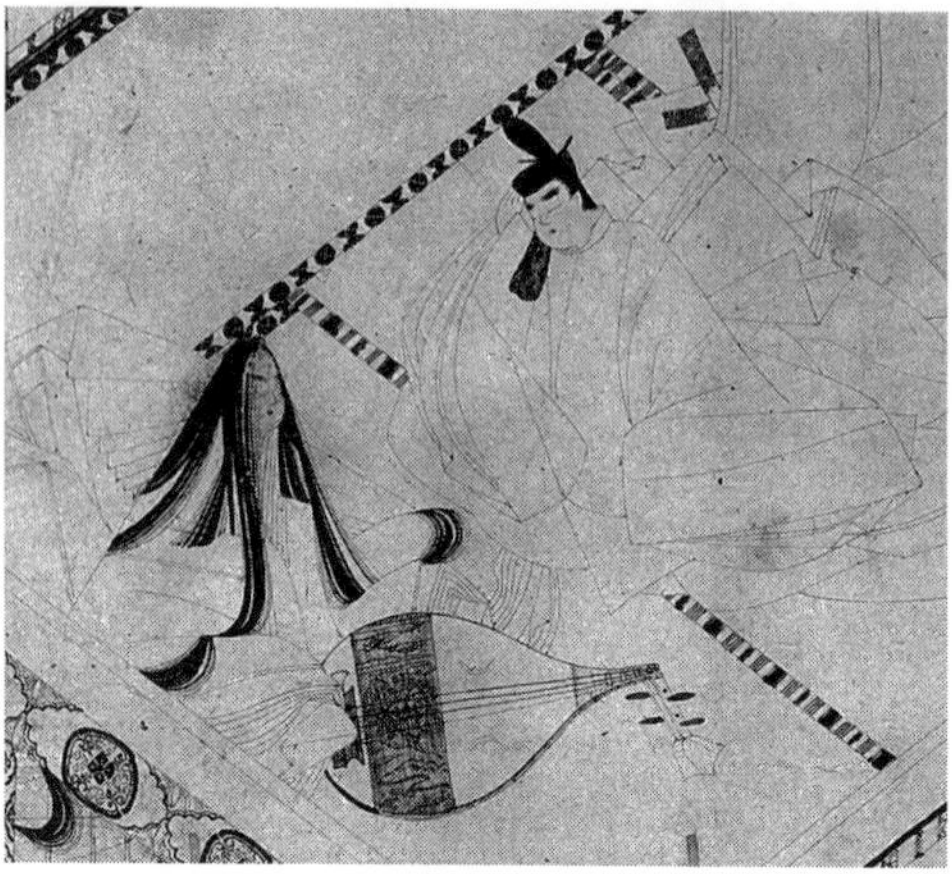
一条天皇と中宮定子

ところで、彰子の立后には問題があった。いうまでもなく一条天皇にはすでに中宮がいたからである。そこへ彰子を中宮に立てて、中宮定子を皇后となし、一帝二后という前例のないことをしようというわけで、道長もこれには苦慮したにちがいない。それに助け舟を出したのが頭弁藤原行成であった。

わが国は神国であり、神事を第一とすべきなのに皇太后（遵子）、皇后（詮子）、中宮（定子）と、藤原氏出身の后がみな出家しており、氏の祀（神事）に奉仕する人がいない、ということで彰子の立后を正当化したのである（『権記』長保二年正月二十八日条）。行成のこの理由づけに道長も安堵したことであろう。

国母としての詮子による息子、一条天皇への働きかけも大きかった。決定した時、道長は天皇や東三条院詮子に慶賀を奏上している。そして、ここに一帝二后という異例の事態が出現することになったのである。

立后の半月前の夜の十時ごろに彰子は内裏から源奉職《ともつね》の二条邸へ遷っている。四・五位の殿上人二十四人、六位二人、天皇付きの女房、典侍、命婦ら七名が天皇の命で供奉した。道長も滞在しており、大納言源時中はじめ七名あまりの公卿も参上している（『権記』『御堂関白記』二月十日条）。「土御門殿いみじう払ひ、いとど修理し加へ磨かせ給ふ」とあるように、土御門殿は立后に備えて普請中であったことによる。

立后

二月二十五日、土御門殿で立后の儀が行われた（『権記』『御堂関白記』）。当日の早暁に女御彰子は糸毛車《いとげぐるま》で一条第から土御門殿へ西門から入り、供奉の女房らは金作車で南門から入っている。大納言源時中（女御の伯父）、中納言平惟中《これなか》、参議藤原斉信《ただのぶ》ら公卿も参上している。

午の時（十一〜十三時）に女御は内裏に向かい、酉の時（十七〜十九時）に南殿において宣命（天皇の命を読みあげること、またはその文書）の儀が行われた。「皇后（藤原遵子）を以て皇太后となし、女御従三位藤原彰子を以て皇后となす」との天皇の仰せを、大内記菅原宣義《のぶよし》が天皇の奏を経て清書している。宣命使を務めたのは平惟仲であった。その後に中宮職の官人の除目があって源時中が中宮大夫、権大夫に藤原斉信が任じられている。

その後、場を土御門殿に移して本宮の儀が行われている。中宮彰子が寝殿に出御し、東の対の母屋の南北行に東西向かい合う恰好で座が設けられ、錦端畳を敷いた東座に親王、高麗端の西座に公卿、南廂には両面端の畳を敷いて四位侍従の座、南廊に紫端の畳を敷いて五位侍従の座とした。各席にはご馳走が並び華やかなものであった。管絃が流れるなか盃が巡り遊宴となり、春の一夜は過ぎていった。出席者には道長から禄が与えられた。

二日後には勧学院《かんがくいん》の職員や学生《がくしょう》らが慶賀のために土御門殿に参上、東の対の南廊に座が設けられ、拝礼のあと饗饌《きょうせん》が振る舞われ、禄を給っている（『御堂関白記』『権記』二月二十七日条）。勧学院というのは大学寮で学ぶ藤原氏一門の子弟の寄宿舎兼学問所であり、藤氏長者（この時は道長）の管理下に置かれていた。このような「勧学院歩」は藤氏関係者の任大臣や立后など慶事のさいにはよく見られた。その後に諸社奉幣（神に幣物を捧げること）を行っているが、これは立后への報謝を目的としたものである（『御堂関白記』三月四日条）。

中宮として彰子が初めて参内したのは一カ月後のことである（『権記』『御堂関白記』四月七日条）。その日の昼間は大きな雷鳴とにわか雨が降って豊楽院《ぶらくいん》（朝堂院の西にあって国家的饗宴の場。正殿の豊楽殿が発掘調査で確認された）の一堂に雷が落ちたあと大雨になった。しかし「戌の時、天晴れ、月明し。亥の時、宮入り給う」と記す道長は、入内する夜十時頃には明月となったのを祥瑞《しょうずい》とみているのである。中宮は月明かりの中を土御門殿から内裏へと向かった。その直前に皇后定子は宮中を退下している（『日本紀略』三月二十七日条）。

住いの藤壺は華やかで目を奪われ、女房たちの唐衣がそれを助長しており、庭も整っている。天皇が渡って来られ、「これまでは気らくな遊び相手と思っていたけれど今度は威厳のある有様ゆえ恐れ多い感じさえ加わって振る舞い難くなった。はじめのころから思うとずいぶん大人らしくなったことだ」と仰った（『栄花物語』巻第六）。

この日に加階があり、母の倫子は従二位、二人の乳母（生母に代って授乳、養育する女性）が従五位下に叙されている。大納言藤原道綱は「一家の兄」として叙位に預かりたいと言い、そんな先例はないと突っ返されても執拗に道長に食い下がり、ついに従二位を得ている。可能性の薄い源成信《なりのぶ》も道長との縁で従四位上になっている。「成信、入道親王の息男なり。すでに是れ傍親に御す。また故入道左大臣愛孫なり。今の左大臣猶子なり」とあり（『権記』）、つまり源成信は村上天皇皇子の致平《むねひら》親王の子で、今は亡き源雅信の孫、ということは倫子の甥にあたり、かつ道長の養子とあってはいかんともし難い。

和歌の贈答

『栄花物語』（巻第六）によると、この年の七夕に中宮彰子と東三条院詮子との間で和歌の贈答があった。

七月七日に、中宮より院に聞えさせたまふ、

暮を待つ雲居のほどもおぼつかな踏みみまほしき鵲《かささぎ》の橋

院より返し、

鵲の橋の絶間《たえま》は雲居にてゆきあひの空はなほぞうらやむ

中宮の歌は「日の暮れるのを待って、牽牛織女《けんぎゅうしょくじょ》（年に一度だけ七夕に天の川を介して逢うという伝説のある二つの星）の逢瀬を契る空への様子もはっきりいたしませんので、いっそ天の川を渡す鵲の橋を渡ってみたいと思います。久しくお目もじもかないませんので、お便りをいただきとうございます」、女院の歌は「鵲の橋を渡ってお逢いすることも絶えて久しくなりましたので、今宵の空の牽牛

織女の逢瀬を何としてもうらやましく思わずにはいられません。お逢いしたいのは私も同じことです」という意味になる。

伯母と姪の微笑ましい交感であるが、長保二年の七夕の記事として他の記録で傍証することはできない。ここでは校注者の次の見解に従っておく。

この贈答歌は歌意からして自邸にある彰子と宮中にいる詮子の間でやりとりされたものであろう。彰子が中宮として宮中にいるこの年の七夕に詠まれたものではない。『続古今和歌集』秋上に「七月七日東三条院にたてまつらせ給ひける　上東門院」「ご返事　東三条院」として載せる。

2　内裏の焼亡と造営

新造内裏に遷御

長保元年六月十四日の記事に「今夜、亥の刻ばかり修理職内造木屋より火災発《おこ》り、内裏悉く以て焼亡す」とあり（『本朝世紀』）、祇園御霊会の祭礼に沸いたその夜に内裏がほぼ全焼したのである。内裏は火元の修理職《しゅりしき》の西に位置していたから強い東風に煽《あお》られて大きな火災となったのであろう。天皇は腰輿《ようよ》（駕輿丁が手で腰のあたりで舁く輿）で内裏のすぐ東北の職御《しきのみ》曹司《ぞうし》に遷られた。左大臣藤原道長は騎馬で陽明門を入って下馬し、「職御曹司は是れ火の末、御座事の恐れあるか。八省大極殿の間、行幸せらるべし」と奏上している。大極殿（後殿の小安殿）は内裏の西南でここなら安心ということである。諸卿は当惑して来なかったり遅参するものがいたという。その後に天皇は大極殿から東隣の太政官の朝所《あいたんどころ》（太政官庁の東北隅にあり、公卿が会食したり時に政務を行ったりした殿舎）に遷り、諸卿らも終夜伺候した。

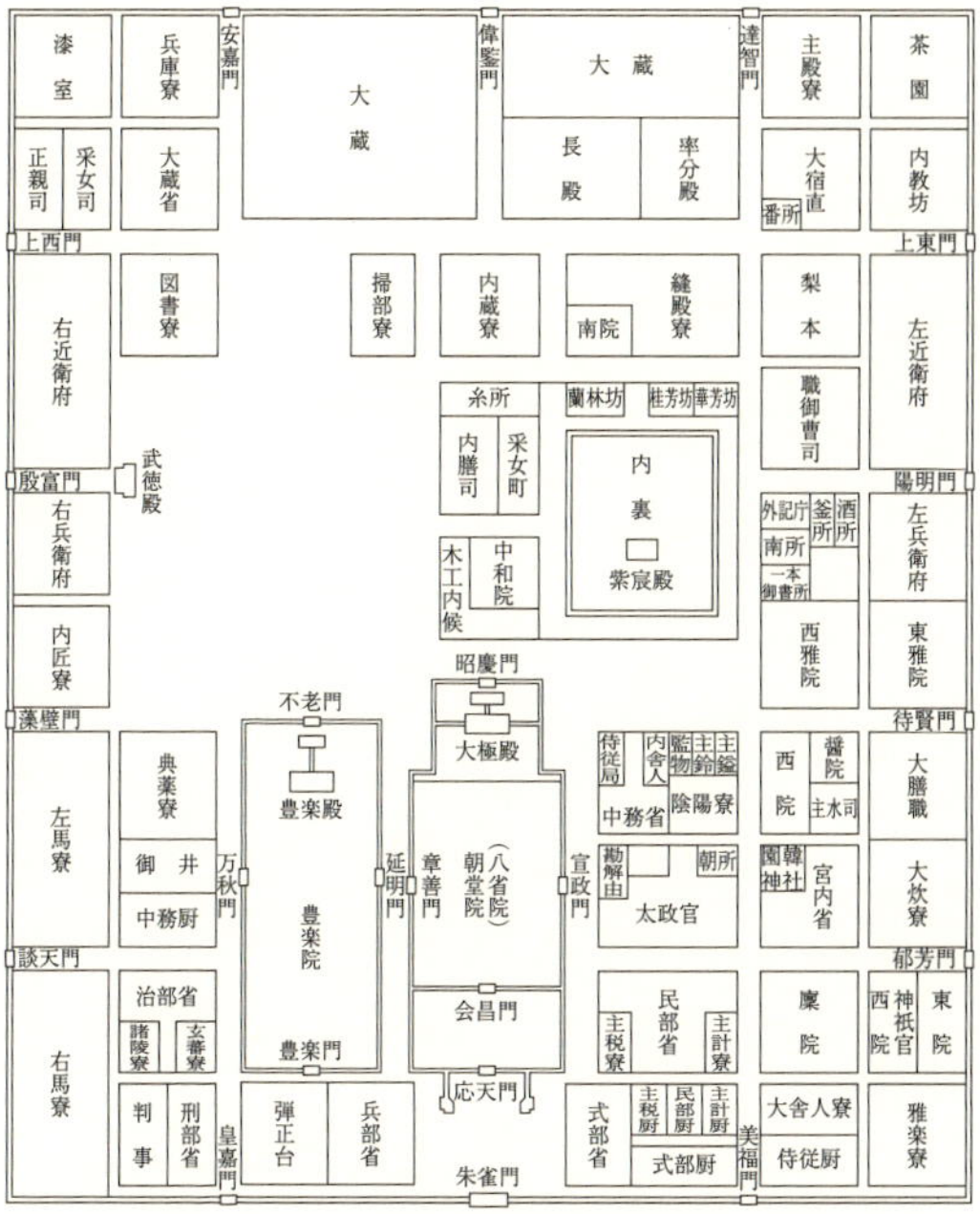

平安京大内裏図

おしなべて内裏の火事は、そのときの政治が悪いと考えられていたのである。しかも、この内裏の焼失は一条天皇代になって初めてのことであり、天皇と中宮定子にとっては負の要因と受け止められたにちがいない。それは蔵人頭藤原行成が火事から二カ月後の日記に、訪ねてきた大江匡衡《おおえのまさひら》の話として「白馬寺の尼（則天武后）宮に入る。唐祚亡の由、皇后の入内を思う。内（裏）火の事旧事を引くか」と書き留めているからである。

定子を唐の高宗の皇后であった

則天武后《そくてんぶこう》（七世紀末期に自ら即位して国号を周と改めたが、クーデターにより、子の中宗が復位して国号を唐に復した）に譬えて内裏の火事に結びつけ、揶揄したのである。大江匡衡は、知られるように道長お抱えの文人・漢学者で赤染衛門の夫である。それを考えると、これは中宮定子への誹謗にほかならない。

この夜、床についた行成は蔵人頭《くろうどのとう》（蔵人所の長官で定員は二名。弁官から補せられたのを頭弁、近衛府の中将が補せられたのを頭中将と呼んだ。天皇に近侍し、今日の侍従長のようなもの）を辞める夢を見ている（『権記』長保元年八月十八・十九日条）。行成はよく夢を見る人で、それも現実に即した微妙な夢が多いが、匡衡の話を聞いて、一条天皇の終焉を感得したのだろうか。しかし、現実には蔵人頭は辞めていない。

内裏が再建されるのは翌年の長保二年（一〇〇〇）十月のことである。ここで建物の造立から遷御《せんぎょ》（天皇・上皇・皇后などが居所を変えること）に至るまでの経緯が知られるので見ておこう。

藤原行成は『応和元年秋冬御記』なる記録から「還宮間雑事」を抄出して申上しているが（『権記』七月十三日条）、それは村上天皇の日記であり、天徳四年（九六〇）の九月に内裏が焼失し（『日本紀略』九月二十三日条）、翌年の応和元年冬に新造された（『日本紀略』十一月二十日条）折の書付である。

清涼殿の東南隅には年中行事御障子が設置されているが、これも焼失したのであろう、火事の翌月に頭弁藤原行成は、藤原実資所持の御障子文を借用している（『小右記』長保元年七月十四日条）。その行成は殿舎・門などの額の字を書いており（『権記』長保二年七月十五～十七日条）、書家行成の面目躍如といったところか。

九月に入って藤原道長・顕光・公季の三大臣が内裏の造作を巡検しており、行成も蔵人頭として巡検している（『権記』九月八日、二十六日条）。遷御の十日前には造宮が適切に行われているか、手抜きはないかなど、殿舎を見て回る覆勘《ふくかん》のことが行われた（『日本紀略』十月二日条）。

そして迎えた遷御の当日、行成筆の殿舎や門の額がそれぞれに懸けられた（『権記』『日本紀略』十月十一日条）。戌の二刻（夜八時頃）、主上の御輿は一条院内裏の南殿を出御し、一条院の西門を出て大宮大路を南へ、陽明門から大内裏に入って西進し、内裏へと向かった。そして天皇は新造の紫宸殿に、ついで清涼殿に出御された。

いっぽう戌の時（十九～二十一時）と定められていた中宮彰子の行啓は遅れて「亥の四刻」（夜の十一時頃）であった。この後、左大臣以下が参上して清涼殿の殿上の間で饗宴がもたれた（翌日は紫宸殿東の宜陽殿において饗膳があった）。賜禄があったことはいうまでもない。

この新造内裏は一年後に再び焼失している（『権記』『日本紀略』長保三年十一月十八日条）。一条天皇は職御曹司、小安殿そして職御曹司と遷御し、一宮の敦康親王は藤壺、中宮彰子と東宮の居貞親王は縫殿寮に難を避けていたが、中宮と一宮は職御曹司に入り、その夜に土御門殿に遷っている。そして四日後に天皇、中宮はそれぞれ一条院（内裏）に行幸、行啓している（『権記』『日本紀略』長保三年十一月二十二日条）。

中宮彰子の立后に伴う初参内（長保二年四月七日）の直前に皇后定子が宮中から散位平生昌《なりまさ》の三条宅に退下したことは前に触れたが、この邸で皇后は九カ月後に皇女を出産している。頭弁藤原行成の日

京都御所・紫宸殿

京都御所・清涼殿

記には「営々内に参らんとするの間、下人云く、皇后宮御産□已に非常なり、と云々。……事すでに実なり。……この寅の終ばかり已に崩じ了んぬ」（『権記』長保二年十二月十六日条）とあって、皇后藤原定子は出産後すぐに亡くなったことが知られる。『栄花物語』（巻第七）には、次のような意味のことが記されている。

前夜に帝が聞きつけられて、どんな様子か、と使者を頻りに訪ねてよこす。そうこうしているうちに御子が生まれたが、皇女であったのは残念だけれど安産であったのが何よりであるが、後産《あとざん》が心配である。薬湯を差し上げるが飲もうとせず後産がないままに時間が経つばかり。心配して兄の伊周が明かりを近づけて見ると、生きている様子ではなく、すでに冷たくなっていた。

一条天皇の悲嘆は大きなものであった。天皇の第三子として誕生した皇女は媄子内親王と命名され、皇后は後産がないままに崩じたのである(二十四歳)。雪の舞う寒い日に葬送があり、遺言によって土葬され、鳥辺野《とりべの》にその御陵が残る。

東三条院の崩御

一年後には東三条院(詮子、円融天皇女御)が四十歳で亡くなっている。母詮子の病を天皇はとても案じられ、沈んだ気持ちで中宮彰子のもとを訪ね、部屋に入って中宮を見るなり心配事が忘れられる、と『栄花物語』(巻第七)に記載がある。そして「心のどかに御物語」などなさって女院のことなど話されるのを、中宮は遠慮がちに聞きながら、胸中では「院には殿の御前の、この宮の御事を昔より心ことに聞こえつけたてまつらせたまへれば……」(女院には父道長が自分のこと〔彰子の入内や立后……〕について昔から格別に頼んでいた)、と思ったりしている。

詮子は藤原行成の三条邸で長保三年(一〇〇一)閏十二月二十二日に崩御している(『権記』)。この月に入って腫れ物と物の怪に悩まされ、亡くなって三日後に葬送が行われたが、この日も雪が降っていたという。夜になって鳥辺野で火葬された後、その遺骨を道長が首にかけて木幡の藤原氏の墓地まで赴いたと『栄花物語』(巻第七)にはあるが、これは史実ではなく、それをしたのは藤原兼隆《かねたか》であった(『権記』長保三年閏十二月二十五日条)。それに、墓地までは親兄弟といった近親者は行かないのが原則である(朧谷『平安王朝の葬送』)。

道長はこの姉に特別に目をかけられており、藤原伊周との政権争いでは一条天皇に涙の説得をしてもらったという話がある(『大鏡』)。同じ長徳元年(九九五)の春、東三条院が石山寺へ参詣した。その御幸に権大納言道長、内大臣伊周らが同道したが、伊周は粟田口の辺で引き返してしまい、この行動に道長が反目したという（『小右記』二月二十八日条）。

新造内裏に入御

長保四年（一〇〇二）の正月は東三条院（詮子）の法事で過ぎてゆき、頭弁（弁官で蔵人頭を兼務する者）藤原行成は連日のように東三条第へ参っているが、その間に「今夕、中宮悩み給う事により、左府内に参り給う」との記述が見られる（『権記』正月二十四日条）。中宮彰子が病気になり道長が駆けつけているが、その前後に病の記事が見当たらないので、大事には至らなかったようである。二カ月後には四日間にわたり中宮のところで御読経が行われている（『権記』三月十三・十六日条）。

内裏が長保三年十一月の焼亡から再建に取りかかるのは半年ほど経てからである。まず造営に先立って六社奉幣と山陵への奉告があり（『日本紀略』長保四年七月七・十日条）、立柱上棟が行われている（『権記』七月十九日条）。そして翌年の長保五年秋にできあがって諸社奉幣と御読経を行い（『日本紀略』長保五年九月十六・二十日条）、左大臣道長以下が新造内裏を巡検している（『日本紀略』十月四日条）。

その四日後に一条天皇は一条院から遷御しているが、その日の動きを行成は『権記』に次のように記している（長保五年十月八日条）。

払暁、内に参る。一宮、左府に出で給うなり。途中、民部大輔と相逢う。早く御出の由、といえり。仍りて直ちに左府に詣ず。即ち御車に候し、内裏作事を見巡る。午の時、罷り出ず。……次いで帰宅し、沐浴し、内に参る。日すでに入る。戌の二刻、宮に還る。院の西門及び陽明・建春・宣陽・日華等門□を経て著せらる。公卿、中宮に参る。また行啓に扈従す。また西門・陽明・朔平・玄輝等門を経て藤壺東庇に饗あり。宜陽殿に著かれる。次いで陣座に著す。次いで殿上に参る。上達部□侍臣に疋絹、公卿に大掛一領、事了りて罷り出ず。

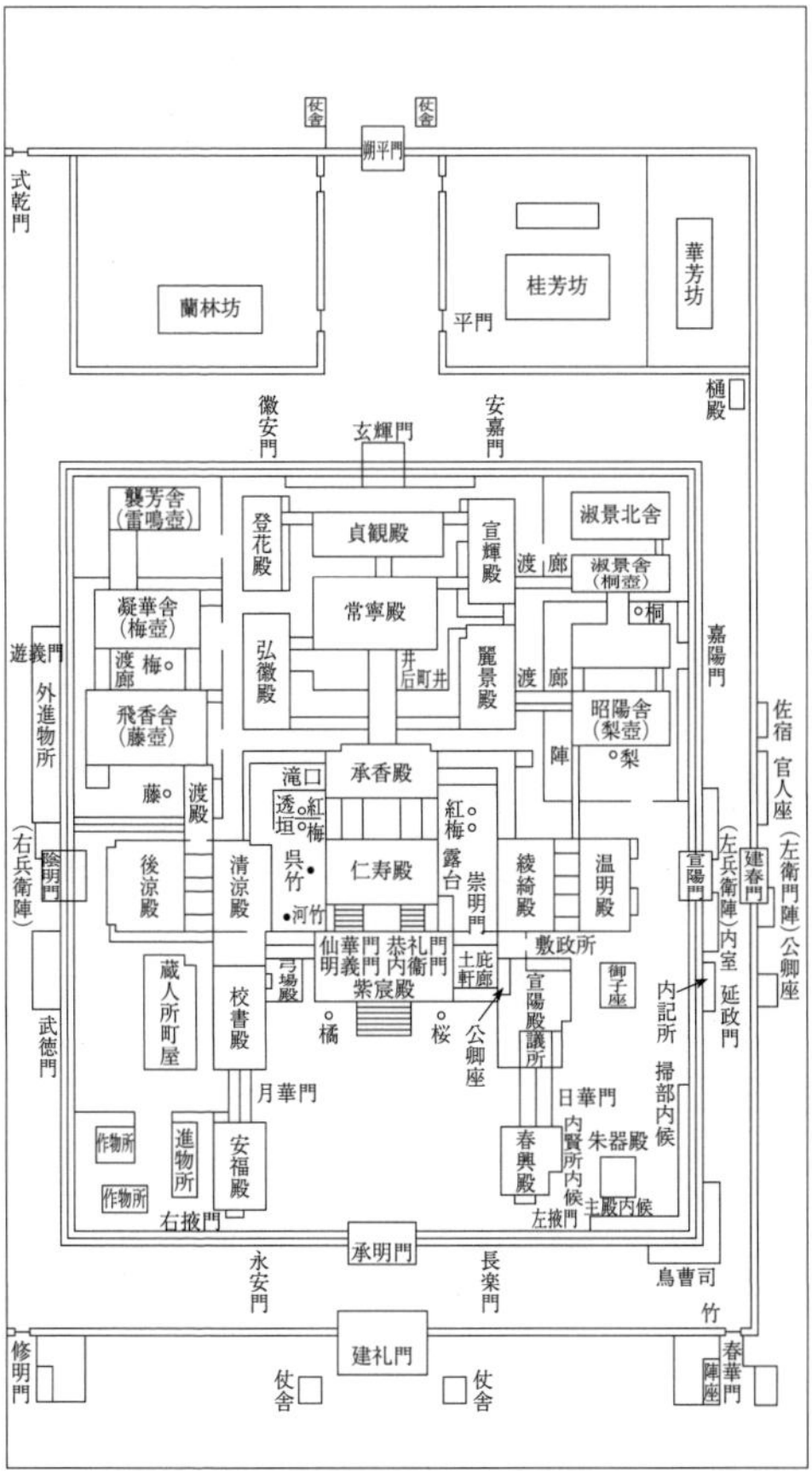

平安京内裏図

職務がら頭弁は明け方から行動している。冒頭の「内」は一条院内裏のことである。一条天皇の第一皇子の敦康親王は、ここから道長の土御門殿に渡った（二十六日には土御門殿から叔父の藤原隆家邸に移っている）。行成は道長とともに新造内裏の作事を検分した後に帰宅して沐浴し、再び参内している。夜の九時頃に一条院の西門を出て陽明門から大内裏に入り、内裏外郭の建春門、その西の内郭の宣陽門を経て日華門を通って、ということになると、紫宸殿か清涼殿に入るということになり、天皇の行動となろう。

いっぽう公卿が扈従した中宮列は、やはり西門を出御し、陽明門から大内裏に入って北に回って内裏には外郭北門の朔平門、内郭北門の玄輝門から藤壺に入っており、東廂の間で饗が設けられた。その後、行成は宜陽殿、陣の座、殿上の間に着座している。公卿以下には賜禄があった。なお『日本紀略』同日条には東宮も新造内裏に入御したとある。

後にふれるように二年後にも内裏が焼亡しているから、一条天皇代には六年の間に三度の焼亡に遭っている。その後にも一条院内裏の焼亡が見られる。度々の内裏焼亡は悪政と観念されることが多いが、一条天皇にそのような目は向けられていない。

3　中宮の十代の世相

第一皇子、敦康親王　長保六年（一〇〇四）は天変地災を理由に七月二十日に改元されて寛弘元年となった。
正月に道長は東三条第に渡って造作の様子を見て回り、土御門殿に帰宅して妻倫子とともに一宮、敦康親王の内裏入りに付き添っている。御在所は彰子の藤壺の東面（東廂）の間である。彰子が敦康親王を養子にしていたことは『栄花物語』（巻第八）の「帝なん、一宮をば中宮の御子に聞えつけさせたまふ」によっても知られる。

その初見は長保三年（一〇〇一）八月三日の『権記』の「今日巳の刻、一の御子始めて中宮の上直廬に渡る」である。そして彰子の御在所である飛香舎（藤壺）において飲食があり、中宮から敦康親王の四人の乳母らに絹が下された。ところで、この彰子の養母となるについて、行成は漢の明帝の故事を引いて天皇に献言し、「今日に至り此の事を遂げる」とある。

その故事とは次のようなことである（黒板伸夫『藤原行成』に依拠）。

後漢の明帝（顕宗）は妃《きさき》の馬氏に子がないので、賈《か》氏《し》所生の皇子を養育させた。馬氏はのち立后し、皇子は帝位につくが（章帝・粛宗）、馬后との母子関係は愛情において完璧なものであったというので、いうまでもなく敦康を粛宗、彰子を馬皇后にたとえたわけである。

行成の博識には驚く。十四歳の中宮に皇子の誕生はしばらく期待できない当今にあって、この養子縁組は道長家にとって将来への安全策といえるものであった。実際に中宮に皇子が誕生するまでには七年の歳月を待たねばならない。

二宮大饗

正月二日に右大臣藤原顕光と内大臣藤原公季以下の公卿たちが左大臣道長の土御門殿へ拝賀（臨時客）にやってきて宴があり（右大臣、内大臣には引出物があった）、夕刻の六時頃に道長は彼らを引き連れて二宮大饗に行った（『御堂関白記』）。二宮大饗とは、臣下が東宮と中宮に新年の拝賀をし、宴に与る正月二日の年中行事である。娘の彰子と対面した道長は、ご満悦な気分に浸ったことであろう。翌日にも内大臣以下が土御門殿にやってきて拝礼があった（『御堂関白記』正月三日条）。ここで中宮大饗について翌、寛弘二年のそれを『御堂関白記』（正月二日条）から見ておこう。

二宮大饗に参る。中宮大饗に着す。楽の間の舞は多正方《おおのまさかた》、吉茂の男。秦清国《はたのきよくに》、身貴《みたか》の子。余幷びに右府・内府・一両の上卿に禄物あり。例なしと雖も上手の子なり。仍りて之を賜う。

これに『小右記』の記事を付き合わせると、以下のようなことである。

午後二時頃に道長邸（土御門殿）に上達部が参集して饗があり（臨時客）、車に乗り合わせて参内し、清涼殿の殿上の間に参上している。秉燭《へいしょく》（灯り）が入り、中宮の方に参って拝礼があり、ついで東宮（居貞親王）の方に行って道長以下が拝礼をした。ついで中宮大饗に着している。

三献のあと奏楽のなか多正方と秦清国の舞が披露され、格別に上手だったので、道長は衣を脱いで舞人に与えている。これは興に乗り酔いに任せての道長の所為であった。藤原実資も道長に促されて衣を脱ぎ舞人に与えているが、こういったことは例がないことで「二宮大饗の被物《かずけもの》の事、明らかならざる所なり。記を尋ぬべし」と言うあたり、実資らしい。

この後、公卿以下が東宮大饗に参上し、盃が一巡した後に道長は退出し、餛飩《こんとん》（唐菓子の一種で節会などに供せられる、肉を小麦粉に包んで蒸したもの）が出る前に給禄があったが、これは深更におよんだからであろう、と実資は感じている。その後にみな退出している。午前さまもいいところである。

中宮大饗

頼通の春日祭使

話を寛弘元年にもどして、正月の叙位、七日節会、御斎会《ごさいえ》、踏歌節会《とうかのせちえ》、賭弓《のりゆみ》、除目《じもく》といった年中行事が順調に行われた。そして中宮の弟の頼通（十三歳）に昇殿と禁色《きんじき》（位階相当の色以外で着用を禁じられている服色）が聴《ゆる》されている（『御堂関白記』正月九・十日条）。頼通には一カ月後に大きな任務が控えていた。それは春日祭使である。

賀茂社、石清水社、春日社の祭は三大勅祭といわれ、当

春日社

時の勅祭（勅命により挙行される祭）はこれに限られていた。なかでも春日社は藤原氏の氏社であったから、その勅使（祭使）を務めることは光栄きわまりなく、道長も力が入る。

頼通一行は前日の昼ごろ道長の枇杷殿《びわどの》寝殿から出立しているが、その直前に渡殿の北面で酒肴が振る舞われた。ほとんどの公卿・殿上人が顔を出している。中宮彰子からは二腰の袴が贈られ、皇太后（遵子）や全公卿からも届き、道長は恐縮している（『御堂関白記』寛弘元年二月五日条）。そうして迎えた当日、京都では二十センチあまりの積雪をみた。大和も雪であろう、このような中で息子は無事に大役を果たしているだろうか、といった意味のことを道長は一首に託した。

若菜摘む春日の原に雪降れば心遣ひを今日さへぞやる

（若菜を摘む春日野に雪が降ったのでは、若君がさぞ難儀なことであろうと、今日も気遣われることだ）

親心溢れる詠歌であろう。この部分は『御堂関白記』の自筆本が残されており、行間から道長の喜びが伝わってくるようである。

天皇から、久しく参っていないので参上するようにとの仰せを受けて、道長は参内した。天皇は彰子の居所である藤壺におられたので、そこでお目にかかった。退出した道長は、円融寺で挙行の故円融法皇追善の法華八講結願に赴き、その足で仁和寺の観音院内に造作の中宮御堂を見に行っている（『御堂関白記』二月十六日条）。これがいつ完成してどういうものかはわからない。

藤壺の中宮

翌月に倫子は仁和寺において大般若経の供養を行っており、道長も赴いている。御諷誦《ふうじゅ》を行った中宮彰子からお香を賜った（『御堂関白記』三月二十五日条）。この仁和寺は、創建者の宇多天皇が倫子の曾祖父にあたるので格別な意味をもった寺院であった。後に彰子が仁和寺に御堂を造営するのも、そういう関係からである。

この年の十一月三日の『御堂関白記』には、次のようなことが記されている。

饔次を奉仕す。乃ち酩酊の間、中宮の御方に渡御す。上達部・侍臣候ず。巡行数度、歌笛の声あり。時に御出あり。母屋の御簾を垂れ、廂の御簾を上ぐ。上達部簀子敷に候ず。殿上人渡殿に候ず。管絃の侍臣五、六人ばかり遣水の辺に候ず。御笛を召し、数曲の後、宮御衣を上卿等に賜う。主上、御衣を余に賜う。殿上人には疋絹。事了る間、集注文選、内大臣之を取り、右大臣問う。宮、集注文選を奉られる、と云々。事了りて還御す。

仁和寺（金堂）

冒頭の「羹次」は「あつものついで」と読み、野菜や魚肉など熱く煮た料理を出して饗応する遊宴のこと。内裏の殿上で道長主催の羹次があり、ほろ酔い気分になった一行が中宮彰子の御在所の藤壺に渡って来て、楽が流れるなか酒が数巡した。一条天皇もお出ましになり、母屋の御簾は下ろされ、廂の御簾が巻き上げられている。笛に堪能な天皇が数曲を披露した。やがて道長は天皇から衣を賜り、中宮は公卿たちに衣を与えている。また、天皇へは中宮から『集注文選』が奉られた。この書物は有名なもので、源乗方からもたらされた道長は「感悦極まり無し」と記している（『御堂関白記』十月三日条）。本好きな天皇も喜んだにちがいない。その後、天皇は清涼殿に還御している。

この年も押し詰まって中宮彰子の妹の尚侍藤原妍子が従三位に叙せられたが、中宮は「衝重《ついがさね》六十前」などを提供している（『御堂関白記』十二月二十七日条）。

大原野社行啓

寛弘二年（一〇〇五）三月八日、大原野社行啓の日を迎えた（『小右記』『御堂関白記』『権記』『日本紀略』）。寅の時（午前の三～五時）から動き出し、供奉の諸氏が参入、六時ごろ中宮は御輿で土御門殿の西門から出立している。御輿の後ろには十四人の騎馬女、糸毛車、尚侍（中宮妹の妍子）が乗った糸毛車、宮と尚侍の黄金造《こがねづくり》車各一両、檳榔毛《びろうげ》の車三十両以下が続いた。道長は唐車に乗って扈従し、続いて右大臣、内大臣も車で従ったが、内大臣藤原公季は病気と称して七条の辺りで退帰している。神馬、走馬も行列の中にあった。

午の刻（十一～十三時）には社頭に着き（社頭の作法は行幸の儀のようであったという）、申の時（十五～十七時）には事が始まり、宣命が読み上げられ、神宝が供えられ、奉幣があった。その後、公卿らが座に着き饗に与っている。それが終わって舞楽が披露された。舞人・楽人ほか奉仕の公卿以下に給禄があり、酉の時（十七～十九時）には終了している。

道長は実資を誘って同じ車で帰ったが、車中で今日の行啓への供奉の喜びを何度も示されたという。道長はその足で参内しているが、実資は陽明門外で自分の車で帰っている。翌日も人を介して「悦気甚だ深し」と伝えてくるほどで、道長はよほどうれしかったとみえるが、実資の心中や如何に、である。

『大鏡』（昔物語）によると、舞人には公達を揃え、一の舞は頼通がつとめた。道長は名馬に乗り、随身四人と乱調子に馬を駆けさせたのは軽々しい振る舞いであったという（この話は日記には見えない）。

先にもみたように、内大臣藤原公季は西の七条から帰ってしまったが、道長はたいへん恨んだという。いっぽう社までお供をした右大臣藤原顕光には引出物として馬を給ったという。また藤原妍子や威子は黄金造りの車に乗り、侍臣の中でも家柄のよい者を前駈とし、後ろには乳母たちが付き従った。元服を済ませていない道長の子息たちは童形でお供をしている。

一の宮、天皇と対面す

道長はこの行啓があった月末に、一条天皇と対面する一宮敦康親王（七歳）の後見役のような立場で参列している。対面に関わる儀式にはふれないが、まず公卿らが参上した敦康親王の直廬は中宮（彰子）御在所の藤壺にあった（『小右記』寛弘二年三月二十七日条）。頭弁藤原行成は召しに応じて藤壺にいる敦康親王のもとへ参上した。この日から十日間、石清水・祇園・北野社で諷誦を行い、仏師康尚《こうしょう》に等身金色薬師仏・十一面観音・彩色不動尊像を戌の時（十九〜二十一時）から造り始めるよう命じている（『権記』五月二十四日条）。これは中宮の差配《さはい》によるものであろう。

康尚といえば宇治の平等院の阿弥陀如来像の造作者として知られる定朝の父親である。晩年の道長が土御門殿と東京極大路を隔てた東の地に創建した無量寿院（後の法成寺）には康尚・定朝父子の九躰丈六阿弥陀仏像を安置してあった。のちに焼失して今に残らず、康尚の造仏は現存しない。

翌月には藤壺において中宮御読経が行われ、右大臣以下十数名の公卿が参列している（『小右記』六月十七日条）。三カ月後には不断の御読経が催され、五日後の結願日には酒饌があり、奉仕の僧らは布施絹を賜っている。終了後に道長は土御門殿に渡っている（『御堂関白記』八月二十五日、二十九日条）。

盛大な花見

春の三月、道長は一条天皇が里内裏とし、中宮彰子も居住の東三条第の南殿（寝殿）において盛大な花の宴を催した（『御堂関白記』『日本紀略』『権記』寛弘三年三月三・四日条）。早暁に中宮が、辰の時（七〜九時）に天皇がそれぞれ南殿に渡られた。やがて公卿が参上してきて陣の座、殿上人以下が饗の座に着いた。この日の詩題は「渡水落花舞（後出）」。公卿には衝重《ついがさね》（料理を載せた食器台）が配され、両三献の後、楽を奏でる龍頭鷁首《りゅうとうげきしゅ》の船が天皇の正面に差しかかった時には船を留めて舞を披露し、文人たちが詩文を献じた。そして中宮や宮（東宮や皇太后宮ら）から天皇へ御膳が献上された。楽人や諸司・諸衛らは禄を賜り、源倫子の正二位、頼通の従三位をはじめとして家子《いえのこ》（家族、親族）、家司《けいし》（親王・摂関・公卿らの家の事務を掌る者）らに加階（位階を上げること）があった。東宮も交えての花の宴、道長は満悦至極であったかと思う。

大江匡衡が漢詩の序を献上し、勅命に従って左大臣藤原道長以下が漢詩を詠進しており、それが『本朝麗藻』（巻上）に所収されている（訓読は川口久雄ほか『本朝麗藻簡注』によるが、部分的に本間洋一氏のご教示を得た。訓みは現代仮名遣いに改めた）。

それは「暮春、宴に左丞相の東三条第に侍りて、同《ひと》しく「水を渡りて落花舞う〈渡水落花舞〉」ということを賦す。製に応えまつる詩一首。軽を以て韻と為す。幷せて序。江匡衡」で始まる。序文には「洛城に一つの形勝あり。世に之を東三条と謂う。本《も》と是れ大相国の甲第、伝えて左丞相の花亭と為したり」とあり、東三条第が太政大臣藤原兼家から子の道長に伝えられたことを記す。ついで「聖上、旧里を忘れたまわず、再び天臨を備う」と、一条天皇が旧里こと東三条第で誕生した（『大鏡』）ことを云々している。

庭園に配された池と石の調和の美しさ、そこに浮かぶ船から楽人による雅楽の調べが聞こえてくる。落花が水辺の風に舞い、岩から落ちる滝水のほとりに翻《ひるがえ》り、琴の調べにあい呼応しているかのようである。そうしたなか選ばれた文人らが筆を手に晩春の夜の月に比すべき美しい詩作に耽《ふけ》る。さらに言う。

夫《そ》れ、勝地の名を伝え、以て交《こもごも》美なりと雖も、帝后未だ必ずしも一家の光耀を生ぜざりき、賢《けん》相《しょう》の主《あるじ》を輔《たす》くる、以て世に栄えありと雖も、父子未だ必ずしも万乗の臨幸を致さざりき。

名邸である東三条第において誕生した天皇、そして誕生し、立后した中宮ということは未だ嘗てなかったこと。また賢相（左大臣道長のこと）が主君を輔佐し、栄えているとはいっても、父子ともども（道長と十五歳で非参議の頼通、中宮も含まれるか）万乗（天皇）の臨幸を仰ぐということも今までなかった。

この序文は大江匡衡による道長讃歌といってよい。そして冒頭に記す「渡水落花舞」の題での道長の漢詩は次のようなものである。

花落ち春の風池の面《おもて》に清し。舞い来り水を渡りて歌鶯《かおう》を伴う。流れを超《よ》ぎりて粧《よそお》いは玉簪《ぎょくしん》の乱るるが似《ごと》し。岸を逐《お》うて色は羅袖《らしゅう》の軽《かろ》きかと疑わる。粉妓《ふんぎ》と迷《まど》い易し。浦に飄《ひるがえ》る暮《ゆうべ》、伶人と弁《わきま》え難し。波を過《よ》きる程、唯《た》だ歓ぶのみ。此の地古今の趣きありて、再び沛中《はいちゅう》臨幸の情有ることを。

花びらが水面を渡る春風に舞い、鶯が美しい調べを添える。遣水や池の岸に散りかかる花びらの様子を、美人の髪に玉の簪《かんざし》がゆらぎ、薄い衣の袖が軽やかに舞っているようだ、とみる。なんといっても歓ばしいのは、この東三条第が昔も今も変わらぬ風趣に恵まれ、ここで誕生の一条天皇の再度のご臨幸の恩情にあずかったことである。

しかし、道長は手放しで喜んではいない。入内してすでに七年、十九歳になった中宮にまだ子がいない。一日も早い皇子の誕生が待たれるが、それが実現するのは二年先のことである。

道長のあとに儀同三司（藤原伊周）、左金吾（左衛門督・中納言藤原公任）、右金吾（右衛門督・権中納言藤原斉信）らが漢詩を献上しており、そのなかに紫式部の父、藤原為時も入っているので、それを紹介しておこう。

花裂ける前、春は暖かにして、鳳池清《す》み、落ちたる蕊《はな》の舞い来て水を渡る程、岸を分かつ。粧《よそお》いの奢《おご》りて、風は漸《ようや》くに送り、橋を上《のぼ》る。簪《かんざし》の動《ゆる》きて、月は相迎う。石ある背を飄《ひるがえ》り超えて、紅の裾《すそ》は転《まろ》び、波あがる塘《つつみ》を散り過ぎて、玉なす履《くつ》ぞ軽《かろ》らかなり。此の地は、猶し真の勝地たるべし。宸遊ありて、再び九韶《きゅうしょう》の声を奏したり。

東三条第の池を鳳凰の池と称し、散りゆく花びらが水面を渡るのを、着飾った妓女の舞いを連想している。最後の「宸遊ありて」以下の句と、その末尾に二段組みで記す「先の年此の地に臨まれたまうこと有り。故に此の句を献ず」によって一条天皇の再度の行幸であることが知られる。

藤原為時といえば、十年前のこと、下国の淡路守になったのを嘆いた詩を一条天皇に献上し、それが功を奏して道長の心を動かし、大国の越前守に替わったという有名な話がある（『古事談』巻第一の二十六、『今昔物語集』巻第二十四の三十話）。為時は在任中、越前国に漂着した宋人と詩の交歓をしている（『本朝麗藻』）。宮中にあっては多くの詩宴や歌宴に列席しており、漢詩人としての為時の秀逸さを示すものである。

為時の越前守ということでは、娘の紫式部が任国に赴く父について京を離れ、一年あまり在国して結婚のために単身帰京している。しかし、娘を生んで間もなく夫の藤原宣孝《のぶたか》と死別し、里暮らしをしていた。そして、東三条第の花の宴があった年の暮に紫式部は中宮彰子のもとへ宮仕えに上がったのである（後述）。

花の宴に関して『古今著聞集』（巻第十八）ではこんな話になっている。

寛弘三年三月四日、東三条より一条に行幸ありけり。先家の賞をおこなはれて後、御作文・管絃など有けり。又盃酒の興もありけり。内大臣御盃をたてまつらる。中納言俊賢御銚子をとる。左府天盃をたまはりて、例のごとくかはらけをうつしてのみて、南階をおりて拝舞ありけり。池の辺の桜の枝をおりて西階をのぼりて袖を翻《ひるがえ》して、構へて主上にたてまつりたりけり。其後人々のかざしもありけり。

一条院への行幸以前の話として、「家の賞」のことがあるが、これは東三条第が数カ月間の里内裏となったことへの関係者への賞のことで、具体的には「其の後、右大臣を召し、家の女（倫子）・家子（頼通・頼宗）・家司に爵級を賜う。大臣頼通を召し、従三位に叙する由を仰す」（『御堂関白記』三月四日条）を指している。詩歌管絃、盃酒が行われた。道長は天皇の盃を賜って飲み乾し、寝殿の南階をおりて拝舞し、南の池に咲いている枝ぶりの良い桜を折って一条天皇に奉っている。その後に参会の人たちが「挿頭《かざし》」つまり桜の花を冠に挿した。

宴が果てたあと、天皇と中宮は修理が完成した一条院へ遷御し、東宮は道長の枇杷殿に行啓している。

翌日、頭弁藤原行成は道長の土御門殿と東宮（居貞親王）の枇杷殿へ参った後に参内し、中宮のところで盃酒と和歌会があった。それは『権記』の「中宮に於て御度りあり。聊か酒饌あり。左大臣・内大臣以下七八人、上卿参らる。和歌あり。予執筆す。聊か事の旨を書き出す。殿上人以上に禄事あり。上達部に被物《かずけもの》」から知られる（三月五日条）。道長は盃酒でみな酩酊したと記し、天皇が中宮のところへ渡られた時のことで、天皇の還御には同道して雑袍宣旨《ざつぽうのせんじ》（天皇の命で直衣姿での参内が聴されること）を賜っている（『御堂関白記』三月五日条）。

一の宮、童相撲を観覧

この年の秋、一宮の敦康親王は、中宮御在所の一条院東北の対の北面において行われた童相撲を観覧している。中宮に養育されていた敦康親王はここに住んでいたのである。天皇も中宮のところへ渡って来られてご覧になった。未の時（十三〜十五時）に始まって二十番勝負であった。道長以下の公卿も観覧している（『御堂関白記』寛弘三年八月十七・二十三日条、『権記』『日本紀略』十七日条）。中宮と天皇は相撲に興じる一宮をどのような思惑で眺めていたのであろうか。入内して七年が経過しても一向に中宮に懐妊の兆しがないことが道長たちをやきもきさせたことであろう。

翌月には中宮が土御門殿へ行啓しているが、そこに「其の儀常の如し。一宮之に同じ」（『御堂関白記』九月八日条）とあるから、中宮が土御門殿へ行啓の折には敦康親王を伴うことが恒例であった。万一に備えて道長も、この親王に期するところがあったのであろう。二十日後には一条院へともに還御している（『御堂関白記』九月二十八日条）。

天皇、土御門殿で競馬御覧

その間に土御門殿では一条天皇の競馬御覧が行われている。道長を前に天皇が仰せられるには「昔大臣の家へ行幸するのは常のことであった。汝の家には馬場があろう、そこで競馬を見るのは如何であろうか」と。そこで道長は「ただ仰せに随うべし」と申して退出している（『御堂関白記』八月二十九日条）。つまり競馬は天皇の所望によるものであった。

九月二十二日、卯の二刻（午前六時前）に一条院（内裏）を出発した天皇の御輿は、二キロメートルほど東へ進んで土御門殿へは西門から入って寝殿に到着した。東宮も参上し、馬場殿において観覧している。六番が済んだところで夜になったので後は取り止めた。そこで天皇は寝殿に還られ、東宮は西の対から渡御し、道長はじめ公卿以下も召されている。ここで天皇と東宮に御膳が供せられ、そして臣下にも供せられた。その後、臣下には賜禄があり、藤原頼通（十五歳）には一階を加える宣旨があった。つまり頼通は「上東門院（土御門殿）競馬行幸賞」により従三位から正三位に加階している（『公卿補任』寛弘三年「頼通」尻付）。

還御にあたって道長から天皇に箏の琴・琵琶・和琴、東宮には笙・笛などが贈られた。

このとき中宮と一宮は土御門殿にいたが、両人が競馬を見た形跡も、天皇と対面した様子もうかがえない。

土御門殿の跡（現在は跡を示す碑が建っている）

紫式部、中宮のもとへ出仕

紫式部が中宮彰子のもとへ宮仕えに上がったのは、寛弘二年か三年の十二月二十九日とされるが、ここでは一条院内裏ほかに引きつけて清水好子説の寛弘三年に従っておく（清水好子『紫式部』ほか）。宮仕えで紫式部が観察した中宮の身上や、とりまく女房たちについて『紫式部日記』から垣間見ておこう（原則として『新潮日本古典集成』『紫式部日記　紫式部集』に依拠したが、解釈などは諸本を参照した）。

彼女が出仕した時点での一条天皇の後宮には彰子の競争相手は存在しなかった。そのせいか競争心を燃やすこともなく、中宮の気風として色めかしいことを軽薄なことと思っているので、少しは人並みでありたいと思っている女房は並大抵のことでは人前に出ない。気安く恥ずかしがりもせず、人の噂を気にしない女房は、中宮の意向とは違った色っぽい気持ちを見せることがないわけではないが、このような女房は、気がおけないからと、男たちが立ち寄って話をするので、「中宮がたの女房たちは引っ込み思案だ」とか「奥ゆかしさがない」などと評される。上臈《じょうろう》（臈は年功を積んで得た地位）・中臈《ちゅうろう》の女房は引っ込み過ぎてお高くとまっているので、中宮のために何の引き立て役にもならず、見苦しい。

紫式部の女房観察である。こういった女房のあり方は中宮の性格に由来するという。

中宮のお心は何一つ不足はなく行き届いて奥ゆかしいのに、あまりにも控えめな性分から、女房たちには口出しをしない。たとえ口にしたとしても、どこに出しても恥ずかしくない人はなかなかいないものだと思って引いてしまう。思慮がなく得意顔になっている女房が筋の通らないことを口にしたのを、ひどく見苦しいことと聞きながら、若かったこともあり、やり過ごしてしまい、目立った欠点がなく過ごすのを無難なことという思いを女房たちに刷り込んでしまった。その中宮も今では大人らしくなり、人心の善し悪し、過不足などご存知で、殿上人たちの言動も承知している。そして無風流で引っ込みがちの女房に対して、中宮はもっと積極的になってほしく、口にもするが一朝一夕にはいかない。

紫式部の見た中宮サロンの内幕であるが、中宮自身の性分とも相まって生真面目な雰囲気が漂っていたようである。

ところで中宮の容貌は、色白の肌に丸い頰、身の丈にあまる黒髪、小柄ゆえに若々しく、一見か弱そう、という（『栄花物語』巻第八）。

紫式部、中宮に漢詩をご進講

『紫式部日記』によると、一条天皇が『源氏の物語』を人に読ませて聞いておられた時に「この作者は『日本紀』を読んでいて漢学の素養があるようだ」と仰った、そのことを左衛門内侍という女房が殿上人らに言いふらして「日本紀の御局」という綽名《あだな》までつけてしまった。こんなことがあってから、紫式部は人前では「一」という字すら書かなかったし、屏風に書いてある文句も読まないふりをしていた。いっぽう中宮は漢文の方面のことを学びたがっていた。そのことについて『紫式部日記』には以下のようにある。

宮の、御前にて文集《もんじゅう》のところどころ読ませたまひなどして、さるさまのこと知ろしめさまほしげにおぼいたりしかば、いとしのびて、人のさぶらはぬもののひまひまに、をととしの夏ごろより、楽府《がふ》といふ書二巻ぞ、しどけながら、教へたてきこえさせてはべる、隠しはべり。

そのようなわけで、紫式部は他の人に覚られないように折々に『白氏文集』の「新楽府」をご進講したのである。それも同僚の女房たちに見られたら漢文の素養をひけらかしている、とたちまち悪評がたつので、こっそりと教えていた。中宮も秘していたが、道長や天皇に覚られてしまい、道長は素晴らしい字で書かせた漢籍を中宮に献上するほどであった。

日記のこの消息文の部分は寛弘七年の執筆と考えられているので（前掲『紫式部日記　紫式部集』）「を

紫式部，琴を弾く

としの夏」は寛弘五年の夏ということになり、それは中宮が出産のために里下がりをする前後ということになる。彰子が懐妊中のことであり、天皇や道長に覚られたということからみても内裏と土御門殿でのことということとなろう。

このご進講の絵画版が『紫式部日記絵詞』（蜂須賀家本）に日記文を採りこんだ詞書とともに出典する。紅葉の金蒔絵を施した文机には「新楽府」が置かれ、それに視線をおとし、小袿《こうちき》姿で坐すのが中宮、対する裳唐衣《もからきぬ》の後ろ姿の女性が紫式部である。中宮の背面には屏風や几帳が立ててあり、土御門殿の寝殿東母舎の一室らしい（小松茂美編『紫式部日記絵詞』）（カバー図版参照）。

当時にあって白居易（白楽天）の『白氏文集』は皇族、貴族、官人層の必読教養書とみられており、『枕草子』に「書は文集文選」と記されるほどに流布したのである。「新楽府は、……天下の治世の乱脈や治世の退廃を風刺批判して天子に諫言し、その改革を求めた風論詩であり」、それを学んだ中宮は「中宮の地位にある自分は治世にも心すべきであることを自覚していたことを示す」ということになる（増田繁夫『評伝　紫式部――世俗漂着と出家願望』）。やがて母后として天皇を後見する彰子の動向にいかほどの作用をおよぼすことになったのか、見きわめるのは難しい。

第三章　皇子の誕生

1　栄華の初花

倫子の出産

年が改まって寛弘四年（一〇〇七）正月、道長家では倫子（四十四歳）の出産を控えていた。出産と叙位の日が重なったが、道長は「固き物忌」のため出仕できず、訪ねてきた人々と門外で会って加階のことを指示している。倫子は前日の夜七時頃から苦しみだし、翌朝の六時頃に女児を出産した（『御堂関白記』正月三～六日条）。倫子にとっては三女威子の出産から八年、六人目の出産である。その七夜の産養《うぶやしない》を中宮彰子が挙行したことについて、道長は「母親の御産の産養を娘が行うなんて未だ嘗て聞いたことがない」と珍事を悦んでいる（『御堂関白記』正月十一日条）。

このとき生れた子は嬉子と命名され、十五歳の時に東宮時代の後朱雀天皇（十三歳）に入ってから四年後に土御門殿で皇子を生んですぐに他界する。

思いがけない妻の高齢出産となったが、道長の強い願望は彰子に子を授かることであった。しかし入内して八年にもなるのに一向に懐妊の兆しがない。そんななか、道長は金峯山参詣を敢行した。

道長、金峯山参詣

寛弘四年の夏、道長は家司源高雅《たかまさ》の室町宅に渡って中納言源俊賢以下二十名近い人と長斎（百日の精進）に入ったが（閏五月十七日）、重要な政務には顔を出している。精進を始めて七十四日目の秋の午前二時頃に京を出発した。途中雨にたたられることもあったが、九日間の旅装を解いて沐浴、解除して明日の参詣に備えた。

雨もあがった八月十一日の早朝、湯屋に下りて十杓の水を浴び、まずは「小守三所《こもりさんじょ》」（子守三所）に詣でて金銀五色の絹および紙の御幣や紙米などを献じている（ちなみに式内社の吉野水分《みくまり》神社は子守明神の俗称をもつ）。次いで御在所に参り、「綱二十条・絹蓋十流」を献じて灯明を供え、法華経・仁王経以下の経供養を行った。それには一条天皇・冷泉上皇・中宮彰子・東宮のための理趣分八巻などが含まれていた。

さらには道長みずから書写した金泥法華経、弥勒経三巻、阿弥陀経、心経などを、京から同道した覚運・定澄大僧都らの僧をもって奉告し、蔵王権現の宝前に金銅の燈籠を立て、その下に経筒を埋納した。また倫子や頼通が書写した経供養も行った。一連のことが終わった後、道長は諸所を回ったが、霧のため思うように見えなかったという。

このときの経筒が今日に伝わる（金峯神社蔵、国宝）。そこには寛弘四年八月十一日付の五百字あまりの敬白文が陰刻されている（『平安遺文』金石文編）。「百日の潔斎をし信心の道俗若干人を率いて金峯山に登り」で始まるそれには、自書の法華経・阿弥陀経・般若心経など計十五巻の経巻を銅篋に納めて金峯山に埋め、その上に金銅製の常夜灯を立てた、とある。

じつは長徳四年（九九八）に御嶽詣でを思い立って精進を始めた道長は、途中で病を得て断念したことがあった。その時、道長は三十三歳、寛弘四年は四十二歳でいずれも厄年であり、参詣の願意は厄除けにあったとの説もあるが、目的は極楽往生であったことは願文に見られるとおりであろう。ただ、ここで注目したいのは、当日の朝に「小守三所」に奉拝していることである。長徳四年の時の彰子は十一歳で入内以前ゆえ外孫の思いはなかったが、九年後には事態は一変していた。入内して八年、二十歳に達した中宮に懐妊の気配はない。道長にとって外孫天皇の誕生こそ長期安定政権の維持に不可欠である。その意味で彰子の懐妊は道長の悲願であった。このたびの参詣には中宮懐妊の祈願が込められていたと思うゆえんである。

中宮の懐妊

道長の御嶽詣が功を奏したのか（『栄花物語』〈巻第八〉には中宮の懐妊を「御嶽の御験」とある）、寛弘五年（一〇〇八）に入って彰子に懐妊の兆候が現れた。入内して九年、中宮は二十一歳になっていた。ところで、この時分の中宮の身形《みなり》や仕える女房らの描写が『栄花物語』（巻第八）に見られるので、そのことに触れておこう。

中宮は一条院内裏の清涼殿の上の御局を居所としており、手習いとして和歌などを書いている。年齢は二十歳ほどになるが、たいそう若々しく見えるのはたいへん小柄なせいである。むしろ不安に思われるほど小柄である。髪はみごとに黒々として身の丈に二尺ばかりあまるほど長く、肌は色白で美しく、酸漿《ほおずき》などを吹いて膨らませてそこに置いたかのようである。格別みごとな紅の袿の上に白い浮文の表着《うわぎ》を召し、前屈《かが》みになって物に寄り添って手習いをしている、そのこぼれかかる黒髪がすばらしい。女房たちがあちこちに七、八人ずつ群れて伺候している。禁色を許された女房の装いの見事さはいうまでもなく、平絹や無紋の唐衣など趣深く見受けられた。

中宮の懐妊のことに話を戻そう。『御産部類記』所引の『不知記』寛弘五年三月十三日条に「中宮去年より懐妊せしめ給う、と云々。但し事憖《なま》じいに定らざるなり。仍りて秘せらる、といえり。他聞に及ぶべからざる、と云々」とあって、中宮は前年に懐妊したらしいけれど伏せておく、という。六日後の『権記』(三月十九日条)によると、行成は夢で、「誕生したのは男か女か」自問し、「男」とでたというが、これが正夢となるのである。

気分が普通ではなく、食事も摂《と》らずに眠たそうにしているところへ、訪ねて来た天皇に、「去年《こぞ》の十二月に月のものがなく、この正月も二十日ほどになるのにまだなく、身体の具合がいつもとちがう」と漏らす中宮である(『栄花物語』巻第八)。

四月十三日の『権記』には、懐妊五カ月の中宮が一条院から土御門殿へ遷御したと記し、『御堂関白記』も供奉の公卿たちの名を列記しながら懐妊の描写はない。これは出産のための退出ではなく、「神事の間たるにより出御する所なり」とあるから三日後の賀茂祭に備えてのもので、宮中が穢れるのを避けたのである。これは一週間前の平野祭に中宮が懐妊のため奉幣しなかったことと見合うものである(『日本紀略』四月六日条)。それが証拠にその後に還御している(『御堂関白記』六月十四日条)。

この前日、内裏では中宮のために御修善を行っている（『御堂関白記』）。

中宮が出産のために一条院内裏から里邸の土御門殿に退下するのは一カ月後のことである（『御堂関白記』七月十六日条）。当初は七月九日と決まっていたが、この日は「大将軍遊行間」だったので陰陽師の賀茂光栄や安倍吉平らに勘申させたところ十六日に改勘され、その日の戌の刻（十九時〜二十一時）に退出している（『権記』）。七月になってお腹も大きくなって苦しくなり、身動きも楽でなくなったので、周囲の人たちはいたわしく思っていた。天皇からは頻りに見舞いの使いが遣わされる（『栄花物語』巻第八）。いっぽう紫式部は、中宮はこの辛さを隠してさりげなく振る舞っている、このような方にこそお仕えすべきだ、と日記で述べている。

物の怪に苦しむ中宮

四十人近い女房の一人としてつき随った紫式部が見た土御門殿の様子は以下のようなものであった。「秋のけはひ入り立つままに、土御門殿のありさま、いはむかたなくをかし」で始まる『紫式部日記』冒頭には秋の風情が漂い、とぎれない安産祈願の読経の声と遣水《やりみず》の流れる音が作者の部屋（寝殿と東の対を結ぶ渡殿の東端の局）にまで聞こえてくる、とある。外戚の地位を狙って呪いをかける人たちに立ち向かうためにも安産祈願の読経は欠かせない。これに続けて次のような意味のことが記される。

傍に仕える女房たちがとりとめもない話をするのを聞いている中宮は、身重で苦しいはずなのに何気なく平常心を装っている、その立派さは今さら言うまでもない。物憂いこの世の慰めには、このような方を求めて出仕すべきである、と日ごろのふさいだ気分とはうって変わって一切の憂いが消えてしまうのも不思議なことである。紫式部は中宮のもとに出仕したことで人生が明るくなったのであり、中宮にはそういった魅力が備わっていたのである。

九月十一日の出産までの二カ月間、邸内は緊張と不安のうちに推移していった。邸内の井屋が急に倒れたり、中宮御在所の塗籠《ぬりごめ》内で犬産があった（『小右記』八月十八日条）など、怪異には神経をとがらせたことであろう。もっとも犬産は安産につながるから悪いことではない。

出産の一カ月前には天皇のもとより御産の雑具として、白木御帳一基、五尺と四尺の御屛風が各三双、御几帳四尺三双、三尺二双、御畳十三枚、御表代一枚が黒漆の入れ物に入って届けられた（前掲『不知記』八月十一日）。

出産に苦しむ中宮の気分を和らげるため、道長は白檀の薬師仏を仏師の康尚に造らせている（七月二十四日、八月二日条）。

ここで皇子誕生に至る経緯を『紫式部日記』によって見ておくことにしよう。

出産前日のこと、中宮は白色に模様替えされた御在所の御帳台に移り、不安そうに身体を起こしたり横になったりして過ごした。傍らでは加持祈禱が続けられ、中宮についている物の怪を修験僧が憑《より》坐《まし》（祈禱師が神霊を招き寄せて乗り移らせる霊媒としての女性や童子）に駆り移して折伏《しゃくぶく》しようと大声で祈っている。当日の明け方には北の襖を二間分取り払って中宮は北廂に移り、御簾など懸けられないので周囲を幾重もの几帳で重ね立ててあった。その東の間には「いと年経たる人々のかぎり」、つまり長年仕えている大納言の君、小少将の君、宮の内侍、弁の内侍たち高級女房ばかりが心配そうに控えている。新参の紫式部もその場で「大変なこと」と人知れず思っていた。

僧たちが参上して御加持申し上げる。院源僧都が、道長が認《したた》めた安産祈願の願文の草稿に尊い言葉を書き加えて高々と読みあげ、それが身に沁みて尊く心強く思われた。さらに道長が声を合わせて念仏を唱えている。これで難産でも大丈夫だろうと思いつつ、ひどく悲しいのでみな涙に暮れている。

前日の夜中に中宮が産気づいたとの連絡を受けて道長は参入し、右大臣をはじめ多くの公卿・殿上人らは夜明け前から駆けつけて簀子敷きに伺候していた。道長は彼らに朝食として強飯《こわいい》と粥を羞《すす》めている（『御堂関白記』『小右記』九月十日条）。

皇子を出産

中宮の出産に至る様子は、傍に付き従っていた紫式部の日記に詳しい。中宮は、安産を願って仏の加護を頼むために髪を少し削いで受戒する間、途方にくれた気持ちで、これはどうしたことかと、とても悲しい折から、安らかに出産された。そして後産がすまない間は、広い母屋から南の廂の間、高欄の辺りまで立てこんでいる僧も俗人も声を張り上げて額を床に付けて礼拝している。

午の時に、空晴れて朝日さし出でたるここちす。たひらかにおはしますうれしさのたぐひもなきに、男にさへおはしましけるよろこび、いかがはなのめならむ。

日が替わって昼頃に中宮は多くの人に見守られながら皇子を出産した。安産に加えて男児であった。

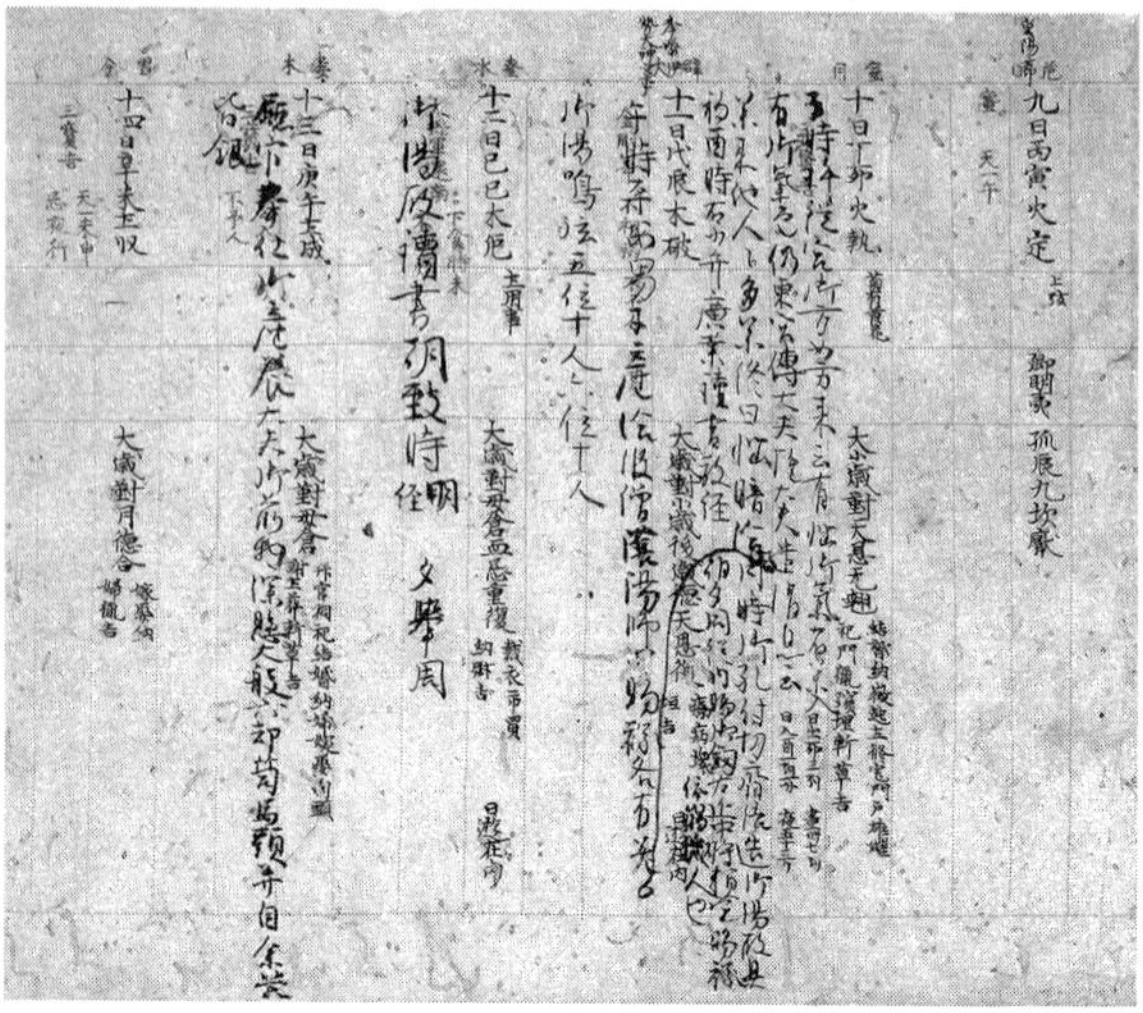

御堂関白記
（寛弘五年九月十一日条，皇子誕生）

道長の無上の喜びを見透かしたような紫式部の文章である。この部分は道長の日記の自筆本が残っているが、男性の日記ということもあって感情移入はなく、淡々とした書きぶりであるが、誤字や補入などから道長の高揚ぶりが感じ取れる。参議藤原行成は、皇子誕生を「仏法の霊験なり」と言っている（『権記』九月十一日条）。

「午時、平安に男子を産み給う」ではじまる出産当日の道長の記事は、「臍緒」を「斉結」と書いたり、途中から前日（十日）の記事の終わりのところへ丸と線で印をつけてそこへ続けて記し、そこがいっぱいになると元のところ（十一日）へ書く、といった調子である。おそらく翌日に書いたものであろうが、皇子誕生の喜びの余韻が伝わってくる書きぶりである。

若宮の臍の緒を切ったのは中宮の母の倫子、乳付けは一条天皇の乳母の橘徳子がつとめた。若宮の乳母には蔵人弁藤原広業《ひろなり》の妻ほかが選ばれた。湯殿の儀、読書の儀、産養《うぶやしない》の儀などが盛大に挙行されている。

道長は夜討ち朝駆けで孫の顔を見にやって来て、乳母の懐をさぐって若宮を抱きとるので、うかうか寝ていられないと乳母らはこぼすのである。ある時、道長が若宮を抱いていておしっこをかけられた時、濡れた上衣を脱いで几帳の後ろで女房に乾かさせながら、居合わせた公卿たちに「ああ、若宮のおしっこに濡れるなんて、こんな嬉しいことはない、それをこうして乾かしていると、望みが叶った気分である」と言って喜んだという。道長の感悦は将来を見越してのものであろう。

道長や中宮の第一皇子、敦康親王に対する期待は、外孫の出現によってついえたと言ってよい。

産養　三夜・五夜・七夜・九夜の産養は、いずれも中宮のところで挙行している。三夜の産養は本宮、つまり中宮職の主催で行われている（『御堂関白記』『権記』九月十三日条）。

五夜の産養は道長が奉仕した。中宮へ進上の御膳は、八人の女房が白一色の装束を着け、髪上げと白い元結をし、白銀の御盤（食器を載せるもの）を捧げながら一列になって参入する。見事なものであった（『権記』九月十五日条、『紫式部日記』）。

ところで七夜の産養は、行成が参内して中宮のところへ参上し、「公家御産養」（『権記』九月十七日条）とあるから朝廷（天皇）の主催であった。蔵人藤原道雅《みちまさ》（伊周の子）が勅使となり、御膳や禄物などを持参して中宮のもとへ参入している。宴が果てて中宮から公卿以下が禄を賜っている（『小右記』九月十七日条）。『紫式部日記』にも「七日の夜は、おほやけの御産養」で始まり、道雅がお祝いの品々を書いた目録を柳筥《やないばこ》に入れて参入し、中宮にお目にかけた、とある。

この夜の産養は今までより盛大で目を驚かすほどであったという。中宮の御帳台の中を覗くと「国の親」（国母）と崇《あが》められるような格式ばった様子には見えず、少し苦しげでやつれた面もちで休んでいる様子は、いつもよりも弱々しく愛らしい感じがする。御帳の内には小さな燈炉が懸けてあって隅々まで明るいので、一段と美しい顔色が限りなく綺麗なうえに、多すぎるほどの髪が休むために結い上げられていっそう美しさが勝って見える。紫式部の観察は深い。

九夜は中宮の弟、頼通の主催で行われている（『権記』九月十九日条）。

産後の中宮の表情であるが、復調が思わしくなく、「十月十余日までと、御帳出でさせ給はず」とあり、「西のそばなる御座に、夜も昼もさぶらふ」、と紫式部をはじめ女房たちは御帳台の西の辺りにずっと控えていたという。

土御門殿へ行　幸

若宮の参内を十一月十七日、と道長から聞いた天皇は、それではあまりにも先のことなので行幸したい（『御堂関白記』九月二十五日条）ということで、十月十六日の行幸と相なった（『御堂関白記』『小右記』同日条、『紫式部日記』）。

道長はその日の朝、一条院内裏へ赴き土御門殿への行幸に同道した。天皇は、寝殿の中宮の御帳台の西側に設けられた御座所に入られた。新調の龍頭鷁首《りゅうとうげきしゅ》から管絃が流れるなか対面が行われ、若宮を抱いた道長から天皇が抱き取った時、かわいい声で少し泣いたという。

この後の饗宴で、道長は長慶子《ちょうげいし》に合わせて舞を披露した。吉祥とする明月に事寄せて道長は官人

藤原道長

に松明を撤去させて「月華を翫《もてあそ》」んだのである。この行幸をことのほか光栄なことと思った道長は酔い泣きしたという。天皇は夜遅くなって還御された。

若宮を抱いた天皇は「第一皇子の敦康が生まれた時にはこのようなことはなかった」「国王の筋には外戚となる人がいてこそ張り合いがあるというもので、その人がなければどうしようもない」と語ったというが（『栄花物語』巻第八）、若宮を抱きながら敦康親王を不憫に思う天皇であった。

この日、若宮の親王宣下が行われ、翌日には家司が定められている。親王宣下の慶祝に藤原氏一門の公卿は揃って拝礼したが、「藤原ながら門《かど》わかれたるは、列にも立ちたまはざりけり」とあり（『紫式部日記』）、門流意識の強さを物語っている。

中宮彰子は天皇への「御送物三種」として笙、笛（横笛）、高麗笛を献上している。そして敦成《あつひら》親王の年子の弟の敦良《あつなが》親王の五十日の祝いが枇杷殿（里内裏）で行われた際には、道長から一条天皇に、上記の「御送物三種」のほか笙、和琴が贈られている（『御堂関白記』寛弘七年正月十五日条）。

この楽器の贈与について豊永聡美氏は、前後の史料・儀式書をも分析して「一条朝以降、これらの楽器の累代性が明確になっていった」とし、「道長と彰子から贈られた楽器が、その後天皇の正統性

五十日の祝い

に関わる累代御物に取り込まれたことの意義は大きく……」と、その重要性を説いている（「累代御物の楽器と道長」）。

五十日の祝い

皇子誕生から五十日目の十一月一日に五十日の祝いが、右大臣藤原顕光以下の二十名近い公卿らが参列して土御門殿において盛大に行われた（『御堂関白記』『小右記』十一月一日条、『栄花物語』巻第八、『紫式部日記』）。寝殿東側の御帳台の東、御座所の傍に南北に几帳を立てて仕切り、御座の南に若宮の御膳（小さく可愛らしい皿や箸などを載せた六基の御台）を並べ、西側に中宮彰子の御膳（懸盤六基）が据えられた（つまり中宮と若宮は対座）。倫子が若宮を抱いて御帳台から出て来られ、道長が若宮に餅を含ませた。戌の刻（十九時～二十一時）のことである。

公卿たちの座の東の対の西廂では饗宴があり、盃が数巡して酩酊するものが多かった。その後、卿相らは御前に召されて寝殿南面の簀子《すのこ》（竹や板の間を空かせて張った濡れ縁で廂などに付けた）に移り、廂の間には女房たちが扇で顔を覆って並び坐している。酔いに任せて右大臣藤原顕光が几帳の綻《ほころ》びを引きちぎったり、女房の扇を取りあげて下品な冗談を言ったりしている。いっぽう右大将実資は、女房に近寄って衣装の棲や袖口に覗く衣を数えており、扇をかざして必死で堪《こら》える女房。これらの具体的な描写は『紫式部日記絵詞』（紙本着色、十三世紀の成立）によって知られ、鮮明だ。そのほか管絃の遊びがあり、道長は公卿・殿上人以下に禄を与えている。

実資の袖口云々に続けて「人よりことなり。酔ひのまぎれをあなづりきこえ、また誰とかはなど思ひはべりて、はかなきことどもいふに、いみじくざれ今めく人よりも、けにいとはづかしげなにこそおはすべかめりしか」と日記にある。実資は他の人とは違っていた。みな酩酊しているし、私のことを誰だか知らないだろうと思って、ちょっとした言葉をかけてみたが、右大将（実資）は今風におしゃれな人よりも一段とご立派な方とお見受けした。これを敷衍して山本淳子氏は、実資が装束の美しさを楽しんでいるのではなく「贅沢禁止の勅令を女房が守っているかどうか、衣の枚数制限を超えていないかどうかを点検している」とみるのである（山本淳子編『紫式部日記』。ただ曾沢太吉・森重敏『紫式部日記新釈』では「女房たちの衣装の棲や袖口の色のとりあわせなどを数えるように見あわせ眼を楽しませていらっしゃる様子……」としている）。

後に紫式部は実資の取次ぎ役を担うことになるが、このことがその一要因になったと言ってよい。

初孫の五十日の祝いに飲み過ぎて酔った道長は次のようなことを口走っている（『紫式部日記』）。「中宮の父親として私は適任だし、私の娘として中宮も恥ずかしくないだろう。そなたの母（倫子）も幸福だと感じ、よい夫を持ったと思っているであろう」と。中宮は機嫌よく聞いていたが、北の方（倫子）はきまり悪く思ったのか、その場を立ち去ろうとした。道長は続けて「親があるからこそ子も

紫式部の部屋の戸を叩く道長

りっぱなんだよ」と呟《つぶや》く。聞いていた女房たちは笑っていたという。この時ばかりは道長も深酒をし、幸せを満喫した。

座興に加えて、この夜のことではないと思うけれども、前後のことで、紫式部が土御門殿に滞在している時に道長と交わした、男女の関わりに触れた微妙な歌を紹介しておこう。それは『紫式部日記』に見えるものである。

渡殿に寝たる夜、戸をたたく人ありと聞けど、おそろしさに、音もせで明かしたるつとめて、

夜もすがら水鶏《くひな》よりけになくなくぞまきの戸口にたたきわびつる

返し、

ただならじとばかりたたく水鶏ゆゑあけてはいかにくやしからまし

ある夜、渡殿に寝ていると誰かしきりに戸を叩く人がいたが、怖くなって返事もせずに明かした翌朝、その人から、「あなたがあけてくれないので、一晩中水鶏にもまして泣く泣く、槙の戸口をたたきあぐねたことですよ」という意味の歌が届いた。それで、次のような一首をお返しした。「ただご

とではないというほどの叩き方でしたので、開けていたならばどんなに後悔することになっていたでしょう」と。水鶏は水辺の草原にすむ夜行性の渡り鳥で、鳴き声が戸を叩く音に似ており、京都の鴨川にはたくさんいたらしい。深入りはしないが、戸を叩いた人は道長と言うのが定説である。

若宮と一条院へ遷幸

内裏の一条院への遷幸を控えて、冊子づくりのことが『紫式部日記』には詳細に描かれている。

御前には御冊子つくりいとなませたまふとて、明けたてば、まづ向かひさぶらひて、色々の紙えりととのへて、物語の本ども添へつつ、所々に文書きくばる。かつは綴ぢあつめしたたむるを役にて、明かし暮らす。

中宮のところでは物語の冊子をつくるということで、紫式部は夜が明けると中宮の御前に伺候して様々な色の紙を選び揃え、物語の本を添えて書写依頼の手紙を書いて配り、一方では、書写したものを綴じ集める作業をする。この冊子は一条天皇への土産とされるもので、『源氏物語』と考えられている。

天皇の行幸から一カ月、中宮は四カ月を過ごした里邸をあとに一条院内裏に還御した（『御堂関白記』『小右記』十一月十七日条、『紫式部日記』）。中宮は御輿、乳母に抱かれた若宮と倫子は金造りの車（『紫式部日記』は「糸毛の御車」とする）、以下に中宮付きの女房の車が続く。土御門殿の西門を出て西進し、一条院には東門から入っている。夜八時ごろの行啓である。若宮と対面したいという天皇の希望により、道長が若宮を抱いて御前に参上している。

この還啓（東宮や三后が行啓先から帰ること）に際して道長から中宮へは櫛筥、『古今』・『後撰』・『拾遺』和歌集を納めた手筥などが贈られたが、中宮は翌朝にこれらを覧ているが、見飽きないほどに立派であったという。

内裏に戻って一カ月後に敦成親王の百日《ももか》の祝儀が盛大に行われ、道長に抱かれた若宮に天皇が餅餤《べいだん》（唐菓子の一種）を口に含ませている（『御堂関白記』十二月二十日条）。

寛弘五年の大晦日の夜、宮中に盗人が入った。『紫式部日記』には次のような意味のことが記されている。

恒例の追儺《ついな》の儀（悪鬼を払い疫病を除く）も早く終わって寛《くつろ》いでいると、中宮の御座所の方からはげしい悲鳴が聞こえ、泣き騒ぐ声がした。中宮が心配になり怖かったけれど三人で震えながら行ってみると、衣装を剝ぎ取られた裸の女房が二人うずくまっていた。御厨子所《みずしどころ》の官人や中宮職の侍や滝口の武士たちはみな退出していなかったので、手を叩いて大声で呼んでも応答がなかったという。なんと手薄な警備であろうか。盗人はゆうゆうと退散したのである。

中宮・若宮、呪詛に遭う　道長にとって最高ともいえる年が暮れて寛弘六年（一〇〇九）正月末に不吉な事件が発覚した。あろうことか中宮（彰子）と若宮（敦成親王）を呪詛する厭物《えんもつ》が内裏で見つかり、道長も対象となっていることが判明した。道長邸を訪れた行成は、その厭符を見せられ、「事多く、載せず」としながらも後に聞いた話として播磨介高階明順《たかしなのあきのぶ》、民部大輔《みんぶのだいふ》源方理《かたまさ》らが恐れをなして退出したことを記している（『日本紀略』正月三十日条、『権記』二月一日条）。

事件のあらましは次のようなことである（『権記』二月四～六、二十日条、『日本紀略』同五日条、『政事要略』巻七十「糾弾雑事〈蠱毒厭魅及巫覡〉」所収の寛弘六年二月八日付勘文、二十日付宣旨）。散位源為文《ためふみ》、民部大輔源方理夫妻、伊予守佐伯公行《さえきのきみゆき》の妻の高階光子らが僧円能に語らって呪詛したのであるが、そもそも発端は前年の十二月中ごろに方理と光子が相語らい、厭符を一枚ずつ持っていたことにあった。そして呪詛に関わった人たちには接点があり、その延長線上に藤原伊周《これちか》がいたのである。つまり源方理の妻が為文の娘であること、佐伯公行の妻の光子は高階成忠の娘で、関白藤原道隆の妻となって伊周・定子・隆家を生んだ貴子とは姉妹ということになり、道隆家に仕えた高級女官であった。方理と光子の接点は明らかでないが、中の関白家を介しての結びつきであったと思われる。そして円能への橋渡しは昵懇《じっこん》であった為文がしたという。

貴子・定子の存在によって摂関家・天皇家と関わりを深くした高階家の成忠父子は廟堂での力を大きくし、成忠は中宮定子の外祖父ということで従二位（非参議）に至っている。恐れをなして退出したという明順は成忠の子である。寛弘六年の時点では道隆・成忠・貴子はこの世にいない。

呪詛のねらいは、円能の自白から、中宮・若宮・左大臣の三人の存在が伊周を「無徳」にしているので、彼らを亡きものにすべく「厭魅《えんみ》を奉る」というものであった。円能は二枚の厭符のうち一枚は光子に、もう一枚は方理に渡すべく家へ持参したが、当人がいなかったので妻に預け、それぞれから祓禄《ふつろく》を貰っている。これは呪詛を担当した僧や陰陽師たちへのお礼であるが、こうした動きも追及しながら糾問《きゅうもん》されている。

結末はといえば、光子・方理らは官位剝奪、円能は禁獄となった。直接関わらなかった伊周は朝参を停止されたが、三カ月後には許されている。そして半年後には三十七歳の生涯を閉じている（『権記』寛弘七年正月二十九日条）。これで第一皇子、敦康親王の後ろ盾となる大きな柱が消え失せたのである。

この呪詛に関して道長は一言も発していないが（『御堂関白記』は正月が三日間、二月は記事なし）、それを知ったときは、内心肝を冷やしたことであろう。権力者が最も畏怖するのは呪詛であったから、事なきを得て中宮ともども安堵したことであろう。

2 相つぐ皇子の誕生

中宮、年子の皇子を出産

あるとき一条院を訪ねた行成は、道長に抱かれて簾外に出てきた生後八カ月ほどの若宮を見て「王骨あり」と日記に記している（『権記』五月二十八日条）。赤子を見て王者の相を見て取るなど、いかにも行成らしい。

中宮彰子が出産のために土御門殿に退下したのは寛弘六年六月のことである（『御堂関白記』『権記』六月十九日条）。慣例の如く夜の行啓であるが、若宮（敦成親王）は行啓前の三日間を何ゆえか道長のもう一人の妻である源明子の高松殿で過ごしており、その間、道長は若宮と行動をともにしている。そして若宮は母よりも早く、当日の昼に土御門殿に渡っている。

土御門殿に退下して五カ月後に中宮は男児を出産した（十一月二十五日条）。この部分の『御堂関白記』も自筆本が残っており、敦成誕生の記事よりも長文で裏書にまでおよんでいる。そして前日条のところに書いた文に補入箇所を印すなど、敦成親王の時と同じような書きぶりである。早暁に白一色の御帳台に入った中宮は数時間後の午前九時前に出産した。臍の緒を切るのと乳付けは倫子が奉仕し、ついで供御湯・鳴弦・読書のことがあった。そのあと三夜以下の産養も慣例どおりに行われている。

この第三皇子の五十日の祝いは、年明け早々に枇杷殿（内裏）の東の対で盛大に挙行され、翌日に親王宣下があって敦良《あつなが》親王と命名された（『御堂関白記』『権記』寛弘七年正月十五・十六日条）。『紫式部日記』には「帝・后、御帳のうちに二所ながらおはします。朝日の光りあひて、まばゆきまではづかしき御前なり」とあり、一条天皇と中宮彰子は御帳台の中に揃っておいでになる。折からの朝日で光り輝いて眩しいほどにご立派な様子である。中宮は紅の袿に紅梅・萌黄・柳・山吹の襲《かさね》の袿《うちき》を召し、その上に葡萄《えび》染の綾織の表着と柳襲の上白の小袿といった様相であった。二人の皇子を出産した安堵感と余裕が、天皇や道長の心にも響いたことであろう。入内から皇子出産までの九年間は、中宮にとって寂しく苦しいものであっただけに、その喜びは何にも代え難いものであった。

道長が日記に「犬宮」と記す（初見は寛弘六年十二月七日条）この皇子が二十八歳で即位する後朱雀天皇である。ところで「犬宮」の呼称にまつわる話が『江談抄』（第二の九「上東門院の御帳の内に犬出で来たる事」）に見られるので紹介しておこう。

中宮彰子の御帳の中に犬の子が入ってきたのを見つけて恐れ怪しんで道長に報告した。そこで道長は大江匡衡を召して内密にこのことを話したところ、「たいへんな慶事で、皇子が出現する験《しるし》」と答えた。理由を問うと、「犬」の点を「大」の下に付ければ「太」、上に付ければ「天」。つまり太子と天子、皇太子に立ち天子に至る、と。道長は感心したが、やがて懐妊して敦良親王が生まれたという次第である。『江談抄』の談者が大江匡衡の曾孫の大江匡房《まさふさ》というだけに出来すぎた話ではある。

これが『江談抄』より一世紀ほど後の説話集、『十訓抄』（第一）では、中宮彰子の帳のなかで犬が子を生み、それが後一条天皇となる、というのである。なお、後一条天皇誕生の前月のこととして「中宮の御在所の塗籠内に犬産」のことについてはすでに触れた。

彰子は年子の皇子を出産したことによって、父の政権維持に最大の貢献をしたことになり、まさに快挙といってよい。

皇女出産への不満

話が先のことになるけれど対照的なのが、三条天皇中宮の道長の次女、妍子が皇女を生んだ時の道長の態度である。この妍子は甥の若宮（敦成親王）を可愛がっていた。彰子が第二子の出産を控えて土御門殿に退下して来ると、妍子は待ちかねたように若宮を抱いて可愛がったという（『栄花物語』巻第八）。時に十六歳であったが、翌年（寛弘七年）に東宮の居貞親王に入り、その翌年に親王が即位（三条天皇）すると女御、ついで中宮となり、一年後の長和二年（一〇一三）に皇女を出産するのである。

懐妊した妍子は内裏を離れることになり、その御輿は飛香舎を夜十時頃に出立し、陽明門から宮外に出て大宮大路を南下し、中御門大路、西洞院大路、二条大路を経て東三条第の寝殿に入っている

（『小右記』『御堂関白記』長和二年正月十日条）。ところが、中宮御所となって六日後に東三条第は三分の二ほどが焼失し、中宮はその南院に避難するが、あまりに至近ということで春宮大夫藤原斉信の郁芳《いくほう》門第《もんてい》に落ち着き（同、十六日条）、ここに三カ月滞在することになった。

いよいよ出産に備えて土御門殿に移ることになった中宮妍子は、その途次、姉の皇太后彰子の枇杷殿に立ち寄り、対面している。出産を控えて不安な中宮は姉の体験話などを聞いて心慰めたことであろう。中宮が枇杷殿を後にして土御門殿に向かったのは子《ね》の二刻（夜中の十二時頃）というから夜も更けてからであった（『御堂関白記』『小右記』長和二年四月十三日条）。

実家に戻って三カ月後の夜中に妍子は無事に女児を出産した（『御堂関白記』長和二年七月六日条）。道長は「悦ばざる気色甚だ露なり。女を産ましめ給うによるか」と、露骨に不機嫌な顔をしたという。それは皇女であったからであるが、「天の差配することであって人事の及ぶところではない」とは実資らしいもの言いである（『小右記』七月七日条）。このとき誕生した皇女は禎子内親王（陽明門院）と命名された。

皇女誕生に冷淡なのは道長に限ったことではなかった。道長三女の威子が後一条天皇の第一皇女を生んだ時、周囲が「頗る本意と相違す」と、がっかりしたことが知られる（『左経記』万寿三年十二月九日条）。当の道長は、生れる前日に二人の陰陽師に生れてくる子の性別を占わせ、男と女に分かれていて（『日本紀略』十月九日条）、皇女が生まれたが、妍子の時のような嘆きの声は聴かれない。六十一歳という高齢で、すべてを頼通に譲っていたことも影響していよう。

威子が三年後に皇女を出産した時にも「宮人の気色、太だ以て冷淡」（『小右記』長元二年二月一日条）であったという。何といっても、皇位継承に関われる皇子でないと歓迎されなかったのである。

話を中宮彰子に戻して、出産から一カ月後には土御門殿を離れたが、還御先は一条院ではない。一条院は、中宮が土御門殿に滞在していた間の寛弘六年十月五日に焼失している。『御堂関白記』同日条によると、早暁の火事で天皇は南隣の「織部司庁室」に避難している。その間に急きょ参入した官人らで御在所定めがあり、方角がよいということで枇杷殿に落ちついた。なお枇杷殿は東宮（居貞親王）の年来の御所だったので、新たに東宮の御所を定める必要が生じ、東宮は頼通邸、ついで倫子の一条第に移っている（『御堂関白記』寛弘六年十月十四・二十二日条）。

枇杷殿に遷御

天皇が枇杷殿へ遷幸されたのは二週間後のことである（『御堂関白記』同年十月十九日条）。家移りの慣例で「子の時」つまり真夜中の行幸であった。枇杷殿への入御に当たっては部分的に修理をしたが、「日ならずの造作、未だ了らずと雖も、九重の作様を頗る写し得る」とあって、天皇が生活するうえで当惑しないように皇居に似せて造作したという。

天皇の渡御後も作事は続けられ、とりわけ中宮の御在所となる対の屋の造作が中心であった。ここに中宮が二人の皇子とともに遷御されたのは、年もおしつまった日の戌の時（十九〜二十一時）であった（『御堂関白記』寛弘六年十二月二十六日条）。天皇も中宮のもとへ渡って来られて饗宴がもたれた。十四名の公卿が顔を揃えている。一夜を明かした道長は、夜も白じんだ頃にいったん土御門殿に戻って再度赴いている（二十七日条）。自邸、枇杷殿に天皇や外孫を迎え入れた道長は、「我が意を得たり」

と気分も高揚していた。

外孫への思い

寛弘七年の元日、枇杷殿（内裏）で小朝拝、道長邸で拝礼があった。行成は翌二日の道長邸での臨時客（簡単な宴）の後、東宮と中宮の臨時客に赴いている（『御堂関白記』『権記』正月一・二日条）。これらは恒例のことであるが、特別に道長にとって喜ばしいのは生後一年三カ月の敦成親王と一カ月余の敦良親王の御戴餅《いただきもちい》の儀が行われたことである。

この儀は、年のはじめ（正月の三カ日が多い）に幼児の前途を祝して頭上に餅を戴かせるのである。『紫式部日記』によると、叔父にあたる藤原頼通が親王たちを抱いて清涼殿の二間まで赴き、道長から餅を受け取った天皇が、その場で親王たちの頭上に餅を載せる。親王が抱かれて天皇のもとへ参上したり退下する儀式はすばらしく、見物の対象である。ここに中宮彰子は顔を見せてはいない。

『紫式部日記』にみえる宮中の様子を垣間見ておこう。

「二日、宮の大饗はとまりて、臨時客、東《ひむがし》おもてとりはらひて、例のごとしたり」とあって、二日には中宮大饗は取りやめ、中宮御所の東面の間を取り払って臨時客を催している。公卿以下が集まっているところへ道長は若宮（敦成親王）を抱いて出て来た。そして妻の倫子に「弟宮をお抱きしましょうか」というと、若宮が「いやー」とやきもちを焼く。それを宥《なだ》めあやす道長。

このあと公卿たちは清涼殿に参上し、天皇も出御されて酒宴と管絃の遊びがあり、酔い心地の道長の顔色は美しく、お姿は晴れやかで申し分ない。その道長は、「数年来、孫もなく父娘ともども寂しい思いをしていたのに、二人の皇子ができて、嬉しいことよ」と言って、御帳台の中で眠る孫たちを眺める。目に浮かぶ好々爺ぶりである。

敦成親王の着袴

三歳あまりになった若宮こと敦成親王の着袴《ちゃっこ》（袴着《はかまぎ》）が、中宮の御在所（枇杷殿内裏の東の対）において、天皇出御のもと行われた。着袴とは、幼児に初めて袴を着ける儀のことで、この時代の親王は三歳の例が多い。

天皇の命により、二人の蔵人頭が御装束や御前物の台などを調進し、その他の雑具は蔵人所、道長家、中宮職が用意している。『御堂関白記』が詳しいので、それによって見ておく（『御堂関白記』『権記』『日本紀略』十月二十二日条）。

朝から雪が降っていた。道長はいったん退出して昼過ぎに参内したが、その時には雪は止んでおり、二十センチ近く積もっていた。参列の公卿以下が中宮の御在所に集まってきて、やがて天皇も渡御された。酉の刻（十七〜十九時）に着裳が始まり、天皇みずから袴の腰紐を結んでいる。その後に御簾を巻きあげているが、これは披露のためか。若宮の御膳は藤原頼通が供し、天皇から供されていた御膳は撤去された。公卿らも南簀子敷で御膳が出されているが、これは道長家の差配《さはい》である。ひととおりの宴が終わったところで公卿以下と女房に贈り物があった。

翌日、公卿、殿上人が中宮御在所に参上して酒饌があり、次の日も行われており、道長が土御門殿に戻ったのは深更であった（『御堂関白記』『権記』十月二十三・二十四日条）。

なお、敦成親王は十日前に魚味始《まなはじめ》、すなわち幼児に初めて魚肉など動物性のものを食べさせる祝儀を行っている（『御堂関白記』十月十一日条）。

一条院へ

一条院の焼亡により枇杷殿を里内裏として一年、再建された一条院へ還幸することになり、激しい雨の中での遷御となった（『御堂関白記』『権記』十一月二十八日条）。笠を用いての行幸は酉の刻（十七〜十九時）に行われた。道長は、行幸に供奉したあと枇杷殿に戻って、子の刻（二十三時〜午前一時）の中宮の行啓にも随伴している。その間は雨がやんだので笠は用いなかった。中宮は東北の対に入られ、道長を召して絹を賜っている。

枇杷殿が里内裏として用いられたことにより、家の賞として頼通以下の道長の子女たちが叙位に与《あずか》っている。そのうち頼通（従二位）は、そうなると父の道長（正二位）と同階になるので恐れ多いということで辞退を申上している。道長は御衣一襲を賜り、長橋（清涼殿の東南から紫宸殿に渡された橋）のところで拝舞し、退出している。

尚侍妍子、東宮に入侍

三日後には、東宮の居貞親王が一条第（故源雅信、倫子の邸）から一条院の東院に遷御している（『御堂関白記』『権記』十二月二日条）。その東宮のもとへ尚侍藤原妍子が参入しているが、東宮の御在所を「一条別納東対」とし、つまり一条院東院の東の対を曹司《ぞうし》（部屋）としていたのである（『権記』十二月十四日条）。妍子は東宮のもとを半月ほど前に退出していた（『御堂関白記』十一月二十七日条）。

十七歳の妍子が居貞親王に初めて入侍（嫁入り）したのは、この年の二月二十日のことであった（『権記』『御堂関白記』）。その前段階として東宮から妍子に権左中弁藤原経通《つねみち》を使者として御書を賜っている。これに対して返書を使者に授けている。これを受けての入侍ということになる。

十数人の公卿たちが妍子のいる土御門殿に参上してきて饗に与った。中宮彰子からは「女方二車八人」が提供され、妍子は糸毛車で向かった。東宮御所の一条第に到着後、妍子の御在所の西渡殿で公卿・殿上人たちは饗に着いた。妍子が東宮のもとへ参上したのは子の時（二十三時〜午前一時）であった。

東宮が妍子の曹司に渡御されたのは入侍から六日後のことである（『御堂関白記』『権記』二月二十六日条）。内大臣藤原公季をはじめ十二名の公卿以下が供奉し、西渡殿において饗饌があり、夜になって東宮は御所に還御した。道長は東宮の女房に禄を送っている。

尚侍妍子が東宮に入った経緯はこのようなことであった。

3　第二皇子の立太子

一条天皇の病と東宮問題

道長は『御堂関白記』寛弘八年五月二十三日条に「主上、日来尋常に御座しまさず。今頗る重く悩み給う。仍りて参入す」と記し、他の記録に「天皇始めて不予」（『日本紀略』五月二十二日条）とあるので、一条天皇はこの時分から病が悪化したらしい。その後、一時的に好転した天皇は、侍従中納言藤原行成を召して譲位のことを漏らし、敦康親王の扱いについて相談している。

行成は、過去の事例つまり文徳天皇の第一皇子の惟喬《これたか》親王（外祖父は従四位下紀名虎《きのなとら》）と第四皇子の惟仁《これひと》親王（後の清和天皇。外祖父は臣下として初の摂政となった藤原良房）の例を挙げて説いている。文徳天皇は第一皇子に皇統を嗣がせようと思っていたが、第四皇子の外祖父（良房）が朝家の重臣であったので、この方を東宮としたのである。今に立ち返って左大臣道長は「当今の重臣で外戚その人」である。天皇が推す第一皇子の敦康親王は後見人とてなく、第二皇子の敦成親王の立太子に傾かざるを得ない、という次第である（『権記』五月二十七日条）。行成の言辞にも一理あるが、道長の意を呈していることは否めない。行成の話に納得して敦康親王の立太子を諦念した天皇は、行成に道長への取りなしを打診している。

行成が天皇に東宮のことなどを申上したその日の『御堂関白記』に、「天皇が私に東宮と会うように申しているが、これは譲位に関することか」（『御堂関白記』五月二十七日条）と、道長は白々しい。この日の朝に道長は東宮居貞親王のもとを訪ねて譲位のことを申上しているのである。

このことに関して「此の案内を東宮に達せんがために、御前より参らるの道、上の御盧の前を経る。縦《たと》い此の儀を承ると雖も何事を云うべきに非ず。事これ大事なり。若し隔心なくんば示さるべきなり。而るに隠秘となし、示し告げらるの趣無し、と云々」とある（『権記』二十七日条）。つまり道長が東宮のところへ赴くのに中宮の部屋を素通りしたことを、中宮は怒っているのである。譲位という重大事を聞いたとしても、とやかく言うつもりは

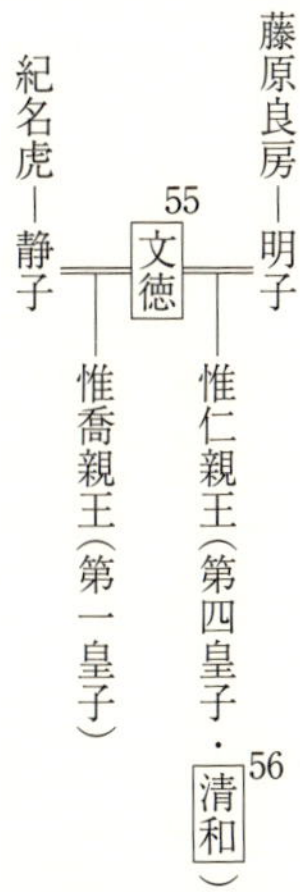

惟喬親王・清和天皇関連系図

ないのに、何か下心があって隠蔽《いんぺい》しているのか、というのが中宮の言い分である。蚊帳の外に置かれた中宮は父を恨んでいる。

『栄花物語』（巻第九）にも立太子をめぐっての中宮と道長の思惑が記されており、それはこのようなことである。

東宮に敦成親王が決まったことを知った中宮は次のように思ったという。「東宮に若宮（敦成親王）が決まったことを、普通なら喜ぶでしょうが、一条天皇の心中は、道理からいって第一皇子（敦康親王）を考えていたことでしょう。それに敦康親王も自分が東宮と思っていたことでしょう。それなのに世評に押されて、天皇がお考えを覆《くつがえ》されたのです。敦康親王も事情をうすうす知りつつも心の内では嘆いて穏やかならぬことと思っていることでしょう。不憫なことです。若宮はまだ幼いし、次の機会もあるのに……」。そして父に「今度の件は何とか敦康親王の立太子をかなえていただきたい、本人も長い間そう思い込んできたのだし、お気の毒です」と涙ながらに嘆願したという。

これに対して道長は、「それはご無理ごもっともですが、天皇に『仰せは間違っております。順序通りになされませ』と、お言葉を返すようなことはとても申せません」と言うのである。自らそのように仕向けておいたのを棚に上げて、天皇に責任転嫁しているのである。「世の中は不定であるから、私の元気なうちに若宮が東宮に立つのを見届ければ後生も憂いなく安心して暮らせる」とある。この言葉を聞いて中宮も「これもことわりの御事なれば、かえしきこえたまはず」、その通りなので返す言葉がなかったとある。

なお、この東宮問題に関しては、服藤早苗氏の『栄花物語』の記述の史料性に絡め、『権記』（五月二十七日条）などを引きながらの詳細な分析がある（「『栄花物語』と上東門院彰子」）。なかでも『権記』の「事これ大事なり。若し隔心なくんば示さるべきなり」との彰子の言辞に「天皇交代等の政治決定に対し、発言する意欲の存在を示そう」と解しているのは卓見である。

また、行成は摂関政治の根幹ともいえる「後見」および「重臣外戚」の有無を挙げて、第一皇子、敦康親王の立太子の理に叶わぬことを天皇に奏上しているが、そのあたりの心情を黒板伸夫氏は次のように述べている（前掲『藤原行成』）。

行成の進言は極めて冷静に大勢を見据えた論であり、かつて蔵人頭時代に彰子立后を説いた基本線に沿っていることが感ぜられる。……彼の意見は結果的に道長の願望に沿ったものであるが、これをもって道長への迎合とし、奉仕を托されていた敦康に対する忠誠心を否定しては酷であろう。これまた立后問題と同じく、止むを得ぬこととすでに心を決めながらも、なおかつ懊悩せざるを得なかった天皇の代弁といってよいのかも知れない。いずれにしても天皇はかつての言葉通り、行成を「顧問の臣」として信頼していたのであった。

道長とちがい、中宮にとっての敦康親王は実子と同じように可愛い存在であった。生母（定子、敦康誕生の翌年に崩御）の顔も知らずに迎えられた養母（彰子、十四歳）のもとで七年ほどを一緒に過ごしてきただけに、彰子の敦康親王への愛情は敦成親王へのそれに劣らないほどであったろうし、それだけに立太子問題での悩みは大きかったと言えよう。

また『大鏡』（後一条天皇）では「昔一条院の御悩みの折、仰せられけるは、『一の親王《みこ》をなむ春宮（東宮）とすべけれども、後見申すべき人の無きにより、思ひ掛けず。されば、二の宮をば立て奉るなり』」と、後見人の有無を問題にしている。こういう時に一家言をもつ藤原実資の『小右記』の五・六月が欠巻となっているのは、まことに残念なことである。

一条天皇の譲位と崩御

この四日後、天皇が一条院の昼御座で東宮（居貞親王）と対面して譲位の意思を伝え、敦康親王には別封と年官年爵（准三宮）を賜うようにとの仰せがあった（『御堂関白記』『権記』六月二日条）。道長も東宮も天皇との対面のさいには中宮の直廬《じきろ》（内裏の宿直所）の前を通っているのに、素通りしている。道長は、東宮問題では中宮彰子を蔑《ないがし》ろにしたのである。

そして六月十三日、一条院において譲位のことがあったが、天皇は病重きにより南殿への出御なく、譲位（受禅）の儀ほか「旧主」（天皇）不在のまま行われた。新帝御所での蔵人頭をはじめ然るべき官人の補任、旧主の御所での院別当などの任命、新東宮の坊官除目も行われた。その間、「旧主御悩危急なり。上下騒動す。権僧正参上し加持奉る。酉の刻に及んで頗る平癒し給う」とあるから、天皇の病は厳しい時とそうでない時の差が激しかったようである。この夜、十時ごろに新帝の三条天皇は、一条院（別納）から道長の東三条第に行幸された（『御堂関白記』『権記』）。

上皇は譲位の翌日には出家を口にし、病気が苦しくなると「太波事《たわごと》」を言ったりした。そして慶円僧正を戒師として出家する（『御堂関白記』六月十四・十五・十九日条）。その儀は夜御殿で行われたが、剃髪に先立って道長は洗髪を奉仕している（『権記』六月十九日条）。翌日、一条院の陣の座で左大臣道長以下が即位のことを議していたところへ、一条法皇の病気がたいへん重いという連絡が入り、道長が駆けつけてみると、そのとおりであった（『御堂関白記』『権記』六月二十日条）。その翌日の法皇の様子を藤原道長は以下のように記している（『御堂関白記』六月二十一日条）。

この夜、御悩み甚だ重く興り居り給う。中宮御几帳の下に御し給うにより、仰せらる。「つゆのみの、くさのやどりに、きみをおきて、ちりをいでぬる、ことをこそおもへ」と仰せられて、臥し給うの後、不覚に御座します。見奉る人々、流泣雨のごとし。

夜の十時頃、重病の身体を起こして一首を詠んだ。傍らには中宮が控えており、死期を覚った一条法皇の、妻を残して彼岸に旅立つ辞世の歌である。その場に居合わせた人は大泣きしたという。

参上していて一条法皇から召された権中納言藤原行成が「御漿」（飲み物）を差し上げると、「大変うれしい」と喜ばれた。そして亥の刻（二十一時〜二十三時）に「露之身乃風宿爾君乎置天塵を出ぬる事曾悲支」（露の身の風の宿りに君を置きて塵を出でぬる事ぞ悲しき）と詠まれたのであるが、「その御志、皇后に寄するにあり。但しその意を指し知り難し」とあって、行成は歌意を量りかねている（『権記』同日条）。

倉本一宏氏は、行成が詠歌の対象を「中宮」ではなしに「皇后」としている点に着目して「行成は日記の中では〈中宮〉彰子と〈皇后〉定子をきちんと使い分けており、一条が辞世を詠んだ対手を定子と認識しているのである」と述べている（『一条天皇』）。行成の中宮、皇后の使い分けが妥当ならばそういうことになろう。ただ定子が亡くなって一昔以上も経過しており、それに彰子や道長を前にしていることを思うと、彰子に対しての詠歌とみるのが自然ではなかろうか。ちなみに『栄花物語』（巻第九）や『新古今和歌集』（巻第八）などでは彰子への贈歌とする。

なお、小著の責了間際で中島和歌子氏から「藤原定子をめぐって――一条天皇の治世歌のことなど」の論考が送られてきた。ごく最近に発表されたもので、これによって倉本氏のほかに辞世歌の対象を定子と見る説が何篇かあること、何よりも中島氏が彰子説であることを知った。結論部分を紹介すれば、中島氏の主張は『権記』の一条「法皇」に対しての正式名称としては「中宮」は使えず「皇后」でしかないという、文脈重視の考え方である。そして「法皇と皇后がセット・一対であることを重視すると、今現在の対《ペア》である、一条院と中宮彰子を指す可能性が高い」ということになる。そして行成は、彰子が父ではなく夫に寄り添う考えであったことを知っていたから、法皇の辞世の歌を聴いて、彰子に敦康親王を託した、と解したのではないか、と見る。首肯される見解と言える。

この翌日に一条法皇は念仏を唱えながら彼岸へと旅立ったのである（『御堂関白記』『権記』六月二十二日条）。三十二年という決して長くない生涯で、その治世は四半世紀におよんだ。

三日後の夜半に入棺が行われ、そのさいに中宮、東宮をはじめ宮々、縁のある人々が形代《かたしろ》（紙で作った人形《ひとがた》）を入れている（『権記』六月二十五日条）。この後、葬送、埋骨が挙行されている（詳しくは朧谷『平安王朝の葬送』）。

悲しみの中の中宮

　夫の死と直面して、中宮はどんな思いでいたのであろうか。『栄花物語』（巻第九）には以下のようにある。それは皇太后が主催した故一条天皇のための法華八講に関わるものであるが、そのことは後に述べる。

天皇亡きあとの御在所が念仏用の仏がおわすところとなって、夜など僧らの念仏の声が胸にしみ、悲しみを誘う日が続く。ある人が庭先の撫子《なでしこ》を折って中宮の硯用の水を入れる瓶に挿しておいたところ、四歳の東宮（敦成親王）が取り散らしたのをご覧になって、中宮は次の歌を詠んでいる（ちなみに『後拾遺和歌集』巻第十には「一条院うせさせたまひてのち、撫子の花の侍りけるを、後一条院幼くおはしまして、何心も知らで取らせたまひければ、思し出づることやありけん　上東門院」の詞書とともに載せている）。

見るままに露ぞこぼるるおくれにし心も知らぬ撫子の花

（亡き院に先立たれたこの自分の悲しい心も知らない無心の若宮を見るにつけても、涙がこぼれる）

　この「見るままに」の歌に続けて、月がとても明るい夜に亡き天皇の御在所がはっきり見えるのを、中宮は次の一首に托している。

影だにもとまらざりける雲の上を玉の台《うてな》と誰かいひけん

（亡き院の面影さえもそこにはとどまらなくなった宮中を、玉の台などといったい誰が言ったのであろうか）

七七日（四十九日）がすんで中宮が一条院を後にしたおりに、紫式部は次の歌を詠んでいる。

御忌果てて、宮には枇杷殿へ渡らせたまふをり　藤式部

ありし世は夢に見なして涙さへとまらぬ宿ぞ悲しかりける

（一条院のご在世の時代は、今となっては儚い夢であったと思うにつけても、涙も止まらぬばかりか、御殿もお移りになり名残さえとどめることのできないのが悲しいことです）

中宮が一条院の東別納から枇杷殿に遷御したのは夜中の十二時頃で、三条天皇の即位当日のことであった。東宮敦成親王は夜の十時頃に一条院から凝華舎へ遷御している（『御堂関白記』『権記』十月十六日条）。

三条天皇が道長の東三条第から新造内裏に遷御されたのは八月十一日のことである。そしてこの日は亡き天皇の七七日に当たっており、大々的に法会が挙行されている（『権記』『小右記』『御堂関白記』）。天皇崩御から半年、年号も長和と改まったのに中宮の悲しみは尽きることなく、仏前のおつとめに

明け暮れている。春の除目も済み（正月二十五〜二十七日）、中宮が亡き天皇のことを思い出している様子を拝して、藤式部（紫式部）が、

雲の上を雲のよそにて思ひやる月はかはらず天の下にて

と詠んだ（『栄花物語』巻第十）。「雲の上」とは宮中と一条院が煙となって昇った天上を掛ける。「月」は中宮彰子に譬える。中宮が思い嘆いて寝《やす》んだ明け方の夢に亡き天皇のお姿が仄かに見えたので、

逢ふことを今は泣き寝の夢ならでいつかは君をまたは見るべき

（故院にお逢い申し上げることを、今は泣き寝入りの夢の中でなくて、いつ現実にできようか、できはしないのだ）

と仰せられて涙を堰《せ》き止めることができない（『栄花物語』巻第十。この歌は『新古今和歌集』に「一条院かくれたまひにければ、その御事をのみ恋ひ嘆きたまひて、夢にほのかに見えたまひければ　上東門院」の詞書とともに載る）。

ここに取り上げた中宮と紫式部の詠歌は男性の日記には見られないもので、紫式部と同僚女房であった『栄花物語』の作者、赤染衛門ゆえの、女房の世界の描写であろう。中宮と紫式部の歌はみな勅

撰集に採られていることに注目しておきたい。

一条天皇の崩御後それほど年月が経過していない頃と考えられるものに次の詠歌を挙げることができる（『千載和歌集』巻第九）。

女房、赤染衛門

上東門院にまゐりて侍けるに、一条院御事など思し出でたる御気色なりけるあしたにたてまつりける　赤染衛門

つねよりもまた濡れ添ひし袂かな昔をかけて落ちし涙に

（女院さまが昔の帝と夫のことを仰せられたことで、交々思い出され、昨夜は帝のことを心にとめて平常よりも一層袂が濡れ増しました）

御返し　上東門院

うつゝとも思ひ分かれて過ぐるまに見し世の夢を何語りけん

（院や匡衡の亡くなったことが現実かどうかの判断もつきかねて日が過ぎる間に、昨夜はあなたと在りし日の儚い思い出話をどうしてはなしたのであろう）

これが『赤染衛門集』（武田早苗校注）の詞書には以下のようにある。

女院に啓すべきことありてまゐりたりしに、一条院御事仰せられ出《いで》て、匡衡が御文つかうまつりし

ほどのことども仰せられて、いみじく泣かせ給しかば、悲しくおぼえて罷でてつとめまゐらせし。

赤染衛門は十代後半で賜姓皇族の源雅信（宇多天皇の孫）邸に出仕し、妻の藤原穆子（この時代は夫婦別姓）から宮仕えの作法などを仕込まれ、娘の倫子付きの女房として過ごしたようである。その後、倫子が藤原道長の妻となり、そこに彰子が誕生すると、やがて彰子のもとへ宮仕えに上がることになったのであり、古参の女房であった。

紫式部が赤染衛門のことを「匡衡衛門《まさひらえもん》」といっているように（『紫式部日記』）、宮中ではそう呼び習わされていたらしい。赤染衛門は大江匡衡との結婚に乗り気ではなかった。病を理由に親の反対で大江為基《ためもと》との結婚を断念させられたこともあるが、どうやら容貌が引っかかっていたらしい。消極的な娘に対して親は、「容姿は二の次、男は仕事が第一、あれだけの秀才はいない、いつも漢籍を読んでいる、将来大江家を背負って立つ人だ……」と彼を讃える。文化に関心を抱く衛門は両親の意を受け入れて匡衡と結婚した。二十歳のころという。

大江家は国史編纂などにも関わってきた学問・文人の家系であり、膨大な資料を蔵していた。匡衡との結婚なくして赤染衛門は、歴史物語としての『栄花物語』を世に送り出すことは叶わなかったと言ってよい。そして匡衡は一条

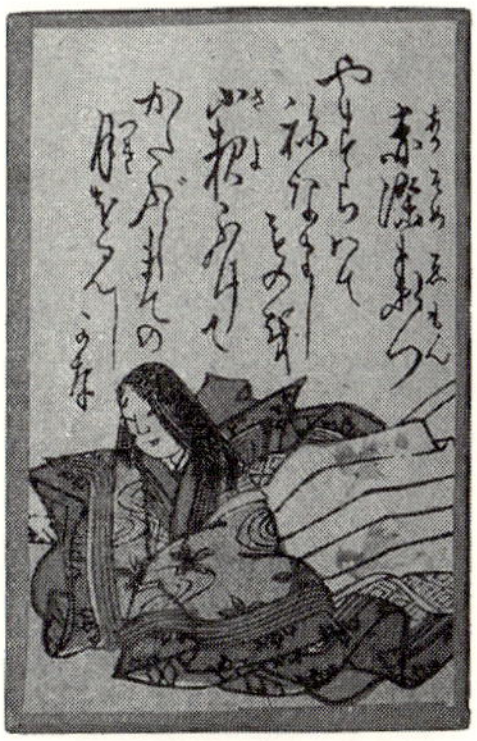
赤染衛門

天皇の侍読として漢学を進講していたのである。いっぽう道長のお抱え文人的な立場にあって道長家での仏事、詩歌宴などでの願文、献題などに従事している。

赤染衛門は夫の二度の尾張守について任国へ赴いており、良妻賢母の誉れ高い女性であり、歌合せに顔を出すなど八十歳を越える晩年まで歌壇に重きをなしたという。百人一首に採られている、

やすらはで寝なまし物を小夜更けてかたぶくまでの月を見しかな　（『赤染衛門集』）

の作者として知られる（上村悦子『王朝の秀歌人　赤染衛門』）。

一条天皇の崩御はすでにみたように寛弘八年（一〇一一）で、大江匡衡は翌年の長和元年に他界している。上掲の詠歌はその後のことで、赤染衛門が女院のもとを訪ねたところ、女院は亡き一条天皇を偲ばれ、まだ匡衡も健在のころ天皇が漢学を教授されたことなどを仰って大泣きされた。そこで衛門も、今は亡き二人を悲しく思い、女院のもとを退出してから、一首を奉り、女院から返歌があったのである。

宮仕え　この時期の宮仕えについての興味深い話が『小右記』長和二年七月十二日条にみえるので紹介しておこう。話は賜姓皇族の娘の宮仕えに関してである。

村上天皇皇子の為平親王の子の源憲定《のりさだ》は、皇太后彰子から藤原広業《ひろなり》を介して、十八歳になった娘を女房として出仕させないかと頻りに懇願された。ちなみに憲定の母は村上天皇の義兄の源高明の娘で

あり、その姉妹が道長の妻となった源明子であるから彰子と憲定は従兄弟であり、そんな関係から宮仕えの話がきたのであろう。

しかし、あまり気が進まなかった憲定は、伯父（母の兄弟）の権中納言源俊賢《としかた》（五十五歳）に相談したところ、彼が言うには、「芳《かんば》しくない事とはいえ皇太后の仰せとあってはいかんともし難く、出仕させねばならないであろう」と。そこで憲定は、大納言藤原実資（五十七歳）を訪ねている。憲定から経緯を聞いた実資は、自分の考えを云わずに、「源氏一家の事は源俊賢の指帰に従うべき」と応じている。

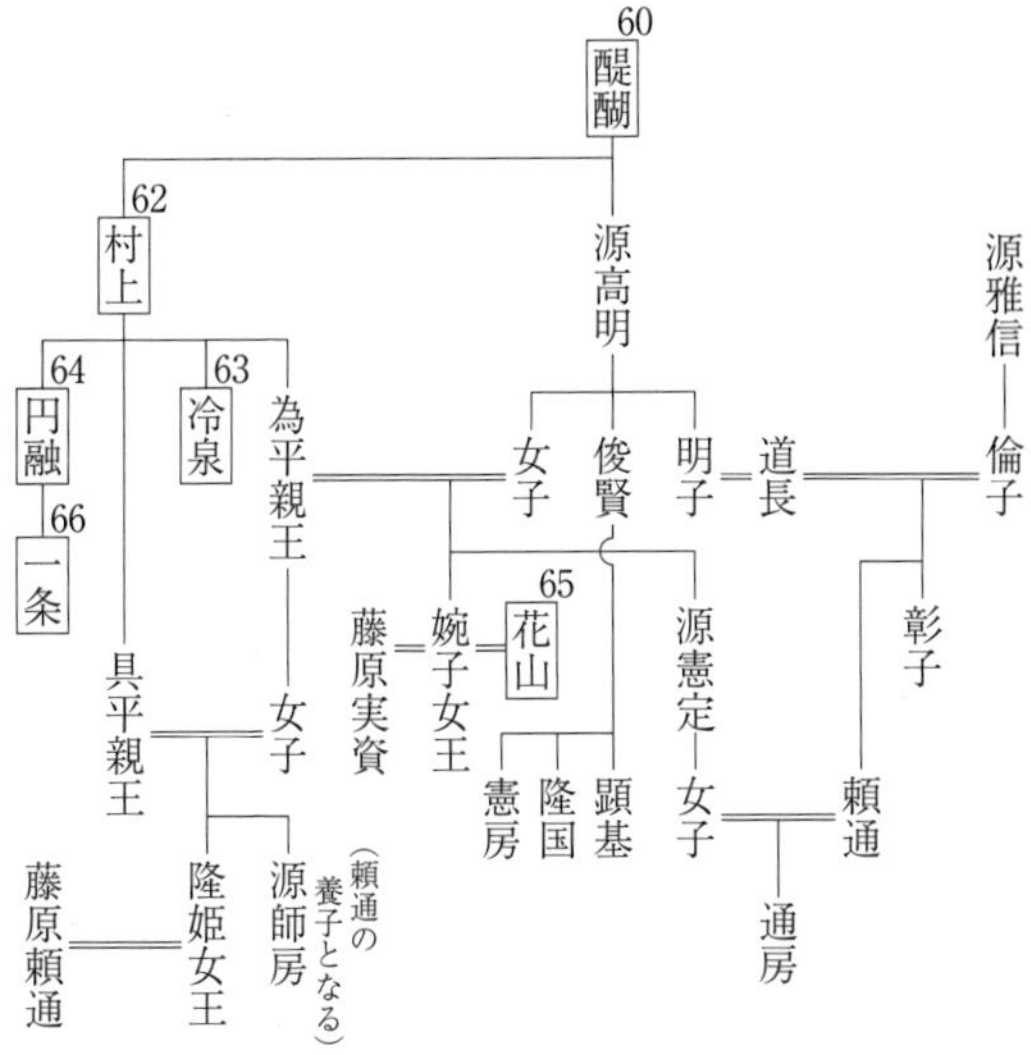

源憲定・彰子関連系図

醍醐源氏の俊賢はこの時期、源氏として公卿の最上位にあり、その意味では源氏を代表する立場にあった。加えて皇太后宮大夫であったから皇太后彰子の肩を持つのも当然であろう。そのあたりの事情を察知していた実資が憲定に対して「左右を答えず」という態度を示したのも当然であり、一方で日記には「竊《ひそ》かに思う」として以下のことを書き留めている。

近代、太政大臣および大納言以下の息女、父の薨後、皆以て宦仕《かんし》す、世を以て嗟《なげき》と為す。但し父未だ死せざるの前の宦仕、参議（藤原）正光女のほか未だ聞かざるの事なり。就中《なかんずく》、武衛は故式部卿宮の子、その息女、李部《りぶ》宮の孫女と謂う。其れ尤も尊きに寄す。太《はなは》だ憐れむべきの事なり。憚る所あるに依り左右を答えず。末代の卿相の女子、先祖の為に恥を遺すべし。武衛太だ愚なり。貢献せずと雖も重譴無かるべきか。例え重科ありと雖も何事あらんや。

宦仕とは官途に就くこと。李部は式部省の唐名で李部宮、式部卿宮ともに為平親王のこと。武衛は兵衛督の唐名で源憲定を指す。憲定は長徳二年（九九六）に従三位右兵衛督になって以来、寛仁元年（一〇一七）六月二日の薨去日まで一貫してその任にあり、非参議を極官とした（『公卿補任』）。村上天皇の孫の源憲定は賜姓皇族として尊貴性があるのに、出仕をきっぱりと断らない優柔不断さを、（実資は）「太だ愚なり」と評し、断ったとしても罰せられることはないし、かりにあったとしても何ほどのものでもない、と強気である。

そういう考えの一方で皇太后宮の役所のトップに立つ俊賢は、憚るところがあるので口をつぐんだと吐露している。しょせん他家のことゆえ評論家でおれるが、これが実資一家のこととなれば、皇太后との間柄を考えると、より苦境に立たされるにちがいない。

実資が云わんとするところは次の点である。近年、大臣や大納言が死去すると娘はみな出仕するが、それは嘆かわしいことである。とりわけ親王の孫娘の出仕は尊貴性からいって憐れむべきであるが、憚るところがあるので敢て言わない、と。実資が「憚るところ」と言っているのは皇太后との親近感によるものであろう。末代の公卿の娘が宮仕えに上がることは、先祖に恥をさらすようなものだという。

憲定の娘の宮仕えは実現せずに終わったようで、後に関白藤原頼通の妻となって通房（長男）を生んでいる（『栄花物語』巻第二十四、『尊卑分脈』第三篇「村上源氏」）。通房の誕生が万寿二年（一〇二五）であるから十年ほど後のことである（後述）。なお憲定の妹の婉子女王は花山天皇の女御となり、後に藤原実資の妻となっている。

ところで臨終を迎えた藤原伊周は、妻や子に向かって次のようなことを言ったという（『栄花物語』巻第八）。私が生きている間は、そなたたちは女御や后という身分にもしてやれると思ってきたが、私が死んだらどうなるだろう。当今は帝の御女や太政大臣の娘でも宮仕えに出るようだが、自分が死んだら、娘たちにもいろいろと誘いがかかることだろう。しかし、私を笑いものにしないでほしい、と。

伊周の薨去後（寛弘七年正月二十八日、三十七歳）、娘で姉の大姫君は彰子の異母弟の頼宗の室になっている。妹の中の君は「中宮（彰子）よりぞたびたび御消息聞えたまへど」、つまり中宮彰子からたびたび出仕の勧誘を受けたが、伊周の遺言のこともあって躊躇したとあり（『栄花物語』巻第八）、けっきょく出仕はしなかったらしい。

当時の上級貴族の女性にとって、宮仕えは決して名誉なことではなかったのである。

赤染衛門や宮仕えの話が出たので、ここで彰子に仕える女房について、山本淳子氏の分類を中心に、他の研究も参照しながら女房の動向をみておこう。

彰子の女房

山本氏は『紫式部日記』から女房を三つのタイプに分類している。まず女房層女房と呼びうる輩について、中・下級官人の出自で女房勤めに慣れ、実務に長けており、主家を渡り歩く、といった一般的に見られるキャリア形成をしている女房とする。これに対して零落女房というべきは、父が亡くなったり家が没落したりして女房に身をやつした人で、倫子の姪の「大納言の君」「小少将の君」を挙げている。

もう一つのタイプは才芸女房と称するもので、文芸の才能により抜擢されて妻や娘という立場から女房に転身する人であり、このタイプとして初めて抜擢されたのが紫式部とする。彰子に初の皇子が誕生するころに伊勢大輔、少し遅れて和泉式部、そして和泉式部の娘の小式部内侍、紫式部の娘の大弐三位（藤原賢子）らがこの分野に属する。

なお、赤染衛門はすでに述べたように彰子の母に仕えているので女房層女房ということになるが、彰子に仕えるころには才芸女房の要素も持ち合わせていたと見なしてよいであろう。そして、彰子の女房としては古参の女房で、ベテランであったので、彰子の女房集団を構成する核となっていたのである。

『紫式部日記』には中宮の女房について、上﨟（上級女房）・中﨟あたりの人たちはあまりにも引っ込みすぎて上品ぶってばかりいるので、宮のためには何の引き立て役にもならずにかえって見苦しい。また中宮大夫の藤原斉信が来られて中宮に啓上されることがあった折にも、たいへん弱々しく子供っぽい上﨟たちは、取次ぎに出て応対することが難しい。また応対に出て、はっきりと物申すようにも思えない。さりとて下﨟が応対に出るのを大納言（斉信）はこころよく思わないでしょう、という描写がある。寛弘六、七年頃の話である。

ところで話は飛ぶが、彰子は崩御に際して、自分に仕えた女房たちが納得ゆかぬ形で散り散りになってしまうのはまことに辛いこと、土御門殿の西の院にこのまま留まれるように処置しておいたという話（『栄花物語』巻三十九）などは、彰子と女房との強い絆をうかがわせるものであろう。

そして「女主人に求められたのは強い指導力というより、女房集団の人間関係に気を配り、まとめる能力」であり、頼通時代には「融和的な高級サロンが営まれ、歌合等においての女房たちの相互交流も盛んであった」「彰子サロンは、文化を湧出し次世代に伝える女房集団を生み出していた」ということになる（山本淳子訳注『紫式部日記』、諸井彩子「上東門院彰子サロン――文化を湧出する場の女房たち」。また紫式部をはじめ赤染衛門、和泉式部以下中宮彰子に仕えた女房や女官の組織や職制、暮らしなどについて論じた近作として増田繁夫『評伝　紫式部――世俗漂着と出家願望』がある）。

第四章　皇太后時代

1　皇太后となる

女御姸子の立后と彰子皇太后

一条天皇には二人の中宮（一人は定子）と三人の女御がいたが、女御には子がなかった。何といっても中宮彰子が際《きわ》だっており、二人の皇子が三条天皇の在位を圧迫する要因となるのである。

ところで、中宮が御所としていた枇杷殿が昼の火事に見舞われた。その煙を目にした道長が馬で駆けつけてみると大炊屋が燃えていた。西南の風に煽られて西の対（中宮の居所）におよぼうという時に北風が吹いて助かった。「是れ仏神の助くる所なり」とは道長の弁である（『御堂関白記』長和元年二月二日条）。

年明け早々に頭弁を介して三条天皇から道長に、女御姸子の立后の仰せがあり（『御堂関白記』長和元年正月三日条）、翌月に実現している（『御堂関白記』『日本紀略』二月十四日条）。この結果、皇太后藤原遵子が太皇太后、中宮彰子が皇太后、女御妍子が中宮となった。道長は天皇家との外戚構築に歩を進めたことになる。

皇太后の日常

四月には一条天皇の遺領および遺物の処分が行われ、遺領として、中宮（皇太后彰子）と東宮敦成親王は最高のそれぞれ百町の勅旨田を拝領している（『小右記』四月四日条）。この数日後に皇太后が病み、道長が僧らに加持をさせたところよくなった。その後にも悩まれたので、道長が訪ねてみると、この数日、歯を痛めて大きく腫れあがっていた。そこで心誉阿闍梨を召して加持を行わせたところ効果覿面《てきめん》、「験《しるし》得る極まりなし。未だ此の如き事を見ず」と道長も驚いている（『御堂関白記』四月九・二十八日条）。しかし一カ月後にも歯痛に悩まされている（『御堂関白記』五月九日条）。

皇太后は亡き天皇の服喪の期間が終わっても悲嘆の状態は変わらず、自分は枇杷殿にいるので凝華舎にいる東宮敦成親王（五歳）の成長を身近に見ることができないのが切なく、三の宮（四歳の敦良親王）が出たり入ったりしているのがせめてもの慰めであった（『栄花物語』巻第十）。一条院の喪が明けたのは円教寺での周忌法会が行われた五月のことで、「また今日、皇太后宮・東宮御装束を改む」とあるので除服したこと（喪服を脱ぐこと）がわかる（『小右記』『御堂関白記』五月二十七日条）。

法華八講を主催

そんななか皇太后彰子は、亡き一条天皇のために五月十五日から五日間（十九日が結願）御在所である枇杷殿の寝殿母屋において法華八講を行っている（『御堂関白記』『小右記』）。

法華八講とは、法華経八巻を朝座と夕座にそれぞれ一巻ずつ四日間にわたって八人の講師によって講じる法会のことである。

新造の釈迦如来・普賢・文殊菩薩像を仏殿に安置し、螺鈿の筥に入った金泥法華経と行香机、雑具、華鬘《けまん》代、幡などすべて新調の仏具が並んでいた。

初日は公卿・殿上人らが饗の座で酒が三巡したころに左大臣道長の打つ鐘を合図に御前座に移り、僧たちが入場してきて始まった。大僧都定澄《じょうちょう》、前大僧都院源を証義《しょうぎ》（論議の時の問者・講者の問答の判定者）、少僧都澄心《ちょうしん》らを講師《こうじ》（論議のとき質問者に答える僧）、そして聴衆《ちょうじゅ》（講会に出席して聴聞する僧）ら二十人あまりの僧が参加し、道長以下の公卿ら二十一名が列席している。

五巻の日にあたる十七日には、左大臣道長を筆頭に右大臣、内大臣、四人の大納言、五人の中納言、七人の参議と現役の全公卿が参列している。このほかに三人の非参議が顔を見せているが、かれらは皇太后の実弟（教通）、異母弟（頼宗）、縁者（源憲定）である。酒肴が振る舞われ、寝殿の南階のもとには捧げ物を置くために舞台のようなものが設けられており、「今まで見たことがなく、甚だ不都合だ」と実資は訝《いぶか》しがる。皇太后彰子の捧げ物は金百両と丁子香《ちょうじこう》が各瑠璃の壺に入れてあり、公卿・殿上人の捧げ物は金銀ばかりで「善を尽くし、美を尽くす」ものであったといい、「今般の御八講物、往時に万倍す」といわれるゆえんである。

実資は一日だけ父（養父で実の祖父）の故実頼の忌日法要で欠席した以外、十九日の結願まで参列した。このことを皇太后彰子はたいへん喜んでいる（『小右記』五月二十四日条）。

連日、多くの公卿、殿上人以下が枇杷殿に詰めて厳《おごそ》かにして絢爛な催しが行われ、これらをとおして、皇太后彰子の存在が貴族たちに強く認識されたことは疑いない。こうした積み重ねが彰子の権威を増大させていくことになる。

故一条天皇の一周忌

法華八講から一週間後、故一条天皇の一周忌法会が円教寺において行われた（『小右記』『御堂関白記』五月二十七日）。左大臣道長は早朝に円教寺に向かっているが、これは御堂の装束のチェックのためであり、大納言（右大将）藤原実資が午の刻（十一〜十三時）に円教寺に参上しており、法会は午後のことである。諸卿以下が饗饌の後、鐘を合図に始まった。百僧らが参加し、経机・行香机ほかの雑具は新造であった。法会が終わらない間に右大臣、内大臣が座を立って道長の直廬に行き、「諸卿悉く彼の所に向かう、追従の甚だしき」と実資は憤る。

一条天皇の崩御日は六月二十二日であり、二十余日も早い一周忌法会であることを、実資は、その間に吉日が無いわけではないのに、こんなに早く挙行する意図を量りかねている。この日に皇太后彰子と東宮の敦成親王は「除服」、つまり喪が明けたのである。

翌日、実資は皇太后彰子のところを訪ねているが、このことは後に述べる。

病む道長と皇太后

五月までは三条天皇、中宮妍子、皇太后彰子（枇杷殿）などへよく顔を見せていた道長であったが、二十七日の一条天皇の一周忌に参列したのを最後に六月に入って『御堂関白記』には一日の記載もなく、このときは重病に陥って上表（左大臣などの辞表）しているが、すぐに返されている（『小右記』六月五日条）。翌日に皇太后宮へ参上した藤原実資は、道長の病気で皇太后の心労を案じている。そして子の資平に、女房を介して「日ごろ道長の病気を嘆いているが、昨日から宜しいということを聞いて喜んでいる」と言わしめ、ついで実資父子は道長邸に赴いている。皇太后と実資はお互いに相入れるところがあった。

一方で実資は、資平の尚書（弁官）への補任を皇太后彰子に啓上して、道長への取り成しを頼んでいる（『小右記』七月二十一日条）。彰子の人事に関する威力を知ってのことであることはいうまでもない。

土御門殿では法華三十講を修しており、道長は聴聞したものの「宿所に於て高声悩み吟《うめ》く。満座耳を傾く。苦悩の甚しきこと聞く者歎息す。…釈経・論議の間、相府辛苦の声、敢《あえ》て云うべからず」と目もあてられぬ様相である。道長は左宰相（源経房）に手紙で「年来の願により病を扶けて講説の場に向かい忝《かたじけな》くも坐して過ごせたことは喜ばしいことだ。今般の講説が最後となろう」、と。実資は「落涙禁じ難し。宰相中将涙を拭う。相府悩み苦しむ声急《せ》く。皆云く、存じ難きか、と云々」と、皆が道長の命を案じたという（『小右記』六月六日条）。しかし、翌日には快方に向かい、講説を聴聞している。信仰心の篤い道長の一面を見る思いである。

土御門殿へ行啓

翌日の六月八日、皇太后彰子は糸毛車で土御門殿に行啓しているが、それには大納言藤原斉信をはじめ十三名の公卿以下が扈従したが、頼通、教通、頼宗らの弟も含まれている。この行啓は病の父を見舞うためのものであろう。この日、道長は二度目の上表（辞表）を行っているが、一カ月後に「不許」との勅答が出ている（『小右記』七月八日条）。

その翌日、土御門殿で行われていた法華三十講の講説が終わって論議があり、道長は御簾の中にあり、教通ら公卿も参入している。論議も済んで奉仕の僧らが退出したあと、道長は実資を呼んで御簾越しに次のようなことを語った（『小右記』六月九日条）。

> 病苦身命を攻める事を談ず。今日、間日頗る尋常を得る。但し病体例に異り已に存ずべからず。今に至り思う所なし。命惜しむべからず。三宮の御事二后・東宮、男女子等の事の内、尤も嘆く所ただ皇太后宮御事而已《のみ》。去年故院に後れに給う。哀傷の御心今に休まず。また非常に深く心身を摧《くだ》くか。悲しく思う之あり。自余の事嘆くべからず。志を彼宮に致すの由、悦と為す極りなし、といえり。

病も今日は調子が良いけれど命は長くない。この期に及んで思うところはなく、命は惜しくないが、三宮（皇太后彰子、中宮妍子、東宮敦成親王）や子女らの中でもとりわけ皇太后に心を痛めている。一年前に一条天皇と死別して未だに悲しみが癒されていない。皇太后に心を砕くこと、これを無上の喜びとしたい、と涙ながらに語り、皇太后のことを実資に託す道長であった。「言談多々」で記すことができないとある。道長はかなり弱気になっていて、実資にすがりたい気持ちが強かったのであろう。道長の病の間は右大臣藤原顕光が一上《いちのかみ》（一の上卿の意）のことを執り行うという宣旨が下されている（『小右記』六月十五日条）。

道長の病は日替わりで良くなったり悪くなったりするようで、瘧病《ぎゃくびょう》（定期的に発熱する病、マラリア）か邪気（物の怪）によるといわれたりしているが、「悩吟の声太だ高く、ここに尋常ならざるを知る。苦し悩むの音を聞く」とある（『小右記』六月十一日条）。七月に入って病気平癒を祈る興福寺僧らによる不断大般若経の転読が道長邸で行われているが（『御堂関白記』七月五日条）、八月に入って朝政をこなしているので病魔も去ったようだ（『御堂関白記』八月三日条以下）。しかし、道長は病に強い男である。

道長が病に取りつかれている時に、土御門殿、皇太后の御所、枇杷殿、一条殿（道長妻の倫子の母の藤原穆子宅）、頼通宅、高松殿（道長妻の明子宅）、藤原隆家宅ほか同族、近親宅や役所など二十カ所近くに虹がかかり、怪異と見なされている（『小右記』六月二十八日条）。このとき彰子は土御門殿に渡っていて枇杷殿におらず、七月八日に「今夜本宮（枇杷殿）に還御し給う」とあり、土御門殿から還御している。道長は夜明けから病によって出座していないが、公卿・殿上人らは土御門殿の西の対で饗の座に着いている。行啓には糸毛車が用いられ、深更におよんでいる（『小右記』七月八日条）。

土御門殿と枇杷殿とは東西に三町ほどの隔たり、距離にして四百メートルあまりであり、行き来にそれほどの時間は要しない。あるとき、道長が土御門殿から枇杷殿へ行く道中に、ひどくぬかるんだ所があった。それは左京職による修復工事が終わっていないことによるものであり、その最高責任者の左京大夫源長経《ながつね》の懈怠《けたい》ということになる。折よく道長のところへやってきた頭弁源道方に「人の愁い甚だ盛ん、之を如何とす」と、天皇に奏上させている（『御堂関白記』十二月十二日条）。道長の平安京整備の一環といえるが、いずれも自邸ということを思うと、そうとばかりもいえない。

この年の晩秋のこと、時おり小雨のなか、殿上人たちが弁当持参で嵯峨野に出向いて前栽《せんざい》（庭に植えこむ草木）を掘り、枇杷殿の庭に植えこんでいる。道長の命によって行われたというから（『小右記』『御堂関白記』九月六日条）道長も元気を取り戻していたのであろう。

正月の大饗

年が明けて長和二年（一〇一三）正月二日、午後に道長邸臨時客があった。右大臣以下の諸卿が土御門殿に集い、列立拝礼して饗の座に着き、盃が三巡ののち道長から引き出物があった。その後、道長以下が皇太后宮大饗へ参上し、右大臣藤原顕光以下が渡殿の饗の座に着いた。皇太后彰子の父の左大臣道長は先に着座していた。道長は孫の三宮（敦良親王）を抱いて卿相らのところへ少し顔を出しているが、このとき母の皇太后がどこにいたのかははっきりしない。

夜になって道長以下が参内して暫く殿上に候し、その後、二宮大饗へと向かった。飛香舎の中宮のところでは右大臣以下の諸卿と内の殿上人らが拝礼し、凝華舎の東宮のもとでは左大臣以下の諸卿および東宮の殿上人の拝礼があった。

この拝礼について『小右記』には「左大臣、中宮拝礼に列せず、然るべし。但し青（東）宮拝礼に列す、また然るべし」、とあって、道長が東宮の拝礼に参列したのには一理ある、と実資はみている。いうまでもなく中宮は娘の妍子、東宮は孫の敦成親王である。中

朝覲行幸

宮の大饗は玄輝門の西廊外、東宮のそれは玄輝門の東廊で行われている。いずれも三献ののち禄を賜っている（『御堂関白記』『小右記』正月二日条）。

皇太后、中宮、東宮がみな身内とあって道長も鼻高々であったろう。

東宮、皇太后宮御所へ朝覲行啓

一週間後、皇太后彰子（二十六歳）の枇杷殿において饗饌があり、翌日に備えて琴・笛などの試楽が行われている（『御堂関白記』正月九日条）。

そして迎えた正月十日、六歳になった東宮敦成親王は母、皇太后の御所（枇杷殿）へ朝覲行啓した（『小右記』『御堂関白記』正月十日条）。夜明けとともに倫子が内裏（凝花舎）の東宮のもとへ、そして尚侍《ないしのかみ》（内侍司の長官で従三位相当。天皇に常侍して重要任務に携わった）威子と同道して道長は皇太后の枇杷殿へ参上した。道長は皇太后の御所の室礼が終わって東宮の方へ参入している。

巳の時（九〜十一時）に東宮の一行は御所（凝花舎）を出発、御輿には乳母一人と祖母の倫子が付き従い、公卿以下が供奉している。行程は北の玄輝《げんき》・朔平《さくへい》門から内裏を出て東へ、陽明門から大宮大路を二町ほど北上して土御門大路を東へ、東洞院大路まで進み、一町ほど南下して枇杷殿へは東門から入っている。御輿は寝殿に向かったが、南庭では東宮職の傅・大夫・亮・学士らが列立して迎えた。左大臣の招きで諸卿らは東の対の饗の座、殿上人はその東庇に着座した。盃が数巡の後、陽が西山に傾くころに御膳が供せられ、簾中の東宮にも同じく饗せられた。銀器などに入れられ、蘇芳螺鈿《すおうらでん》の懸盤《かけばん》に載せられていたというから豪華である。還御は酉の刻（十七〜十九時）で、往路と同じ道程で、途中で「秉燭」すなわち灯りを用いている。

中宮妍子退出　上記の東宮還御の後、『御堂関白記』によると、一部の輩は中宮妍子の御在所（飛香舎の東廂）に参上して酒饌《しゅせん》（酒と肴）の座がもたれた。それは、この日に予定されていた中宮妍子の懐妊による、内裏から東三条第への行啓の「亥の二刻」（夜の十時頃）までの時間待ちであったという。藤壺の上の御局（天皇と一緒にいた）を出た御輿には母の倫子が随伴し、玄輝・朔平・陽明門を抜けて大内裏を出て大宮大路を南へ、中御門大路を東行し、西洞院大路を南下して東三条第へは南門から入って寝殿に着けている。

道長の招きで供奉の公卿以下は饗の座に着き、三献の後、被物《かずけもの》（目下の者を労ったり、芸人の技を賞して与える物）を給っている。彼らが退出したのは夜中の十二時頃であった。「余束帯を解く」とあり、道長は束帯を脱いで長い一日を思ったことであろう（『小右記』『御堂関白記』正月十日条）。

遷御から六日が過ぎてほっとしていたら、東三条第（中宮の御在所）が火事に見舞われた（『小右記』『御堂関白記』正月十六日条）。寅の刻（午前三～五時）に読経僧（この場合、終夜の加持祈禱をする夜居僧）から土御門殿の西南方向が火事との報告を受けた道長は、東三条第の方と見定めて馬で向かった。行ってみると三分の二ほどが焼け、中宮は南院に避難していた。実資は火勢が猛烈で邸内に入ることができなかったという。そこで南院の方に行ってみると、中宮は邸内ではなく、真っ先に駆けつけた権中納言源俊賢（皇太后宮大夫）の檳榔《びろう》毛《げ》の車に乗って庭中に出ておられ、四、五人の卿相が伺候していた。そこへ道長が馬で駆けつけたのである。

しかし、寒い時期でもあり鼻風邪でも引いたら大変ということで、中宮は取りあえず南の藤原輔公《すけきみ》（道長家司）の家に渡っている。その後、御在所定めがあって、吉方に当たる権大納言藤原斉信《ただのぶ》（春宮大夫）の家に決まり、陰陽師が決めた時刻どおりに戌の刻（十九～二十一時）に糸毛車に乗った中宮の一行が輔公邸を発ち、左大臣は車、諸卿は騎馬で二十人あまりが供奉した。中宮の御車は斉信邸（所在地は確定できないが「郁芳門第」「大炊御門第」の名がある）の東門から入って寝殿に着けられた。家主の斉信が饗饌を設け、左大臣以下、殿上人が饗の座に着いている。

斉信は、年来懇意にしている人なので、決まった時点で、中宮への敬意をもって自邸に帰り、受け入れの準備をするなどといった念の入れようである。「慶と為すこと極り無し。年来の芳心此の時にあり」、斉信の年来の厚情はここに表れている、と道長はご機嫌である。

その後、中宮は出産に備えて藤原斉信邸から実家の土御門殿に遷御するが、その途次、枇杷殿に姉の皇太后彰子を訪ねて対面を果たしている（『御堂関白記』『小右記』四月十三日条）。

中宮妍子、土御門殿へ

戌の二点（夜の八時頃）に斉信邸の東門を出て中御門大路を東へ、東洞院大路を北へ、枇杷殿へは東門から入り、寝殿に御輿を着けて入御し、寝殿の「昼御座《ひのおまし》」で対面している。皇太后から中宮へ、紫檀《したん》地に螺鈿を施した筥に入った『古今集』と『後撰集』をはじめ琴・和琴一張などの贈物があり、中宮は斉信から拝領の贈物（「村上の御時の日記」絵入りの四冊）を皇太后彰子へ献じている。その後、枇杷殿を子の二点（夜中の十二時頃）に発って土御門殿へ向かった。

中宮妍子は三カ月後に出産するが（『御堂関白記』七月六日条）、誕生したのが皇女（禎子内親王）ということで、皇子を期待していた道長が不機嫌になったことについてはすでに述べた。なお皇女の九夜の産養は皇太后の主催で行われた（『小右記』七月十五日条）。

一種物を停める

春たけなわの頃、公卿たちは道長の勧誘で一種物《いっすもの》（各人が好みの肴を一品ずつ持ち寄って催した宴）を行うため皇太后宮（彰子）の枇杷殿で参会することになっていたが（『小右記』長和二年二月二十四日条）、皇太后の命で中止に至っている（『小右記』『御堂関白記』長和二年二月二十五日条）。権中納言藤原頼通と藤原資平は、土御門殿（道長）と枇杷殿（彰子）の間を三度も行ったり来たりしており、何か問題が生じたようで「事あるに似たり」がそのことを暗示している。そして頼通が言うには「今日の事、后許さざる気あり」ということであった。道長が不調で不参であることもその理由であったらしいが、皇太后が申すのは次のような事情である。

中宮（妍子）の方では饗饌が続いて公卿たちも煩いがあろう。自分も夫の一条天皇を亡くして月も花もなく、事に触れて物思いに沈んでいる。道長が居る間は公卿たちもやむなく饗応しているが、退いたら誹謗《ひぼう》することであろう。ましてこの世から去ったらなおさらのこと。そして「連日の饗宴、人力多く屈するか。今以て之を思うに太《はなは》だ無益の事なり。停止あり」という決断を下した皇太后を、実資は「賢后と申すべし」と褒《ほ》め讃《たた》えている。

この一種物と羹次《あつもののついで》（地下炉）の史料を掲示し、彰子（長和二年前後。二十代半ば、皇太后）に引きつけてその意義を論及したものに、服藤早苗「宴と彰子――一種物と地下炉」がある。そこでは中宮妍子の饗宴の頻度の多さを例挙し、彰子とて遊宴を積極的に行ってはいるが、各自に負担を強いる一種物を批判しているのであって、主催者として酒肴を振る舞い、賜禄する宴は行っているとし、それは官人貴族を政治的に結集するためとみる。

ところで資平からもたらされたこの話（一種物の開催）で、皇太后との間を一人の女房が取次いでいるのであるが、その女性は紫式部と考えられる。そのことについては後に述べる。

ちなみに皇太后を「賢后」と標榜することで想起されるのは『江談抄』（第二の三十四）の話である。関白藤原頼通の嫡男の通房《みちふさ》（一〇二五～四四）の着袴の時、伯母の女院（彰子）から装束一式が贈られた際に奴袴《ぬばかま》（指貫）が入っていなかった。きっと女院が入れ忘れたのであろう、重ねて所望すべきである、と関白に申上したが返答がなかった。そして奴袴なしで着袴を済ませた。その後、このことを聞いた女院は「宜しき人は、着袴の時に、奴袴を着ざるなり。近代の人々は案内を知らざるか」と仰ったという。「時に近習の上達部・殿上人・非参議ら識者済々たり。何ぞ伝聞せざらんや。尤も恥辱《ちじょく》多きか。資業《すけなり》（九八八～一〇七〇）・斉信（九六七～一〇三五）もこのむねを知らず。なほもつて古賢に及ばざるなり」、と作者の大江匡房《まさふさ》（一〇四一～一一一一）は、多才の公卿といわれた源経信《つねのぶ》（一〇一六～九七）が語ったこととして記している。

注目されるのは、女院が装束に関して、当時の有識者より上をゆく識者と位置づけられている点であり、さらにはここに登場する人々は、女院の生涯と生を共にした時期をもっているということである。

この話を例挙して高松百香氏は、大江匡房に「古賢」と意識されていた彰子は衣装についても深い知識を有していたとし、さらには藤原忠実（一〇七八～一一六二）の談話（『中外抄』『富家語』）の検討をとおして彰子の後世におよぼした影響を述べている（「院政期摂関家と上東門院故実」）。ここで深く立ち入ることは叶わないが、院政期の摂関家が娘の入内を上東門院に倣って挙行しているのを例挙して「摂関家の家長は、娘たちに上東門院のような完璧な后――国母となり、女院となり、摂関家の繁栄に寄与する――になるように望んだ」そして「失われた外戚の地位の獲得――そのことによって、上東門院の父たる道長の権力を得たい――という明確な目標の設定に他ならない」と指摘している。また、鳥羽・後白河上皇父子が出家にさいして彰子のそれを吉例としていることから、「男性の院の先例」とみているが、このことだけでそこまでいえるのか疑問である。ただ「院政期摂関家には、上東門院に対する特別な先祖認識が確立していた」ということはいえそうである。

話を戻して、皇太后の命で一種物が停止された結果、道長は参入をやめているし、参会の公卿たちも退出したという。道長本人が自分の不調を理由に皇太后が中止したと思っているらしいことは彼の日記からうかがえる。

この一カ月前のこと、実資は子の資平の人事について、道長への取り成しを皇太后彰子に頼んでおり、すでに二人はそういう間柄であった（『小右記』正月十九日条）。

東宮敦成親王病む

五月に入って東宮が病気になり、母の皇太后（彰子）が案じている。『御堂関白記』の五月下旬は連日のようにそれに関する記事が多く、道長は病状に一喜一憂しており、候宿することもあった。

実資は、資平を内々に皇太后のもとへ遣わし、自らは都合が悪くお見舞いに参上できないことの詫びと、東宮の病状を尋ねさせている。そして戻ってきた資平は実資に「去夕、女房に相逢う。彼女云く、東宮の御悩み重気に非ずと雖も猶未だ尋常の内に御《おわ》さず。熱気未だ散り給わず。また左府聊《いささ》か患気ある、といえり」と報告している（『小右記』五月二十五日条）。

東宮は熱が少しあるもののたいしたことはなく、むしろ道長が調子を崩していたのである。東宮の病は二十五日ぐらいから快方に向かったようで、道長は「昨日よりまた宜しく御す」として、そのことを枇杷殿に参上して皇太后に申している（『御堂関白記』五月二十六日条）。

注目されるのは実資が、資平に東宮の病状の情報をもたらした、皇太后との間を取次いでいる女房のところに「越後守為時の女、此の女を以て前々雑事を啓せしむ」と注記していることである。つまり取次ぎの女房は藤原為時の娘、『源氏物語』作者の紫式部ということである。しかも、それは前々からであった。そうなると、この時期の『小右記』に記載の「女房」のうち紫式部を指称しているのは何れか、ということになるが、それに関する研究がすでに存在するので、それをふまえて述べておこう（今井源衛『紫式部』、角田文衛「実資と紫式部」、諸井彩子「大弐三位藤原賢子の出仕時期──女房呼称と私歌集から」、増田繁夫『評伝　紫式部』）。

実資・資平父子と紫式部

実資と紫式部の関わりを匂わすもののうち、時期の早いものとして『小右記』長和元年五月二十八日条に次のような話が記されている。先に述べた彰子主催の故一条天皇の一周忌法会挙行の翌日のことである。

藤原実資が皇太后彰子を訪ねて、暫く渡殿のところに伺候していたら、取次ぎの女房が寝殿の御簾の中から菅の円座を指し出し、もっと近くまで進むように促した。暫くはその場を動かなかったが、しきりに勧めるので御簾の近くに移動した。そして、そこで逢った別の女房に、御八講（前述、長和元年五月）に参列したことへの皇太后からの御礼の言葉に対し、恐縮している旨を啓上した。すると皇太后から、一周忌が終わって喪服を脱ぎ、御簾などの室礼《しつらい》が通常のものに替わったのは何となく落ちつきません、と言ってきた。これを聞いて懐旧の心を催した実資は、女房の前で涙を禁じ得なかったという。彰子と実資との親密度がうかがえよう。

ここに登場する取次ぎ「女房」と、応対をした「相(二)逢女房(一)」とは別人と考えられる。そして後者

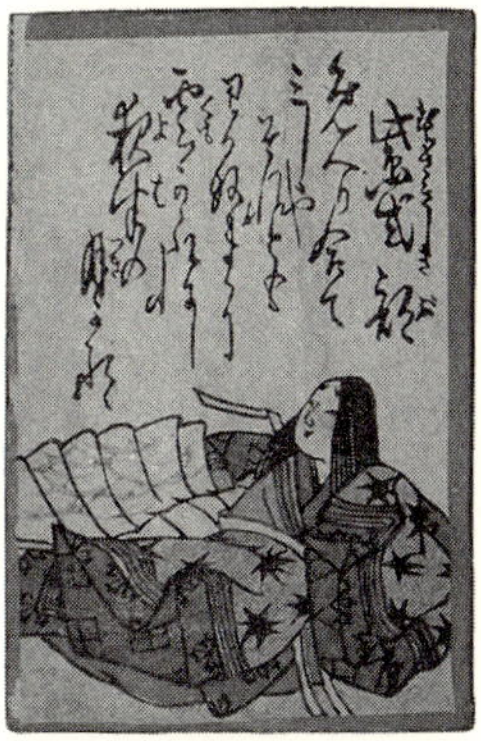

紫式部

は、その任務からみて紫式部の可能性が高く、これを遡るものはなさそうなので、『小右記』における女房、紫式部の初見と見なしてよかろう（寛弘年間は略本や欠本が多いが、まずないと思う）。そして確実なのが、一年後の長和二年五月の上掲の記事である。

その四カ月前の正月のこと、皇太后のところへ参上した実資は、女房に逢って（「相逢女房」）、資平の任官に関して彰子や道長に取次ぎを頼んでいる。実資がこういう事柄を依頼するさいの女房は信頼を置いている女性、つまり紫式部と決めていたようである。実資は前日にも道長に会って、この件で懇談している（『小右記』長和二年正月十九・十八日条）。

この三カ月後、実資は資平から次のような報告を受けている。前に触れた中宮妍子の出産を控えての土御門殿還啓（長和二年四月十三日）に関することである。資平は皇太后宮（枇杷殿、彰子）を訪ねて女房に逢い（「相遇女房」）、立ち話で（物忌だからであろう）こんなことを耳にした。

中宮の行啓に右大将実資を供奉させては如何かと、道長から皇太后に言ってきた。そこで彰子は、実資から物忌の由を申してきているので供奉させることはできない、と答えた。すると道長から、たとえ物忌でも、皇太后の召しとあらば実資も参入するのではないか、供奉する公卿たちは親近の者ばかりなので、距離を置いた実資に加わってほしいのだ、と道長は返す。どうやら彰子の言ったことを父の道長は承引しなかったようである。ともあれ皇太后は思案のうえ、結果的には自分（実資）を召さなかったのであろうと、その心遣いに「心底感歎」している（『小右記』四月十五日条）。

以上でみてきたように長和元年から二年にかけて、紫式部は皇太后彰子の女房として実資・資平間との取次ぎ役を担っていたのである。その場合、『小右記』では「相逢女房」「相遇女房」と記載されることが多いのである（上記以外に『小右記』七月五日、八月二十日条ほか）。

しかし、長和二年九月以降は見られず、五年あまり後の寛仁三年（一〇一九）正月五日条に以下のような記述が見られるのである。

> 弘徽殿に参り、女房に相い逢う先ず宰相を以て案内を取らしむ、給爵の恐れを啓せしめ御《たま》う。枇杷殿に御し坐すの時、しばしば参入の事、今に忘れず坐《います》のよし仰事あるなり。女房云く、彼の時参入、当時参らず。世人に似ず、恥しく思《おぼ》し食《め》さるるなり、と云々。

大納言実資（六十三歳）は参議資平（三十三歳）を伴って弘徽殿の太皇太后彰子のもとを訪ねている。その目的は、元日に太皇太后彰子が、道長を介して実資に年爵を給いたいということ（『小右記』）に関わってのことである。そこで女房を介して告げられた太皇太后の言葉は「自分たちが枇杷殿に住まいしている時には、よくお出でになったことを忘れておりません。しかし、このころはお出ましがなく、他の人とちがって残念に思います」というものであった。「よくお出でになった」、とあるのは長和元年、二年のことを言っているのであろう。そして、その事実を認知しているかのように応対する「相逢女房」は、紫式部に相違ない。

この五カ月後、太皇太后彰子のもとを訪ねた実資に、道長の出家（寛仁三年三月）の様子を伝える彰子の仰せ事を取次いだのも「相逢女房」であり（『小右記』五月十九日条）、これも紫式部と考えられよう。ということになると、紫式部の没年の長和三年説は成り立たなくなる（今井源衛『紫式部』、清水好子『紫式部』）。

以上のことは諸井氏の、今井・角田両氏の説を踏まえての『小右記』に見える「相逢女房」の検討の成果によるところが大きい。氏によれば、「相逢女房」は重要な事柄を伝える際に用いられており、それは紫式部であると結論づけている。そして上掲の寛仁三年（一〇一九）五月十九日条を最後としてほどなく没したとする定説とも抵触しないとみる。そして娘の賢子の彰子への出仕を「早くとも紫式部没年の上限である寛仁四年（一〇二〇）春以降」と推定している。

馴染みの女房

紫式部は日記の中で中宮に仕える女房のあり様を記して興味深いものがあるが、中宮のところへ訪ねて来た上達部たちへの女房の応対について、次のようなことを述べている。

そのほか上達部、宮の御方に参り慣れ、ものを啓せさせたまふは、おのおの、心寄せの人、おのづからとりどりにほの知りつつ、その人ないをりは、すさまじげに思ひて立ち出づる人々の、ことにふれつつ、この宮わたりのこと、埋れたりなどいふべかめるを、ことわりにはべる。

公卿たちが中宮彰子に人事ほか何か頼みごとをする際には「心寄せの人」つまり贔屓《ひいき》の女房を介して行ったことが知られる。その女性があいにく不在の時にはつまらなそうに立ち去るという。彼らはそれぞれに馴染みの女房を作っておいて、その女性を介して諸々の取次ぎを頼んだのである。実資・資平父子にとっての贔屓の女房は紫式部であったのである。

皇太后の等身仏

権中納言源俊賢の邸宅が火事に遭った。道長が駆けつけると、東屋に火が回っていたので消させたが、廊下に燃え移った。そこで慌てて安置してあった仏像を運び出している。それは皇太后宮彰子の等身仏二十七体といい、御堂ができるまで預かってもらっていたのである。「自余の雑物、皆悉く焼亡す」とあるから仏像だけが助かった。時に源俊賢は皇太后宮大夫であったから、その縁で預けていたのであろう。この仏像群は摂関家ゆかりの法興院へ移している（『御堂関白記』十一月四日条）。

ここで想起されるのは、寛弘五年の二宮（敦成親王）出産の御願の報賽《ほうさい》として供養している中宮彰子の等身仏として挙がる金色の釈迦・文殊・普賢・七仏薬師・六観音、彩色の五大尊・六天王のことである（『御堂関白記』寛弘六年十月十三日条）。この仏たちを合わせると、なんと二十七躰なのである。ということになると、法興院へ移されたものと同一のものと考えてよかろう。それにしても二十七躰もの等身仏とは、道長の力の入れようが推し測られる。

年が明けて長和三年（一〇一四）の正月、皇太后彰子は不調であった。心配した実資は、「皇太后宮、日来、不予の由、と人々云う」ということでさっそく駆けつけて見舞っている。もちろん直《じか》に会うことはなく、二位中将藤原頼宗を介してのことである。頼宗は皇太后の異母弟で、よく取次を行っている人である。皇太后は一週間ほど前から病みがちという（『小右記』正月二十日条）。

このときのこととして、紫式部と伊勢大輔の贈答歌を位置づける説がある（今井源衛『紫式部』）。それは『伊勢大輔集』に見られる以下の歌である。

藤式部清水に参りあひて、御前の料に御あかしたてまつるを聞きて、樒《しきみ》の葉に書きておこせたりし

心ざし君にかかぐるともし火の同じ光にあふがうれしさ

かへし

世々をふる契もうれし君がためともす光にかげをならべて

同じ人、松の雪につけて

奥山の松葉にかかる雪よりも我身世にふるほどぞはかなき

かへし

消えやすき露の命にくらぶればうらやまれぬる松の雪かな

長和三年正月下旬に彰子の病気の噂を聞いた紫式部が平癒祈願のため清水寺に参詣して皇太后の料として灯明を献じ、偶然に来合わせていた伊勢大輔と歌を詠み交わしたというものである（一首と三首が紫式部）。

増田繁夫氏は、二人の清水寺参籠が長和三年正月とする根拠はなく、ずっと後のことであったのかもしれないし、四首ともに清水寺に参籠した時のものか否かも不明としている（『評伝 紫式部』）。いっぽう諸井彩子氏は、偶然にも二人が同日に清水参詣をしたさいに紫式部の「心ざし」に対して伊勢大輔が「世々をふる」を返して、「彰子を主君とする幸せを詠み合った歌」と解している（前掲「上東門院彰子サロン――文化を湧出する場の女房たち」）。

枇杷殿を離れる

三月二十二日、皇太后彰子は枇杷殿から弟の権大納言藤原頼通の高倉殿へ遷っている。高倉殿は枇杷殿の「艮《うしとら》」とあるように対角に位置していたので目と鼻の先である。実資は夕刻に枇杷殿へ参上して同道している。亥の刻（二十一～二十三時）に小雨の中を糸毛車で出発、前後に公卿以下が笠を携行して付き従った。いうまでもなく歩行であるが、おそらく半時間程度で到着したであろう。高倉殿では頼通が饗を設けている。左大臣（道長）以下の公卿らが食についた後、皇太后に御膳が供せられた。参入の公卿は十三名で、半数近くが皇太后の近親であった（『小右記』）。

この遷御は翌月の三条天皇の行幸に備えてのものであった。亥の刻から子の刻にかけて天皇と中宮がそれぞれに枇杷殿に遷御されたのである。また東宮敦成親王に関しては「東宮、皇太后宮権大納言頼通の家、洞院東大路の家也、に渡り給う」とあって、母のところへ渡御している（『小右記』四月九日条）。頼通の高倉殿を東洞院大路としているように、東洞院土御門大路の東南に所在したのである（朧谷「藤原頼通の高倉殿」）。

この年の十月、公卿・殿上人たちはそれぞれに「一種珍味」を携えて皇太后宮のところへ参上して飲宴することになった。ところが物忌ということで一種物は持参しないようにということになった。これは道長の考えでもあった。敦康親王をはじめ道長以下の公卿ら十四名が参会して皇太后宮（高倉殿）のところで饗饌があったが、一種物を持参した人たちは持ち帰っている。つまり皇太后が用意したのである。管絃、作文会が行われている（『小右記』十月九・十一・十二日条）。

東宮、天皇への朝覲行啓

七歳になった東宮敦成親王は、初めて三条天皇のところへ朝覲行啓を行った（『小右記』十一月十七日条）。これに関わって東宮と天皇との朝覲行啓の時に母后との拝覲の前例の有無を、道長が実資に尋ねているが（『小右記』十月二十一日条）、その結果の記述はない。

当日、東宮は昼御座、皇太后は寝殿から出て西の対の南面から糸毛車で出発した。左大臣道長は車《くるま》後《じり》につき、右大臣（藤原顕光）と内大臣（藤原公季）は車、他の公卿らは騎馬で供奉した。土御門殿を西門から出て西進し、枇杷殿には東面した北門から入っている。

門から「中宮御殿」までは莚道（貴人が通るために莚を敷いた道）を通り、権中納言藤原教通が東宮を抱いて進んだ。『日本紀略』同日条には「掃部寮《かもんりょう》莚道を敷く。権大納言頼通卿、皇太子を抱き奉り昇殿す。天皇出御す。次いで皇太子座を起ち再拝す。天皇、銀の駒形を奉らしむ。次いで皇太子座を起ち、殿の南庇に於て拝舞し退出了んぬ」とあって、東宮を抱いたのは頼通としている。いずれかが誤記か、あるいは門から拝謁の中宮御殿までは教通が抱き、昇殿のところは兄に替わったと解することもできる。天皇との拝謁のあと銀の駒形を賜っている。拝舞などの作法は道長が指示しており、失敗はなく見物した輩はみな感歎し、道長は涕泣した、と実資は記している。ほっとして道長は感涙に咽《むせ》んだのであろう。道長は意外と涙もろいところがある。

東宮は休廬に帰り、天皇も退席して拝謁は無事に終わった。東宮以下諸卿への賜禄《しろく》、饗饌があったことはいうまでもない。天皇は中宮のもとへ渡御され、東宮の還御は午後の五時頃であった。

土御門殿の皇太后と東宮

長和三年末から四年にかけて、皇太后には何事もなく過ぎて行った。長和四年（一〇一五）は三条天皇の悪化する眼病を盾に道長の譲位への動きが度を増して激しくなる。たとえば資平が密々に実資に伝えた話として、譲位のことを頻りに迫ってくる道長に対して、天皇は新造内裏に遷幸を遂げずして譲位はあり得ないと抵抗する、などである（『小右記』八月十九日条）。天皇も負けてはいない。

道長とて健康を害することが多く、例えば皇太后彰子のもと（土御門殿）を訪ねたおりには、「所労の足、頗る宜しと雖も、行歩堪え難」く、北方から車に乗って戸口の下まで行き、久しく東宮を見ていないので、人の助けを借りて参入したという（『御堂関白記』七月十五日条）。『小右記』には、二人の助っ人の介助で移動した道長は甚だ見苦しい、と述べ、ある法師の勘申では、今年の道長は頭、目、足の厄年で、「しかるに御足を踏み損《そこな》わる。理運の厄《わざわい》と謂うべし」と語ったとある（『小右記』七月十六日条）。

道長の足の怪我は土御門殿の北の対にあった厠からの帰りに打橋から落ちて損傷したものであった

（『御堂関白記』『小右記』閏六月十九日条）。

上の記事からも知られるように、東宮は母と同じく土御門殿を御在所としていたのである。そして道長も土御門殿にいたことは「舟に乗り皇太后宮の御方に参る。行歩能わざるに依る」によって知られる（『御堂関白記』七月二十五日条）。足の怪我も八月には一応平復したけれど「行歩穏《しず》かならず、すでに蹇《あしなえ》の如し」とあり、歩行はままならなかった（『小右記』八月十九日条）。

2　内裏新造

三条天皇の遷御

三条天皇が新造内裏に遷幸を遂げずして譲位はあり得ない、と述べたことを先に記したが、九月二十日にそれが実現した（『小右記』『御堂関白記』『日本紀略』）。この遷御を道長は難渋したといい、天皇は「必ず入御の御心あり」ということであった（『小右記』八月十四日条）。枇杷殿から新造内裏への行幸は夜の九時に行われ、子の時（二十三時〜午前一時）には東宮も土御門殿から遷幸して凝華舎に入っている。

この三日後の『御堂関白記』九月二十三日条に、皇太后宮大進藤原庶政《もろまさ》の言として「宮の北門の内に人の足一つあり、只今取り出し了んぬ」とあって、土御門殿に触穢の札を立てたとある。この札を見て、穢れを避けるために訪問者は訪ねるのをやめるのである。そうと知らずに皇太后のところへ向かっていた大納言藤原実資は、途中で権中納言藤原教通に逢ってそのことを聞いたが、それでも参入し「立ち乍ら罷り出」でている。これだと穢れには触れないのである。

一カ月前にも皇太后宮（土御門殿）の北の対と北屋の間で小児の頭と片方の手と足が見つかり、取り除いたということがあり、三十日の穢れとされた（『御堂関白記』八月二日条）。場所的には同一のようにも思えるが、見つかったものが異なるので別件であろう。犬が咥えてきたらしいが、天下の土御門殿で物騒なことである。

皇太后彰子のところで酒饌が振る舞われ、「九月尽《つごもり》和歌」会が催され、藤原広業《ひろなり》が「秋は唯今日のみ」という題を献じた（『御堂関白記』九月三十日条、『小右記』十月一日条）。たしかに暦の上では翌日から冬である。

半月後には作文会があり、「菊残りて老人に似る」という題が出された。天皇が病気の間なのに遊宴とは如何なものか、と実資は訝《いぶか》しがる（『御堂関白記』『小右記』十月十七日条）。いずれも同じ土御門殿でのこと、道長はいずれにも顔を見せている。

道長五十の賀の法会を主催

道長は長和四年に五十歳になったが、その祝賀の法会が皇太后彰子が中心になって土御門殿で行われた（『御堂関白記』『小右記』十月二十五日条）。これに備えて大納言藤原道綱（中宮大夫）、権大納言藤原斉信（春宮大夫）・藤原公任（太皇太后宮大夫）・藤原頼通らの公卿が皇太后宮のところへ参上して屏風に書く和歌を作り、書の達人、侍従中納言藤原行成がこれらを認《したた》めた（『御堂関白記』十月二十三日条）。公卿らの詠歌は当日、寝殿と東の対の渡殿に設けられた道長の直廬において披露され、実資も「四尺御屏風六帖、其の和歌、近習の上達部読み、読人の名を書く」と日記に認めている。

当日の明け方に道長は妻の倫子とともに皇太后彰子の御在所（寝殿）の西の対に参上している。この御在所を法会堂とし、新調の仏具などが入り、法会の場となったのである。大僧都慶命を導師として大般若経、寿命経、両界曼荼羅が供養され、夥《おびただ》しい数の僧侶が動員されている。御諷誦使が天皇、中宮、東宮などからそれぞれ立てられたが、主催者の皇太后は参会しているので自らの名が挙がっている。諷誦料として各五百端をはじめ、妻の倫子は三百、明子は二百とあり、妻の立ち位置が数字にも反映されているように思える。また妍子は二百、頼通・教通・頼宗らは百端と妻子が中心となっている。供膳、盃酒があり、道長は皇太后に御膳を供している。公卿・殿上人らが奏楽し酔興になったという。数献の後、「和歌の興」があって藤原行成が筆を執って、藤原公任が賀歌を献上している。

あいおいの松を糸とも祈るかな千歳の影に隠るべければ

道長の返歌は、

老いぬとも知る人なくばいたずらに谷の松とぞ年を積まし

座にいた人々はこの歌を褒めたといい、道長はご機嫌な一日であった。列席の公卿以下が道長から禄を給った。「僧前調備し皇太后宮に奉る」とあって、その内訳は「高坏十二本、打敷を加う、大破子五荷、米三十石」というものであり、皇太后宮の主催であることを物語っている。

三条天皇が期待して遷御した内裏が、僅か二カ月で焼失の憂き目に遭った（『小右記』『御堂関白記』十一月十七日条）。天皇の落胆は大きかったであろうし、譲位の意思が強くなったのではないかと思う。

内裏焼亡

夜十時頃に「夜行随身」つまり夜回りの家来が実資に北西の方の火事を知らせてきた。実資の小野宮第から内裏は北西である。驚いて外に出てみるとまさに内裏の方角、「内裏焼亡」と人が知らせてきたので車で馳せ参じた。息子の資平は騎馬で駆けつけている。実資は待賢門から歩いて向かい、途中から行成も下馬して同道している。天皇は中院から桂芳坊《けいほうぼう》に難を避けていたが、火が迫って来たので太政官に遷られ、東宮も渡ってきた。

天皇の御在所について、道長から太政官と枇杷殿（道長領有）のどちらがよいか尋ねられた実資は、枇杷殿が宜しいと答えている。中宮妍子もいることでもあり、太政官は修理の必要がある、というのが実資の見解である。道長は、天皇は先ごろ枇杷殿にいることに不快感を抱いておられたようだが、いかがなものだろうか、と思い、天皇に両所の何れが宜しいかと奏聞したところ、枇杷殿とのことであった。こうして枇杷殿への遷御が決まったのである。

なお、道長が馳せ参じると宣陽門《せんようもん》の南方に火が見えた、とあるので、内裏の南部が焼けたことがわかる。道長は北の玄輝門のところに避難していた孫の東宮と出会ってほっとしている。

道長は、翌朝には枇杷殿に赴いて所々を改作し修理を加えている（『御堂関白記』十一月十八日条）。そして同じ日の朝に道長は天皇に譲位を迫り、火事の間にそんな大事を奏上するなんて憤懣《ふんまん》に堪えぬ、とは実資の言葉である（『小右記』十一月十八日条）。しかし、この火事が天皇に譲位の覚悟をもたらしたことは否めない。

枇杷殿へ遷御

火事の二日後、三条天皇は太政官から道長の枇杷殿に遷幸され、東宮は道長の土御門殿へ行啓している（『小右記』『御堂関白記』十一月十九日条）。「枇杷殿尋常の皇居に異ならず」とあるように、道長は枇杷殿を内裏風に改作したのである。それは里内裏の嚆矢となった堀河院で見られた（貞元元年〈九七六〉五月、『栄花物語』巻第二）。東宮の行啓は亥の刻（二十一〜二十三時）であったが、土御門殿は相変わらず「母后」（皇太后彰子）の御所であった。

翌月に三宮の敦良親王の読書始《どくしょはじめ》が土御門殿の東の対で挙行された（『小右記』『御堂関白記』十二月四日条）。そのため皇太后彰子は寝殿から東の対に移り、東宮とともに母屋の御簾の中に坐した。母屋の南一間に皇子の座が設けてあった。道長は皇子の手を引いて座に着かしめ、自らは唐廂の座に着き、公卿以下が次第に着座した。博士・尚復《しょうふく》以下の文人による読書始や饗饌などが盛大に行われた。これに実資が病をおして参入したことを道長は悦び、そのことを、資平を介して消息で伝えている（『小右記』十二月七日条）。

三条天皇の退位と敦成親王の即位

長和五年（一〇一六）が明けた。道長は土御門殿の小南第での臨時客の後、同じ土御門殿の皇太后彰子の寝殿での臨時客に赴き、内大臣藤原公季以下が拝礼に立ったが、道長は簾中に候して立たなかった。これは臣下とは異なる地位との自己主張ともとれる。和歌、管絃が催され、道長は公任と和歌の贈答を行い、七人の公卿が和歌を詠み、行成が認《したた》めている。その後に東宮（土御門殿の西の対）と中宮の大饗へ参っている（『御堂関白記』『小右記』『左経記』正月二日条）。

正月二十九日、ついに三条天皇が退位して、東宮の敦成親王が践祚した（『御堂関白記』『小右記』）。道長は早朝に母后である皇太后彰子のもとを訪れて雑事を催行し、ついで枇杷殿（里内裏）の三条天皇のもとへ参上している。午の刻（十一〜十三時）には公卿らが参内し、南殿（寝殿）において譲位のことが行われた。事に当たったのは内大臣藤原公季であるが、それは、上席の左大臣道長は摂政補任のことがあり、右大臣藤原顕光は七十三歳という高齢であったことによるものであろう。譲位の宣命には「御譲位並びに式部卿敦明親王を以て皇太子に立てる事、左大臣を以て摂政となす事」とある。

神璽・鏡・宝剱（三種の神器）などが枇杷殿の三条天皇のもとから土御門殿の東宮の御在所の西の対へ移された。ついで陣座《じんのざ》（東の対の南廂）における公卿会議で新天皇の蔵人頭、蔵人の補任を行っている。その蔵人頭について、前年末に三条天皇は蔵人頭をつとめてくれている藤原資平を参議に任ずる由を道長に仰せたところ拒否され、新帝の蔵人頭に任ずることにも反対の意を表したという（『小右記』長和四年十二月二十五日条）。しかし、資平は新帝の蔵人頭に任じられている。

土御門殿の西の対から帝位の御衣を着した新天皇は、西渡殿を通って母后（皇太后彰子）の御所である寝殿に赴き、母后に拝謁している。寝殿母屋の御帳内に椅子が置いてあったが、皇太后は着さずに立って拝礼を受けている。

なお、新天皇と母后が同殿していることが注目される。このことが母后の権威を形成している点についてはすでに指摘されているところであり、小著でも随所で触れている。

東宮には三条天皇の第一皇子の敦明親王が立った。母は藤原済時《なりとき》の娘の娍子である。道長はひそかに三宮である敦良親王の立太子をねらっていたが、ここはひとまず三条天皇の意向に従ったのである。その道長が摂政に任じられ、慶を奏上している。三条天皇から関白を勧められながら内覧に留まっていた道長であるが、外孫の即位によって初の摂政となった。

道長の摂政ということでは、前年十月、三条天皇が病悩により道長を摂政に准じて除目・官奏を行う宣旨を下しているが天皇の意思は「譲位までの間、政務を譲る」というもので（『御堂関白記』『小右記』長和四年十月二十六・二十七日条）いわゆる准摂政になっている。

頂点に立って久しい道長が後一条天皇の摂政となったのは、初孫の即位という点に集約されよう。そのことは、一年ほどで摂政を子の頼通に譲っている点からも察せられよう。

なお摂政に給う随身の勅書に「先ず母后に申し、上卿に仰せらる」とあるが（『小右記』長和五年二月一日条）、これなども皇太后の示威《じい》にほかならない。

新天皇の即位式と母后の力

践祚の一週間後、大極殿において即位式が行われた（『御堂関白記』『小右記』二月七日条）。午前十一時頃に宝釼や神璽を納めた莒とともに土御門殿の寝殿を出立した九歳の天皇は、母の皇太后彰子と同輿で奏楽のなか西門から出発し、近衛大路を西へ、大宮大路

大極殿

を南下し、待賢門から大内裏に入り、朝堂院（八省院）には北の昭慶門から入って小安殿に鳳輿を着け、まず天皇、ついで皇太后が下りられた。

午後二時ごろに天皇は礼服を着けて大極殿の高御座（天皇の玉座）に就くと、内侍《ないし》（内侍司の女官のことで次官の典侍と三等官の掌侍を合わせて内侍と呼ぶことが多い）が宝剱と神璽の筥を天皇の左側に置き、皇太后が高御座に登られた。なお皇太后の御座は西幔内に、摂政のは東幔内に設けてあった。これが、幼帝の即位式における母后と摂政が高御座に登壇する史料上の初見とのことである（古瀬奈津子『摂関政治』）。公卿らはこの様子を大極殿の東壇から見物していたという。

式は二時間ほどで終わって、北の後殿の小安殿に下がられた天皇は、装束を改めて朝堂院をあとにし、酉の時（十七～十九時）に土御門殿へ還御された。皇太后彰子の装束は「青色唐御衣・地摺御裳」というもので、母の倫子も同じであった。

新天皇となって初めての除目が二月十六日に土御門殿（里内裏）の摂政道長の直廬において行われ、「道雅母后の恩に依り中将を去らず」とあって（『小右記』二月十六日条）、故藤原伊周の一男の道雅が皇太后宮の力で近衛府の中将に留まっている。そしてこの年、道雅は二十五歳で従三位（非参議）となっている。さらに四年後に皇太后が道雅の昇任に動いており、これに関して皇太后贔屓の実資も「計なり。妹、宮に候するに依るか。近日上下品、女縁を以て望む所に就くなり」と批判的である（『小右記』寛仁四年七月十日条）。道雅の妹で知られるのは藤原頼宗（皇太后の異母弟）の妻になった人ぐらいである。しかし道雅の昇任はなく、死去まで四十年近く昇任することはなかった。道雅は密通事件などスキャンダルも多く、不名誉な人であったこととも無関係ではなかろう（『平安時代史事典』関口力「藤原道雅」）。

譲位した三条上皇の尊号証書の覆奏について、摂政道長は皇太后のもとに参上し、御前でその証書を啓覧しており（『小右記』三月九日条）、一週間後には公卿らが皇太后宮のところで摂政道長同座のもと、「一上《いちのかみ》」のことは右大臣・内大臣ともに無理なので大納言以上に行わせることを定めている（『左経記』『小右記』三月十六日条）。こうしたことは母后としての皇太后が幼帝に代わる存在として臣下の目には強く映ったことであろう。道長はその恩恵に浴したのである。

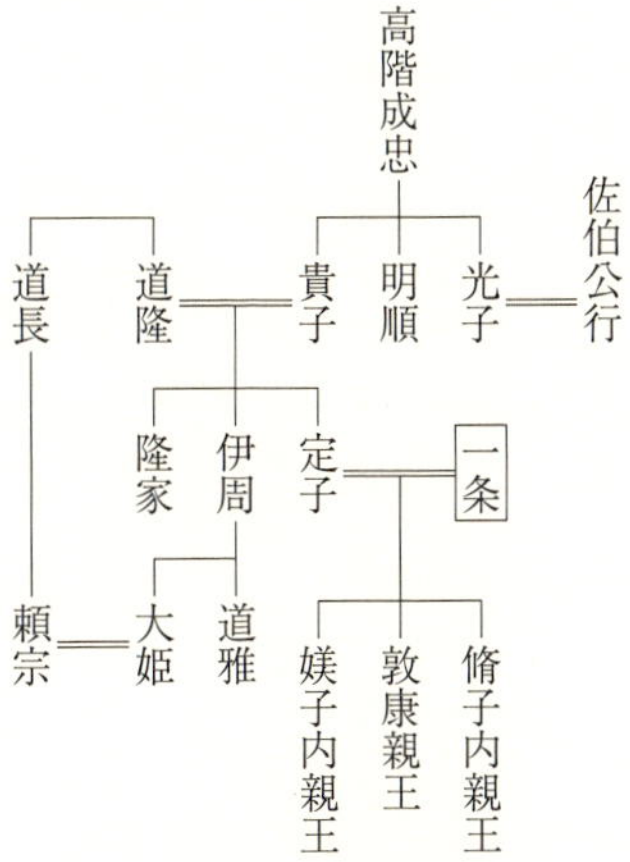

高階・佐伯系図

女の争い

こんな事件も起きている。皇太后宮の侍（彰子の役所に仕える輩）たちが愁い申すところによると…。

一条大路を西へ向かっていたところ右近馬場の馬留めにいた二、三人の検非違使官人が、自分たちの牛飼童《うしかいわらわ》(牛車の牛の世話をする者)を搦めてしまった。そこで事情を聞くために小舎人の男を遣わすと、是非を論ぜずに小舎人と牛飼童を打擲《ちょうちゃく》した。そこで検非違使の左衛門尉藤原宗相《むねすけ》と藤原公政《きみまさ》を呼んで問い質《ただ》したところ、「犯人を尋問するために馬留めに居ったところ、一条大路を通る車に付き従っている童の袖が広かったので糾弾した」という。しかし、馬留めから大路は遠く離れていて衣の袖は見えず、理屈に合わない不用意な行動であり、道長家への出入りを差し止めている(『御堂関白記』長和五年三月七日条)。こと皇太后に関わることだけに道長も手きびしい。これが飛び火したような事件が二週間後に起きている。

道長が彰子の御在所(里内裏の土御門殿)に伺候していた時のことである。北の陣で下人たちの叫び声がしたので、道長が侍(皇太后宮方の)を遣わして問わしめたところ、内裏の女房が退出する際に下人らが相論を起こしたという。いっぽう藤原庶政《もろまさ》(皇太后宮大進)がやって来て皇太后宮の「御消息」を伝えて以下のようなことを言った。内裏の少将命婦が愁い申すには、内裏から退出する際に従者が宮の侍に頭を打ち破られ、乗っていた車の下簾を引き裂かれたという。皇太后は事件の解決を道長に託したのである。

その後、皇太后宮の侍として修理進内蔵有孝《しゅうりのじょうくらのありたか》が浮上し、召問を受け、無実を主張したが通らず、右衛門佐(検非違使)藤原章信が皇太后の在所に赴いて有孝の身柄を受け(『小右記』には道長が検非違使に渡したとある）、陣内は宮の下部に託し、門外は看督長《かどのおさ》（検非違使の属官）に引き渡し、馬に乗せて左衛門の射場《いば》に拘禁《こうきん》した。天皇も皇太后宮も道長も同じ土御門殿にいたので、検非違使の行動範囲も制約を受けている。

以上は『御堂関白記』（三月二十・二十一日条）から知られるところである。なお『左経記』（三月二十日条）によれば、命婦が藤原道長に訴えているところをみると、道長の古参女房であったらしい。

いっぽう『小右記』（三月二十一日条）によると、この日の夕刻、皇太后宮に伺候していた内裏の少将命婦が退出のため乗車して北門を出たところで宮の侍七、八人が集まり「先ず陪従の女並びに子童を引き落し打凌《ちょうりょう》す。其の後、命婦を曳き落し、また車に付ける男、頭を打ち破る」といった乱暴をはたらいた。供奉の女性や童、命婦、従者らが散々な目に遭ったのである。これに続く以下の文が注目される。

少将命婦は右〔左〕衛門尉宗相検非違使の妻と云々。近曾《ちかくかつて》、使の官人ら左〔右〕近馬場に於て犯人を勘問するの間、彼の宮侍ら車に乗り、近く使官人らの前を度り、無礼を致す。仍りて牛童を搦めて狩衣を破却す。其の事に依り侍ら日来相議し、検非違使を恥かしむを企つも終に本意を遂げず、宗相の妻を殴凌す、と云々。非常の事なり。摂政前々濫吹の事、終始の戒なし。仍りて慣を積むか。

これによって事件のあらましがはっきりし、要は皇太后宮方が七日に受けた恥辱の仕返しであった。

注目されるのは少将の命婦が検非違使宗相の妻という点である。すでに述べたように、一条大路を通過したさいに下人らに乱暴した検非違使らに対して、皇太后宮方の侍たちは仕返しをしようとしたが、その機会がなかった。そこで検非違使の妻の少将の命婦を狙ったという次第である。これは尋常ではなく、道長は以前からこの経緯を知りながら処置してこなかったがためにいつまでも収取がつかないのだ、と実資は訝しがる。道長の曖昧な態度は皇太后宮、内裏のいずれも身内であり、ゆえに明確な行動に出られない立場にあったことも関係していよう。

なお前年に遡る『御堂関白記』長和四年七月十七日条に「大内の女官と皇太后宮の下部と闘乱の事あり。内と庶政と宜しからざる気色あり、と云々」という記述が見られる。この時点での内裏方は三条天皇と中宮藤原妍子であり、皇太后は彰子である。「内庶政」をどう訓むかで解釈は違ってくるが、藤原庶政は皇太后宮大進であるから「内と庶政」と訓むべきかと思う。翌日には道長が検非違使の藤原宗相と伴惟信《とものこれのぶ》を乱闘所に遣わしている。内の女官が宗相の妻なのだろうか。いずれにしても根は深そうである（『権記』寛弘八年九月二十九日条）。

そして結果的には、射場に拘禁された内蔵有孝は皇太后宮の頻りの仰せによって優免となり、同類つまり皇太后宮の侍は追放となった。摂政道長の采配となっているが、実際には皇太后彰子の意思によって決着しているという点が重要である。母后の専権のなせるところか。

新造の一条院へ遷御

六月二日、後一条天皇は摂政藤原道長の土御門殿から新造の一条院へ遷御された（『御堂関白記』『小右記』『左経記』）。出立に際して土御門殿で饗饌がもたれ、夜八時に予定されていた行幸はかなり遅れた。道長の命で鳳輦《ほうれん》（屋根に金銅の鳳凰をつけた天皇の乗る輿）を用いることになり、皇太后彰子も同輿している。

ちなみに道長は三宮（敦良親王）と同車している。土御門殿の西門を出て一条院へは東門から入御している。天皇の御在所は中殿で摂政道長が傍らに控えていた。昼御座《ひのおまし》で五果、ついで夕膳が供せられ、公卿たちは西の対の饗の座で饗宴に与っている。中座した実資が小野宮に帰りついたら後夜（午前四時頃）の鐘が鳴ったというから、宴が果てたのは日が替わってからのことであろう。

翌日、土御門殿の皇太后宮のところで夜に饗饌があり、道長は束帯姿で参上、内大臣以下の公卿たちも顔を見せ、御前の作法は昨日のようであったという（『小右記』六月三日条）。

一週間後、道長と倫子は准三宮（准三后ともいい、太皇太后・皇太后・皇后に准じることで、経済的優遇措置が与えられる）として年官年爵・封戸を賜っているが、これは皇太后宮の令旨によるものであった（『小右記』『御堂関白記』六月十日条）。ここにも母后（彰子）の力を見ることになる。

そのお礼ということではなかろうが、道長は沙金百両、檀紙五十帖、色紙五十巻、生糸などを陸奥の唐櫃二合に入れて、年物などとして皇太后宮（彰子）に献上している（『御堂関白記』七月十日条）。同じ日に三条上皇の後院司を定めているが、道長は皇太后彰子に事情を聞いたうえで定めている。国母としての彰子を意識してのことはいうまでもない。

土御門殿の焼失と再建

後一条天皇が一条院へ遷って以降、道長は東の一条院別納を在所としていた（『御堂関白記』七月十九日条）。ここで土御門殿の火事を知ることになる。『御堂関白記』七月二十一日条には次のようにある。

丑の終ばかり東方に火あり。之を見るに土御門の方に相当る。仍りて馳せ行く。惟憲朝臣宅より火出で遷り付き、……風吹き払う如し。二町の間の数屋一時に灰と成る。先ず大饗の朱器を取り出し、次いで文殿の文など。後に一条に還る間、法興院に火が付くを申す。即ち行き向う。一屋を遺さず焼亡す。凡そ土御門大路より二条北に至る五百余家焼亡す。

夜明け前のこと、西隣の道長家司の近江守藤原惟憲《これのり》宅から出火し、南北は二条大路から土御門大路、東西は東京極大路から万里小路（『日本紀略』七月二十日条）まで被災し、五百余家が焼亡した。道長も駆けつけたが、南北二町の土御門殿は焼失し、大饗用の朱器や文殿の文書などを運び出すのがやっとのことで、多くの宝物や庭の古木まで焼いてしまった（『栄花物語』巻第十二）。さらに京外の二条末路の北に所在の摂関家ゆかりの法興院も一屋も残さず焼失してしまった。

この火事は後一条天皇が土御門殿を離れて一条院へ遷御して五十日ほど後のことで、倫子は母の病で一条殿におり、皇太后彰子は父とともに一条院にいて難を免れた。

火事のあと、道長に追随する受領たちが任国から駆けつけている。播磨守藤原広業を始めとして伊勢、越前、尾張、備前など日を追って遠国の受領が見舞いを兼ねて訪ねている。彼らは再建に向けての大きな力となるのである。

再建の責任者がなんと火元の藤原惟憲である(『御堂関白記』八月七日条)。惟憲は道長の家司の有力者で、三位になっているのは彼ぐらいである。惟憲の陣頭指揮で、火事から一カ月後には再建に取りかかっている(『御堂関白記』八月十九日条)。道長はまめに造作の進捗状況を見に赴いている。しかし翌年の工事の進捗はかんばしくなく、その翌年の夏の完成までに二年を要している。

枇杷殿の焼亡

土御門殿の焼失から二カ月後、今度は摂政道長の枇杷殿が火事に遭っている(『御堂関白記』九月二十四日条)。時に三条上皇の御所であった。その日、道長は上皇のもとを訪ね、退出後(道長は一条院別納にいた)の戌の時(十九〜二十一時)に東方の火を見て、枇杷殿へ馳せ参じている。火が中宮妍子の居所である西の対に移る間に到着してみると、上皇と中宮は同車して南の近衛大路に避難しており、その後、上皇と中宮は対角の道長の高倉殿に渡御していた(『日本紀略』九月二十三日条には「摂政高倉第」とある)。道長は、参上した妻の倫子と丑の時(午前一〜三時)に退出している。

なお高倉殿といえば頼通の邸宅として知られるが、長和五年三月に道長が故高階業遠の後家から入手したもので、その日に道長が渡っている(『左経記』『御堂関白記』三月二十三日条)。三条上皇と中宮が避難してきた半年前のことである。この邸が道長から頼通に伝領されるのはこれ以降ということになるが、二年前には頼通の高倉殿として登場する(『小右記』長和三年三月二十二日条)。業遠は道長の股肱の臣ともいえる人で、道長も入手以前に渡っており(『御堂関白記』寛弘五年三月四日条)、頼通も一時的に居住したことから頼通邸と認識されたとの考えはあり得る(朧谷「藤原頼通の高倉殿」、山中裕編『御堂関白記全註釈――長和五年』三月条の「故業遠朝臣」〈近藤好和〉、九月条の「高倉家」〈稲田奈津子〉）。ただ長和五年の時点では摂政道長邸と認識されていた。

このように道長の邸宅が相次いで焼失したことに関して「連々此の如く放火あり」と、放火の疑いが強い。三条上皇は高倉第には一カ月ほど滞在して新造の三条院に遷御し、二カ月後には中宮妍子も遷御している（『御堂関白記』十月二十日、十二月二十日条）。

火事から一カ月ほど後には枇杷殿の造作にかかっているが（『御堂関白記』十一月二日条）、三年後にも「枇杷殿の造作初む」とあるから（『御堂関白記』寛仁三年二月二日条）遅々として進まなかったようで、その間に三条上皇の崩御もあったので、そのためもあったかと思う。

『栄花物語』（巻第十二）によると、長和五年は火事騒ぎがあって方々が焼失したが、「一条殿と枇杷殿が焼けるだろう」と人々が騒ぎ立てたという。そして枇杷殿が焼亡して三日後に一条院内裏が放火されている。夜中に内裏の東廊で切った古畳に火が付いているのを見つけて数人で消し止め、事なきを得ている（『御堂関白記』九月二十八日条）。『栄花物語』の放火の話を裏付けるようなできごとである。

三条上皇の崩御と新東宮

寛仁元年（一〇一七）に入った三月に道長は、内大臣になったばかりの子の頼通に摂政を譲った（『御堂関白記』『日本紀略』三月四・十六日条）。二十六歳という若さの頼通には、誰の目にも父の後見が予測されたのである。その日、道長は従一位に加階されているが、それは「宮の御消息」すなわち十歳の幼帝に代わる皇太后彰子の意向によるものであった。この摂政譲渡に関して、その勅答を上東門院彰子が内覧したことが『中右記』（嘉保元年三月九日条）に見える。

このことは樋口健太郎氏が指摘するように（「院政の成立と摂関家――上東門院・白河院の連続性に着目して」）寛治八年（嘉保元年、一〇九四）三月九日に関白藤原師実《もろざね》が子の内大臣師通《もろみち》に関白職を譲るさいに関白辞任の上表文が堀河天皇の仰せで白河上皇に持参され、これに対する勅答も殿下は内覧せず上皇が内覧しているが、それは道長が頼通に摂政を譲ったさいに上東門院が内覧したことに倣ったのであった。「凡そ今日の事、長和六年（寛仁元年）御堂（道長）宇治殿（頼通）に譲り御《たま》うの例なり」と、すべて前例としたようである。しかし寛仁元年三月の日記が残っていないので、彰子の内覧云々は確認できない。摂関補任に関わることは母后の力を表徴することにつながった。

二カ月後、三条上皇が三条院において崩御された（『御堂関白記』『日本紀略』五月九日条）。ここに至って東宮敦明親王は大きな拠り所を失ったことになる。もともと父の押しで就いた東宮、上皇亡き今となっては強力な後見人とてなく、帝位への意思もさほどではない。ここに道長が付け込まぬはずはなかった。二人の話し合いもあり、東宮の方から辞任のことを漏らし、日ごろの意思であると語るなど敦明親王は何ら抵抗することもなく辞してしまったのである（『御堂関白記』八月四～六日、九日条、『小右記』八月七・九日条）。

その結果、九歳の敦良親王が新東宮となった。一条院内裏の東北の対の皇太后の御座所を新東宮の御座所としたが（『小右記』八月九日条）、この母子同居が国母の力を増大させた。

道長は皇太后の御前で新東宮、敦良親王の東宮蔵人を定めているが（『立坊部類記』所引『権記』八月九日条）、こうした行為を通じて国母の力を高めるとともに摂関家の力を臣下に知らしめたのである。

いっぽう東宮を辞した敦明親王の年官年爵と封戸については元のとおりとし、別に敦明親王は退位後の院号と随身を賜ることを希望しており、このことを道長が参内して皇太后に伝えたさいに「其の気色云うべきにあらず」と、微妙な態度であった。道長は翌日にも皇太后のもとへ参上して、定めた立太子の雑事を報告している（『御堂関白記』八月六・七日条）。

敦明親王に代わる新たな東宮に関して『大鏡』（師尹）には、

さて、殿、内裏に参りたまひて、大宮にも申させたまひければ、いかがは聞かせたまひけむな。このたびの東宮には、式部卿宮をとこそはおぼしめすべけれど、一条院の、「はかばかしき御後見なければ、東宮に当代を立て奉るなり」と仰せられしかば、「これも、同じ事なり」とおぼし定めて……

とある。道長が後一条天皇と皇太后彰子に東宮のことを申し上げ、皇太后は敦康親王のことが脳裏に浮かんだが、故一条天皇は譲位にさいして三条天皇の東宮に、敦康親王にはしっかりした後見役がいないので敦成親王（後一条天皇）を立てた経緯があり、その状況は今も変わっていない、ということで敦良親王の立太子を認めたというようなことである。

皇太后が敦康親王を東宮にという話は『栄花物語』（巻第十二）にも見える。「敦良親王がよろしいでしょう」という道長に対して皇太后は「それは然るべきでしょうが、敦康親王がなるのが順当で、若宮（敦良親王）は運に任せておきたい」と言った、とある。皇太后は心情的に、まずは敦康親王を立て、若い敦良親王もいずれ立太子が叶うと踏んでいたのであろう。しかし後一条天皇に皇子でも生まれれば様相は変わってくるので、そうなる前に東宮となったのは幸い、と『大鏡』にもある。さらには敦明親王の辞意が変わらぬうちに立太子は早くすべきであり、何はさておき、そのことを内裏にいる皇太后にまず知らせたところ、所生の敦良親王の立太子を喜んだ、ともある。なお『大鏡』では、東宮辞退に介入して道長に急《せ》くように追い立てている人として、権中納言藤原能信《よしのぶ》（東宮から辞意の表明を道長へ伝えることを託された）、権大納言源俊賢（能信の母である明子の兄、したがって能信の伯父）、頼通を挙げているが、彼らは縁戚で結ばれた道長家の人たちである。

このように史料それぞれにニュアンスの相違が見られるが、決定の中心に皇太后彰子の存在が認められることだけは否定できない。結果として「皇位決定への国母の関与が当然のことと認識されていた」ということになる（前掲、服藤早苗「『栄花物語』と上東門院彰子」）。

以上みてきたように幼帝、後一条天皇の母后としての後見役の皇太后の存在に、道長は微妙な動きをせざるを得なかったのであろう。時には行成を介して説得に当たってもらうような動きも見られる。

新東宮、天皇と初の拝覲

東宮となった同じ月に皇太弟の敦良親王は初めて参内して兄の後一条天皇に拝謁している。「中殿、東殿を以て則ち母后の御在所、此の殿を以て青宮（東宮）御在所と為す。中殿これ宸儀《しんぎ》御す所と謂《い》うなり」とあって、東宮の御在所には母（彰子）の御在所（中殿の東殿）を用い、その後に昼御座に移動している。午後の四時ごろに天皇との拝謁の後、皇太后（彰子）

のもとへ参上して母との拝謁も果たしている（『小右記』『御堂関白記』八月二十一日条）。

ちなみに皇太后は一条院内裏の東北の対を東宮の御在所に提供したため東南の対に御在所を移しており（『御堂関白記』八月二十三日条）、天皇が皇太后のところへ渡御するのに、その通路に関して「東宮の御在所を経せしめ給う。皆筵道を供う」とある（『左経記』八月二十七日条）。

賀茂社行幸と皇太后

十一月二十五日、後一条天皇は賀茂社へ行幸している（『小右記』『左経記』『御堂関白記』）。天皇には皇太后彰子が同輿し、一条院内裏の西門を出御し、大宮大路から一条大路に出て東進し、出雲道などを経て昼ごろには下社に到着している。御禊、御拝以下の一連の儀が終わって秉燭後に上社に向かい、下社と同様のことを行っている。還幸はあいにくの雨となり、下社より出雲道を通ったが、河原道が何本もあって判り難かったので柱松を立てて目印としている。「京洛に入り雨脚止む」とあり、一条院内裏へは西門から入っている。実資が退出したのは夜中の一時過ぎであった。往還ともに出雲道を通っているが、河原道と区別がつき難かったというから、京外の道はちょっとした雨で道の体をなさなくなっていたようである。

皇太后彰子は、天皇の祈願のために賀茂社に山城国愛宕郡を寄進することを申しているが、四至《しいし》（田地・屋敷地などの境界）などをめぐって道長、頼通、実資らが協議している（『小右記』七月十六日、十一月二十三・二十五日条ほか）。

賀茂社行幸に関して『栄花物語』（巻第十三）に、

さて御覧ずるにいみじうめでたし。大宮も御輿に奉りて、女房車えならずして渡らせたまうほどなど、えもいはずめでたく御覧ぜらる。よろづ果てて後に、大殿わたらせたまふ。あないみじやと見えさせたまふ。

とあり、見物のつもりをしていなかった中宮妍子が父道長に勧められるままに見物した情景で、天皇と皇太后彰子の御輿、女房車の立派な装いを目にしている。御輿の後ろには騎馬の頼通、唐車の道長以下が従っている（『小右記』『左経記』）。さらに以下の文が続く。

またの日、この宮より大宮に聞えさせたまふ、

行幸《みゆき》せし賀茂の河波かへるさに
たちやとまると待ち明かしつる

（賀茂の行幸の御帰途にお立ち寄り下さるだろうかと、お待ち申しつつ夜も明かしてしまいました）

上賀茂社

下鴨社

大宮の御返し、

たちかへり賀茂の河波よそにても見しや行幸のしるしなるらん

（昔に立ち返って賀茂の帰途によそながらでもお目にかかったのは、行幸のおかげというものでしょう）

行幸の翌日に中宮から姉の皇太后彰子へ送られた歌とその返歌である。

『後拾遺和歌集』（巻第十九）では中宮の歌を選子内親王の詠歌としている。そして「後一条院御時賀茂行幸侍りけるに、上東門院御輿に乗らせ給ひて紫野より帰らせたまひにける又のあした、聞えさせはべりける」との詞書を付している。これだと上東門院（皇太后彰子）は、大斎院といわれた選子内親王の紫野の斎院には立ち寄らずに帰ったということになる。いずれを是とするのか、決め手はないが、皇太后彰子の詠歌は共通している。

第五章　太皇太后時代

1　太皇太后となる

天皇の元服

寛仁二年（一〇一八）正月三日、十一歳になった後一条天皇の元服が一条院内裏において行われた。それに備えて道長が太政大臣に任じられているが、それが天皇ではなく「母后宣旨」によっている点が注目される（『小右記』寛仁元年十一月二十一日、十二月四日条）。摂政頼通が道長のもとを訪ね、その宣旨《せんじ》（一般には太政官の命を伝える文書をいうが、ここでは彰子の宣旨）を伝えている。摂政と布袴《ほうこ》姿で対峙した道長は、日記に「示して云く、皇太后宮の御消息に云く、明年御元服の事あるべく、太政大臣に任ずべし、といえり。すなわち示して云く、官職を辞し、かくの如き事今思わず。しかるに御元服の事により、仰せあらば、左右申すべきに非ず。ただ其の定に随うべし」と記している（『御堂関白記』寛仁元年十一月二十七日条）。父に対してかなり高圧的な態度と思われるが、それだけ母后の力が大きかったといえよう。

当日の朝は暗いうちに道長は妻の倫子を伴って内裏に向かった。元服の儀は南殿で挙行され、天皇にとって祖父にあたる太政大臣道長が加冠、叔父の摂政頼通が理髪の役をつとめている。一連の儀が終わった後、天皇は東南の対にいる母の皇太后彰子のもとへ参上して拝謁している。終わって清涼殿（一条院の北の対）に戻り、そこへ皇太后も渡ってきた。そして饗宴がもたれた（『御堂関白記』『左経記』『日本紀略』）。

四日後の白馬節会《あおうまのせちえ》（正月七日に朝廷で挙行される邪気を払う年中行事。左右馬寮より白馬を庭に引き出して天覧の後、群臣に宴を賜う）の日に皇太后彰子は太皇太后となり、恩赦が行われた（『御堂関白記』『日本紀略』正月七日条）。

威子の入内

この二カ月後には尚侍藤原威子（二十歳）が後一条天皇に入内している。それに先立ち威子は天皇から二度にわたって御書を賜り、返書している（『御堂関白記』『左経記』三月一・五日条）。威子の直廬は一条院内裏の西北の対で、道長はそこを検分している（『御堂関白記』二月七日条）。

そして迎えた当日（『御堂関白記』『左経記』三月七日条）、道長は早朝に源経頼を連れて参内し、威子の直廬の装束を見て退出しているが、経頼は『左経記』に「御帳・几帳など帷織物なり。自余の物など甚だ華美なり」と記している。

道長の二条第を御在所としていた威子は、寝殿の南階で糸毛車に乗り、倫子は西の対の南面で女方車に乗っている。道長、頼通をはじめ公卿以下が供奉したことはいうまでもない。一行は二条第を西門から出て東洞院大路を北上し、近衛大路を西へ、烏丸小路を北へ、土御門大路を西進して大宮大路を北へ進み、一条院内裏へは西門から入っている。

威子が天皇の待つ夜御殿（一条院では北の対が清涼殿）の御帳台に入御すると、倫子が衾覆《ふすまおおい》を行っている（『栄花物語』〔巻第十四〕には寝所入りに関して具体的な描写あり）。その後に「太皇太后宮の御方へ参り、渡殿に候す」とあるが、東の対にいた彰子（『小右記』三月四日条ほか）の方へ渡ってどうしたのか、脱文があり意味不鮮明である。ただ『左経記』に「太皇太后宮より香子の筥あり」と、彰子から香壺が贈られているので、これと関わるのかもしれない。

翌日には天皇の方から蔵人頭を介して後朝使《きぬぎぬのつかい》が威子のもとに遣わされ、威子はその夜も参上し、その翌日も同様である（『御堂関白記』三月八～十日条）。天皇が威子の直廬に渡御することもあり、入内後初の渡御は三月二十五日のことであり、四月三日にも渡御している（『御堂関白記』三月二十五日、四月四日条、『栄花物語』巻第十四）。

なぜか『小右記』は「今日、尚侍内に入る酉の刻、といえり。或は云く、今夕、大殿に於いて饗饌あり。また今夕より三か日、尚侍の直廬にて饗饌の儲あり」と、実資らしからぬ簡明な書きぶりである（三月七日条）。

ちなみに『栄花物語』によると、随伴する女房は彰子のときと同じ四十人である。そして威子は帝より格段に大人びていたとあるが、年齢のことを考えれば当然であろう。威子の御髪《みぐし》はきめ細かい毛筋で背丈にあまり、母の倫子や姉の彰子・妍子とは比べものにならないほど長くて立派であったという。

新造内裏へ遷御

四月二十八日に天皇、太皇太后彰子、東宮敦良親王は一条院内裏から新造内裏へ遷御している（『御堂関白記』『小右記』『左経記』）。内裏の焼亡は長和四年十一月のことであったから、再建まで二年半ほどを要したことになる。

当初、行幸は申の刻（十五〜十七時）としていたが、人々の遅参により亥の刻（二十一〜二十三時）に改められた。一条院から内裏は目と鼻の先といった近距離である。一条院の西門を出て陽明門から大内裏、さらに建礼門から内裏に入り、太皇太后彰子は清涼殿へ渡り、昼御座に着座している。『左経記』『小右記』には天皇と太皇太后彰子は同輿とあるので、天皇は清涼殿に入御されたのである（昼御座において天皇に「昼御飯」が供されている）。太皇太后は最終的には弘徽殿に入られた。ちなみに東宮の御在所は凝華舎、道長の直廬は飛香舎である（『左経記』）。

この後、道長は東宮を迎えに一条院に戻り、ともに新造内裏に入御している。ついで道長は、尚侍威子の藤壺（一条院から渡御）へ参っている。この日の行幸以前に、威子は女御の宣旨を賜った。天皇・東宮と母后がともに遷御していることが注目される。

一週間後、彰子の御所（弘徽殿）において公卿・殿上人らによる「通夜管絃」の遊びが行われ、酒肴のもてなしがあった（『御堂関白記』閏四月六日条）。五日後にも東宮の行啓、公卿・殿上人たちが多く参上しているが、管絃の興でもあったのであろうか（『左経記』閏四月十一日条）。

先にみたように、焼失した道長の土御門殿が二年ぶりに新造され移っているが、西隣の火元の藤原惟憲も造作して同時に移っている（『小右記』六月二十七日条）。

この二日後の昼すぎに暴雨雷電が京を襲い（『小右記』六月二十九日条）、とくに雷がひどく一時間あまり続いたという。宣陽門や職曹司に落雷し、前者の柱が裂け、後者に繋がれていた牛一頭が震死している。ほかに大蔵省、大膳職や宮中の数カ所に落雷があったが、宮中に落雷があったのは延長八年（九三〇）の例があるのみという。

或は云く、太后雷電の間たちまち内蔵人範永をして東宮を抱かしめ奉る。太后相共に白昼弘徽殿より清涼殿に参り給う御所に参上す。雷声他所より百倍、と云々。

この落雷で東宮敦良親王と太皇太后彰子は弘徽殿から清涼殿に遷御しているが、東宮は内の蔵人、藤原範永に抱きかかえられて母の彰子とともに避難している。予知など不可能な当時のこと、震雷の恐ろしさは想像を超えるものであったろう。

東宮病悩　道長邸で作文会があった夜、太皇太后彰子から道長に「東宮御悩」を知らせる消息が届き、道長は内裏へ馳せ参じている（『御堂関白記』八月十五日条）。二日前にも東宮の病により参内して候宿しており（『御堂関白記』八月十三日条）、八月いっぱいは発熱したりして病み、僧らに加持読経をさせていることが『御堂関白記』に散見される。

東宮は瘧病（マラリア）に罹ったらしく、それが発《おこ》っている時に僧に加持をさせたところ、その間は発らなかったという（『日本紀略』八月十九・二十九日条）。その一人、天台座主の慶円は太皇太后が召した僧であり、彰子から念珠を賜っている（『御堂関白記』八月二十六・二十九日条）。参集の僧らに布施や禄が与えられたことはいうまでもない。東宮の病は八月末には落ちついたようである。

中宮妍子は皇太后、女御威子は中宮に　寛仁二年十月に故三条天皇中宮の妍子が皇太后となり、後一条天皇女御の威子が中宮となった。この威子立后にさいして積極的だったのは、道長ではなく太皇太后彰子であった。『御堂関白記』七月二十八日条には次のような記述が見られる。

候宿す。早朝、宮の御方に参る。摂政また参る。宮仰せられて云わく、尚侍立后すべき事早々たるを吉とすべし、といえり。余申して云わく、宮御座しますを恐れ申し侍る、と。是れを以て未だ此の如き事を申さざるなり。また仰せられて云わく、更に然るべき事にあらず。同じ様あるを以て慶び思うべきなり、と。摂政申して云わく、早く日を定めらるべし、といえれば、慶びの由を申し退下す。未の時御出あり。

早朝に太皇太后彰子のところ（弘徽殿）へ参上した道長と摂政頼通に対して、彰子が威子の早期立后のことを申した。これに対して道長が申した「宮御座しますを恐れ申し侍る」を、どのように解釈するかであるが、太后彰子がいるのに当方から申すのは恐れ多いか、あるいは中宮妍子がいるのにさらに中宮を設けるのは如何なものか、などが考えられる。前者だと、二十年ほど前に彰子の立后にさいして詮子から発議されたことが、道長の脳裏をよぎったことであろう。そういう理由で今まで立后のことを申さずにいたのです、と道長は申した。

この道長の言葉に対して彰子は、そのようなことはない、前例もある事ゆえ慶びとすべきである、と。摂政頼通は早々に日時を定めるべきでしょう、と申している。彰子の心強い言葉に、道長も感謝の意を表して彰子の御前を退出している。この日に立后を十月十六日と勘申しているが、これが実現することになる。ここでも母后の力が発揮されている。

これに先立って女御の威子は内裏から土御門殿に退出しているが、その直前に天皇が威子の直廬に渡御している。内裏を亥の刻（二十一～二十三時）に出発し、土御門大路をまっすぐ東進して土御門殿の寝殿に入っている。大殿（道長）・摂政（頼通）以下の公卿らが供奉した（『御堂関白記』十月五日、『小右記』十月六日条）。

2　欠けゆく望月

三后を我が娘で独占

そして迎えた十月十六日、威子の立后の儀が挙行された（『御堂関白記』『小右記』）。内裏では天皇が南殿に出御して立后の宣命《せんみょう》（天皇の命令を口頭で読みあげること、またはその文書）が下された。

その後、諸卿らが土御門殿へ移動して本宮の儀が行われた。慶を受ける中宮は椅子に坐し、諸卿らは庭中に列立して拝礼し、東の対へ移動して宴座に着いて饗宴に移った。宴もたけなわとなった頃、三后をわが娘で独占した悦びに、ほろ酔い気分の道長の口をついて出たのが次の一首である。

この世をば我が世とぞ思ふ望月の欠けたることもなしと思へば

「一家に三后を立てること未だ曾てあらず」とあるが、三后（太皇太后・皇太后・皇后）独占は歴史上このときだけである。『御堂関白記』には「ここに於て余和歌を読む。人々之を詠ず。事了りて分散す」とあるのみで詠歌は記されていない。藤原実資が『小右記』に書き留めていたので伝わったのである。宴果てて公卿たちが土御門殿を後にしたのは夜も更けてからであった。

天皇・東宮・三后の勢揃い

威子立后の六日後、後一条天皇は威子の御在所である土御門殿へ行幸した。東宮敦良親王、太皇太后彰子の行啓もあり、前日には皇太后妍子も行啓しているから道長にとっては二人の孫と三人の娘という栄華の担い手が集結したことになる（『御堂関白記』『小右記』十月二十一・二十二日条）。

後一条天皇（十一歳）は母の太皇太后と同輿で内裏を出発し、土御門殿へは西門から入っているが、西中門のところで道長は跪《ひざまず》いて出迎えた。寝殿の南階で御輿を降りて御座に着いた。次いで東宮敦良親王（十歳）の行啓があり、西門で道長と頼通の出迎えを受け、西の対へ入った。

その後、天皇は腰輿で馬場殿に移動、東宮も渡御して馳せ馬を見物している。そのあと寝殿に移って饗宴があり、池の上の特設舞台や橋の上では奏楽のなか童舞などが披露された。

夜に入って三后の対面は、善を尽くし美を尽くした東泉殿の渡殿で行われた。「見るは感悦多端」とあり、一同は念を入れて作庭した泉を観覧している。天皇と東宮、倫子、嬉子も同座し、泉の周辺では諸卿らが管絃の演奏を行った。「往古此の比にあらざるか」とは実資の弁。道長は「我が心地覚えず……言語に尽くし難し」とご満悦である。

道長から天皇へ馬十疋と書籍・笛などが贈られ、太皇太后へは琴・藤原行成筆の『古今集』が贈られた。また東宮に対しても書籍や笙が贈られ、ついで叙位が行われた。天皇が土御門殿を後にしたのは亥の刻（二十一～二十三時）で（『小右記』には丑の刻〔午前一～三時〕とある）、道長が供奉している。ついで東宮も還啓しているが、東宮傅以下の公卿が供奉したことはいうまでもない。あらかじめ天皇と東宮に供奉する公卿たちを分けておいたという。

この日は道長にとって生涯最良の日であったと思う。

ちなみに中宮威子が内裏の直廬の藤壺に戻ったのは四日後のことで、同道した卿相以下に饗饌がふるまわれた。威子が天皇の召しで参上したのは深夜になってからである（『御堂関白記』十月二十六日条）。

この喜びとは裏腹に、道長はすでに眼を患っていた。二週間後には「東河に出でて解除す。是れ月来の間、目明らかならず。仍りて祓う所なり。吉平朝臣、今日より初むるなり」とあり、安倍吉平に一週間にわたって祓いを行わせている（『御堂関白記』十一月六・十二日条）。

太皇太后への拝謁

正月二日には左大臣藤原顕光以下が道長の土御門殿へやって来て、臨時客の拝礼（大饗と異なり請客せずに任意に来た人への饗応）があり、それが終わって道長はみなを伴って参内し、天皇と太皇太后のもとへ参上している。その後、摂政以下は飛香舎（藤壺）にいる中宮威子のもとへ参って拝礼し、次いで東宮敦良親王のところへ赴いて拝礼を行っている。大饗はあったが音楽はなかった（『御堂関白記』『小右記』正月二日条）。元日節会でも音楽がなかったのは、前年十二月に敦康親王（二十歳）が他界したことによる（『御堂関白記』正月一日、『小右記』正月二日、『日本紀略』寛仁二年十二月十七日条参照）。

翌三日には後一条天皇が母の太皇太后彰子に拝謁している（『御堂関白記』『小右記』）。日暮れにおよんで後一条天皇は清涼殿から太皇太后の御在所である弘徽殿へ渡御し、そこで御簾越しに「御拝」が行われた。御簾の中には太皇太后のほかに道長が候していた。夜には清涼殿に還御しているが、渡御の時にも還御の時にも公卿がお供をしている。

同じ内裏内に居住するにもかかわらず、後一条天皇が太皇太后彰子のもとへ正月拝覲（初例）していることの意義について、服藤早苗氏は以下のように解釈している（「王権と国母――王朝国家の政治と女性」）。

道長による国母彰子を媒介にした可視的権力行使儀礼といえようか。内裏という同空間に居するゆえに、朝覲行幸はありえないはずであるが、むしろ天皇が正月拝覲儀式を挙行することで国母の権限を宮廷貴族たちに印象づけ、しかもその父外戚道長のみ御簾の中に参入するパフォーマンスは、道長の抜きん出た位置や権限を宮廷貴族たちに可視的に表明する。正月拝覲儀式は、国母と天皇との関係をつかった御堂流を権門化する重要な行事の創設だった。

彰子の政治性、主導性を積極的に評価し、国母としての彰子の権威を表徴することで、道長は貴族社会に君臨したと位置づけるものである。なお同殿する場合には行幸とはいわないが朝覲は受けている。

二月になって尚侍藤原嬉子と禎子内親王が相次いで着裳の儀を行っている。嬉子には太皇太后彰子が「額具並びに装束」を、皇太后妍子と中宮威子が装束を、禎子内親王には彰子と妍子が装束を贈っている（『御堂関白記』二月二十八・二十九日条）。

道長の出家　道長を出家へと導いた大きな要因が病気にあったことは確かである。東宮御所（内裏の凝華舎）で火事騒ぎがあって消し止めているが、「所労により膝堪え難し」ということで、道長は事情を言って参上しなかった（『御堂関白記』三月十四日条）。藤原実資も腰病で東宮御所へ駆けつけられなかったことを、わざわざ太皇太后と道長に伝えているが（『小右記』三月十五日条）、いかにも実資らしい行為である。

道長は三日後にも胸病の発作を起こして不覚となり、悩むこと重く、大声を発して苦しそうであったというから、容態はかなり深刻であり（『小右記』三月十八～二十日、四月四・五日条）、重篤な段階に陥っていたようである。それを暗示するように『御堂関白記』の記事も三月下旬から断片的となり、無きに等しいといってもよい。

道長は不覚の状態が続くなか、三月二十一日、土御門殿の御堂において天台僧の院源を戒師として出家した（法名は行観のちに行覚）。時に五十四歳。小一条院や三后の行啓をはじめ公卿らが参列した（『小右記』三月二十一・二十二日条）。

なお、『栄花物語』（巻第十五）によると、早く出家したいという父の言葉を聞いて、彰子は「もうしばらく出家を延ばして東宮が帝位につくまで待たれるように」と申し上げたとあるが、日記では確認できない。

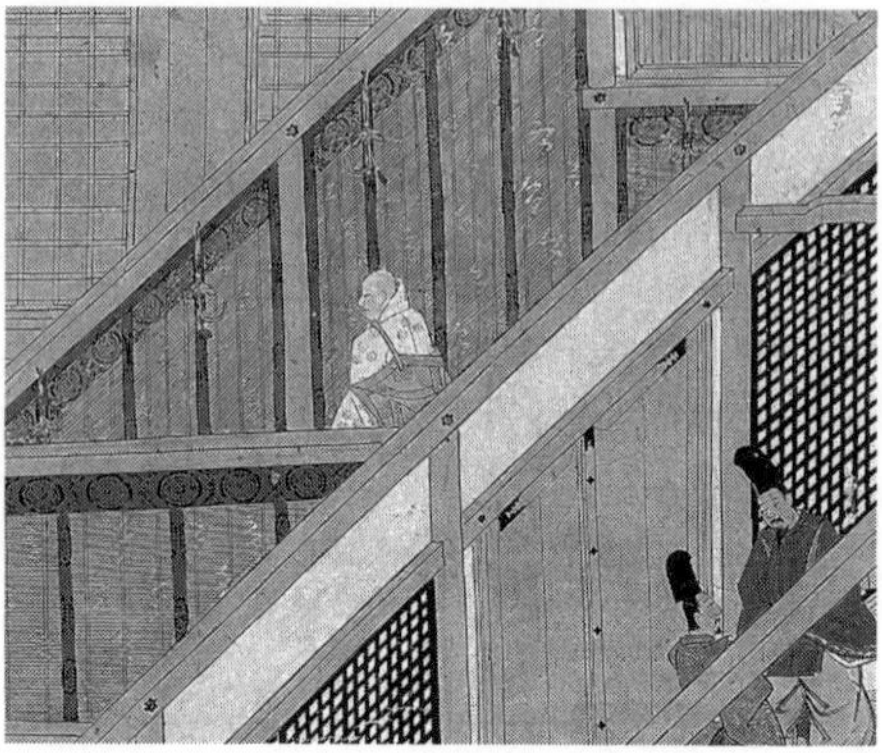

出家した道長

一週間後に道長と御簾越しに面談した実資は、その容顔は老僧の如くといい、隠遁の意思はなく月に数度は天皇の尊顔を拝したい、との道長の言葉を書き留めている（『小右記』三月二十九日条）。

太皇太后彰子と中宮威子が内裏に還啓したのは四月に入ってからのことであった。供奉を命じられた実資は、腰病で騎馬に堪えないということで取りやめている（『小右記』四月十一日条）。

四月一日の夏の更衣《ころもがえ》に際して、道長は娘の宮々に装束を配っており、太皇太后彰子への献上には一首を添えている（『栄花物語』巻第十五）。『新古今和歌集』（巻第十六）にも採られており、詞書に「世をのがれて後、四月一日《うづきついたち》、上東門院、太皇太后宮と申しける時、衣替への御装束奉るとて　法成寺入道前摂政太政大臣」とあって次の歌を掲げる。

唐衣《からごろも》花の袂に脱ぎ替へよわれこそ春の色は断ちつれ

これに対する彰子の返歌を、歌集では単に「御返し」とするが、『栄花物語』では「大宮御覧じて、いみじう泣かせたまひて、御返し」として次の歌を記す。

唐衣たちかはりぬる春の世にいかでか花の色も見るべき

道長から、春の花の色の美しい装束に着替えてください、私は墨染めの衣しか着られませんけれど、と問いかけられた彰子は、出家で一変してしまった春の世（『新古今和歌集』では「夜」）に、どうして私だけが華やかな色を着れましょうか、と涙とともに返している。

このあとに『栄花物語』（巻第十五）では、

殿の御歌を聞きて、和泉式部が大宮にまゐらせたる
脱ぎかへんことぞ悲しき春の色を君がたちける衣と思へば
（わが君が断たれてお召しにならぬ衣かと思えば、春の色の衣を脱ぎ捨てて夏衣になることが悲しく思われます）

と続く。つまり道長の詠歌を聞いて、和泉式部が彰子に一首を差し上げたのである。

道長の出家の翌月には「太后、日来時々悩み給う、と云々。今夕、入道殿参入し給う、と云々」とあって（『小右記』五月十日条）、彰子が病がちとなり、道長が参内して見舞っているが、長引くことはなかったようである。

いっぽう太皇太后彰子が病める父を見舞おうとした時、事の煩いがあるということで辞退している。道長の病は「心地乱れ、去春悩むところ平復の後、心神例に随う。此の度悩み侍る。昨今日、頗る宜しく侍ると雖も無力殊に甚だしい。起居日に堪え難し」とあって不安定な状態にあった（『小右記』六月四・五日条）。

六月二十二日は一条天皇の御忌であるが、御願の円教寺が昨年に全焼したことで（『小右記』寛仁二年閏四月十三日条）、昨年に倣って円融寺において法華八講《ほっけはっこう》を修しており、太皇太后彰子は御在所の弘徽殿において法華経を供養している（『小右記』寛仁二・三年閏六月二十二日条）。

十一歳になった東宮敦良親王が元服したのは寛仁三年八月二十八日のことである。摂政頼通はその日時勘文を太皇太后彰子に進覧しているが（『御堂関白記』二月十九日条）、母后に対する敬意の表れであろう。紫宸殿で挙行の儀式の詳細は『小右記』によって知られるが、ここでは省略に委ね、その後に東宮が母后彰子の御所、弘徽殿に参上し、天皇も渡御していることを記しおくに止める。

東宮の元服

刀伊賊（女真族）の襲来

この年には対外的な緊張問題が起きている。高麗を襲った五十余隻から成る沿海州の女真族《じょしんぞく》が三月末に対馬、ついで壱岐に襲来し、壱岐守藤原理忠《まさただ》ら数百人を殺害、千人を超える島民を拉致した。四月に入って筑前・肥前国に至る博多湾沿岸にも襲来した。

この女真族に対して大宰権帥（中納言）藤原隆家が指揮する大宰府軍や在地の豪族らが奮戦し、住民たちも抵抗した。女真族は形勢不利になると船に遁《のが》れるので兵船のない大宰府軍は追撃がかなわず、すきを見て下船して攻めて来るので始末が悪い。そこで大宰府でも四十艘近くの兵船を造営して襲撃したところ、その間に猛烈な北風が吹き、先方は思うように動きが取れずに海中に逗留し、侵攻かなわず退去した。この北風のことを「神明の所為か」と言われているが、まさに神風といったところか。なお、拉致された壱岐・対馬の二百人あまりの島民が返されている。

要点を記せば、以上のようなことである。朝廷では万事に備えて山陽・山陰・南海・北陸の諸道の警固を命じているが、その当惑ぶりが知られるというものである。この事件を朝廷の貴族らが知ったのは、騒動が一段落してからのことであり、大宰権帥藤原隆家の四月七日付の書信が飛駅使《ひえきし》によって

建築の様子

藤原実資のもとにもたらされたことによるものであった（『小右記』寛仁三年四月十七日条）。それ以後も折々に書信が届き、事件の詳細が知られるのである（『小右記』『日本紀略』四月十七・十八・二十五日条、『日本紀略』四月十七・十八日条、『左経記』九月二十二日条、『朝野群載』巻第二十「異国」寛仁三年四月十六日付「太宰府言上撃取刀伊国賊徒状解」）。

御堂の創建

出家後の道長にとって大きな事業は、自邸の土御門殿と東京極大路を隔てた東に御堂である無量寿院（中河御堂、阿弥陀堂）を建立することであった。出家の四カ月後には造作に着手している（『小右記』寛仁三年七月十七日条）。『栄花物語』（巻第十五）によると、しかるべき殿方をはじめ三后（太皇太后・皇太后・皇后〈中宮〉）の荘園などから一日に五、六百人から千人の人夫が徴発され、百人ほどの仏師が造仏に関わり、受領たちも公務を後回しにして御堂の方を優先させたという。世をあげて造作に奔走している。

この無量寿院（法成寺）の創建に関して、上島享氏は道長の宗教政策を検証し、その延長線上に法成寺の創建を位置づけている。そして、主に道長の浄土信仰との関わりにおいて論じられてきた従来の説を批判し、道長建立の諸堂の供養願文などの検討から「国家レベルの祈りを行う金堂・講堂・薬師堂などを中心として、それを取りまく形で、阿弥陀堂・五大堂など道長の来世往生や摂関家の護持を祈る場が配置される構造にこそ、道長による法成寺建立の意図が現われている」という。そして「法成寺伽藍には、〈王権〉の性格そのものが象徴的に示されている」ということになるのである。また、造営には公卿から雑人まで人的・経済的負担を課すことで主従関係を確認するとともに権勢を形として世に示すことになったとする。新視点として注目される（前掲「藤原道長と院政」）。

ところで、無量寿院の落慶供養は寛仁四年（一〇二〇）三月であった。土御門殿に仮安置されていた丈六の九体阿弥陀如来像などが新造の御堂に運びこまれ（『左経記』二月二十七日条）、一カ月後にその日を迎えたのである（『御堂関白記』『左経記』三月二十二日条）。新堂に入るや扉に描かれた極彩色の九品来迎図に目を奪われ、金色に耀く九体の阿弥陀如来像と対峙した時、目も眩《くら》むばかりであった、と『栄花物語』（巻第十八）にある。

法成寺跡の碑

寅の刻（午前三～五時、一日の始まりと見なされている）に皇太后妍子と中宮威子が土御門殿から御堂へ輦車で渡御し、少し遅れて太皇太后彰子が御輿で内裏から遷御している。小一条院や関白頼通以下の公卿らが参上して鐘を合図に供養が行われ、天皇・東宮と三后らも誦経された。奉仕した諸僧や楽人たちへの禄は三后、小一条院、関白のもとで用意している。

この阿弥陀堂から始まって二年後の金堂など堂舎

が出現し、法成寺と名を替えるのであるが、彰子御願のものとしては、後に述べる東北院（上東門院御堂、長元三年）、八角円堂（天喜五年）などがある（法成寺の諸堂の供養に関しては『諸寺供養記』が参考になる）。

道長の『御堂関白記』は、三月二十二日の供養の日の記事、翌日の「早朝より雨降る。午の時ばかり深雨。終日寺に詣ず」という記事、六月二十九日の自邸での法華八講の簡単な記事のほかにこの年の記述は見られず、その後は翌、寛仁五年九月一日から五日まで唱えた念仏の数（「十一万遍」など）を記すのを最後に記事はない。

寛仁四年後半の道長は賀茂社に参詣しての仁王経供養をはじめ（『小右記』『左経記』八月十八日条）経供養、造仏や社参が多くなっているが、それは病との関わりもあるように思う。

疱瘡の流行と関白病む

また、この年は春から疱瘡が流行し、身分を問わず僧俗の老若男女が罹って死者も出るほどであった（『左経記』三月二十一日条、『栄花物語』巻第十六）。とりわけ四月がひどかったようで（『日本紀略』四月条）、十三歳になった後一条天皇も罹っている（『日本紀略』四月十三日条）。内裏に候宿した右中弁源経頼は、天皇の容態について「なお御悩あり。御瘡熟さしめ給う間、殊に悩み痛ましめ給うか」と述べ、さらに「年二十八以下の貴賤、多く此の病を遁るの者なし」と記している（『左経記』四月十五日条）。

後半の二十八歳以下について、『大日本史料』（第二編之十五）の校訂者は「本年（寛仁四年――筆者注）ヨリ数ヘテ二十八年以前ハ、正暦四年ナリ」と注記している。たしかに正暦四年（九九三）は秋から疱瘡が流行しており（『日本紀略』正暦四年八月十一日条以下）、翌年とりわけ上半期には疫病が蔓延している（『本朝世紀』正暦五年四月二十七日条ほか）。

なお『栄花物語』（巻第十六）には「はじめ病みけるより後、この二十余年になりにければ、はじめ病まぬ人のみ多かりける世なりければ、公私《おほやけわたくし》いとわりなく恐ろしきことに思ひ騒ぎたり」とあって、正暦四年生まれは寛仁四年には二十八歳となり、それ以下の人が多く罹ったのは免疫がないためだということになる。したがって罹っていないそれ以上の年齢の人が戦々恐々としている、というわけである。

天皇の病気平癒と疱瘡の鎮静を祈願して、朝廷では清涼殿において大般若経を修し、常赦《じょうしゃ》を行っている（『左経記』四月二十一・二十二日条）。

疱瘡に罹ったようではなさそうだが、四月の終わりに関白頼通（『左経記』四月二十八日条）、五月に入って父の道長（『左経記』五月一日条）も病んでいたが、しばらくしてともに平癒している（『小記目録』第二十「御悩事」寛仁四年五月七日条）。ところが一カ月後に関白は病を理由に辞表を提出しており、実はその直前に一時、重く患っているのである（『左経記』六月六日条、『小記目録』同日条）。七月になっても快復せず、父子で何度か知足院、法性寺などで瘧病の平癒を祈願している（『小記目録』七月条参照）。

関白の上表と太皇太后

ところで、関白の上表については太皇太后が深く関わっており、『左経記』寛仁四年六月十四日条には次のようにある。

事了りて内に参る。関白殿、月來御悩氣あり。仍りて関白並びに随身、官奏・除目・叙位の奉行の事を辞する表を上《たてまつ》る使右少将良頼。頭中将御表を取り、太宮に覧せ御《たま》わしむの後、陣に進み表を以て侍従中納言に下し、勅答を作らしむ。中納言、内記孝親を膝突《ひざつき》に召し、表を給い、勅答を作るべしの由を仰す。頃之《しばらくありて》、中納言御在所に進み、草を奏す。返し給いて清書せしむ黄紙に書き御画なし。また之を奏す皆筥に入る。頭中将之を取り、太宮に覧せしむ同じく草を覧せしむ。勅答を留め、筥を中納言に返す。……次いで頭中将勅答を以て……表筥に入れ、檀紙一枚を以て筥を裹《つつ》む。……左少将実康をして関白の里第へ遣わしむ。

関白が病気がちであることから辞表を提出するに至っていることが知られる。関白の使の右少将藤原良頼《よしより》から受け取った関白以下を辞する上表を、頭中将源朝任《あさとう》は太皇太后彰子に御覧に入れたうえで侍従中納言藤原行成に渡し、勅答の作成を依頼した。行成は、内記藤原孝親《たかちか》に作らせた草稿を奏上したうえで清書して、再度奏上している。それを頭中将が太皇太后の閲覧に供している。つまり上表も勅答もいずれも太皇太后の目を通っているということが注目される。勅許がなかったことはいうまでもない。

そして一カ月後、関白頼通は左少将源顕基《あきもと》を使として内大臣を辞する表を奉っており、勅許の風聞もあったようであるが、上表は留められている（『小右記』七月十九日、『左経記』七月十九日、八月二十五日条、『公卿補任』寛仁四年・五年条）。

さらに四カ月ほど後の話として、頭中将源朝任と蔵人平定親《さだちか》が御所の大床子《しょうじ》の上の御厨子に納めておいた「関白表」が紛失した。近々に勅答を予定していたが、上表が無くなったのでどうしたものか、と二人は困惑していた。藤原章信《あきのぶ》が言うには、それは女房が破って他に用いたのではないか、ということであった（『小右記』十一月八日条）。

この上表が内大臣の辞表で、七月に提出したものであることは二カ月後の『左経記』閏十二月三十日条に詳しく記されている。

余仰せを蒙り内に参る。……権大納言参らる。中将朝任、を以て関白殿、内大臣を辞す表を下す。去七月辞すの所、是れ免《ゆる》さざるの由を仰す。勅答の状を作らしむべし。頃之、大納言、内記孝親を膝突に召し、勅答状を作るべきを仰す。頃之、大納言弓場に進み、勅答草・清書等を奏し、中将を以て大宮に申せ、と云々。右頭中将中使公成、をして関白の里第に遣わしむ。

これは内容から判断して、紛失して勅答を出していない七月の内大臣の辞職に関わるものである。上掲の六月の上表は関白などに関するものであったが、七月のそれは内大臣に関わるものであった。上表は各官職を対象として提出するものであることが知られるのである。ちなみに勅答の作成に関わっている六月の中納言と後掲の大納言は同一人物で、藤原行成である（十一月二十九日に昇任）。また、左中将源朝任と天皇の使いとして勅答を関白頼通第へ持参した右中将藤原公成も、ともに蔵人頭である。二人ともに近衛府からの蔵人頭、つまり頭中将であった。

蔵人頭の朝任を介して勅答を太皇太后彰子に報告している点が注目される。なお『小右記』同日条には、紛失した上表を書き直して提出したが、許されなかったとある。しかし、翌年には内大臣から左大臣に転じている（『公卿補任』）。

すでにみてきたように、道長家の詳細な動静が『左経記』によって知られるのは何ゆえなのか。そこには縁戚関係が介在しているように思う。記主の源経頼（九八五～一〇三九）は、後一条天皇の登場と同時に五位蔵人として仕え、後には蔵人頭、左大弁、参議を歴任することからみて、政務に通暁した能吏であったことがわかる。その経頼は後一条天皇崩御の三年後に他界しているので、まさにこの天皇とともにあったといえる。このことは天皇の母、彰子も心強く感じていたことであろう。道長・頼通父子はいうまでもないことである。

さらには、彰子姉弟と経頼とは従兄弟の間柄にあったのである。宇多源氏に出自（宇多天皇の四世の孫）をもつ経頼は源倫子の甥という関係にある。つまり倫子の異母兄の源扶義は経頼の父である。このような繋がりもあって経頼は道長・頼通父子に近侍し、それゆえに摂関家の内面を知り得る立場にあった。日記の残存が僅少な頼通時代において『左経記』の存在意義は大きい。なお記名の『左経記』は記主の官名と名前の一字からとった呼称であり、別称の『糸束記』は二字名の各偏をとっての命名である。

拝礼の意味するもの

寛仁五年は改元されて治安元年（一〇二一）となった。改元の理由は辛酉革命によるものである。

その正月二日、藤原実資らは参内し、弘徽殿の太皇太后彰子のもとへ参上して拝礼しているが、そこに「拝舞す。他宮と異なるに依る」と記されている。大饗なしの拝礼のみを行っているが、これは関白頼通の命によるものであった。大饗はなかったが「庇饗」があった。このあと実資たちは中宮（威子）・東宮（敦良親王）の拝礼と大饗（二宮大饗）に列席している（『小右記』）。

古瀬奈津子氏は、寛仁二年正月二日の「摂政殿・諸卿、皇太后の御方に参らしめ拝舞す」（『左経記』）をも挙げて、摂関頼通が公卿らを率いて行った拝礼について「中宮や東宮では再拝しているのに対し、彰子に対しては『依レ異二他宮一』り拝舞をしている。ここにも母后の地位が他宮より天皇に近いものであったことが表れている」と指摘している（「摂関政治成立の歴史的意義――摂関政治と母后」）。

治安元年七月二十五日の新任大臣の奏慶での「大宮（太皇太后彰子）仰せに依り、御前に於て拝舞す。今、二宮（東宮・中宮）便宜所に於て再拝す」（『小右記』）や万寿元年正月三日の「関白（頼通）諸卿を相率いて太皇太后宮に参り、先ず拝儛し、次いで盃酌あり。次いで皇太后宮に参り、拝礼なし、といえり。後宮の拝礼、大饗の儀あり。而るに太后宮に於て拝礼あり。他宮と異なるか」（『小右記』）などもそれを裏づけ

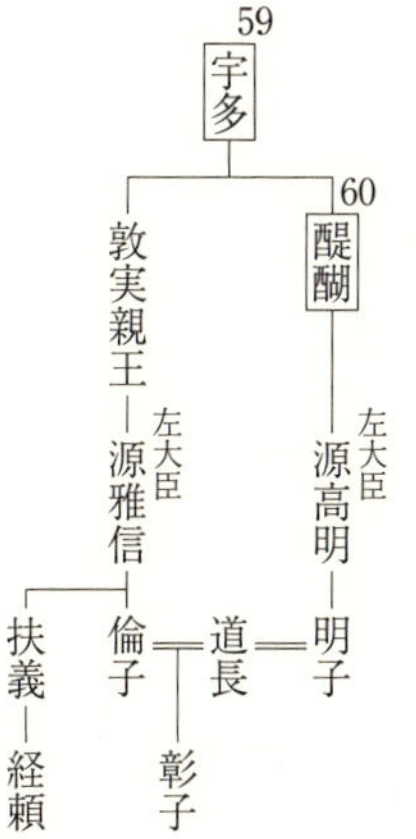

明子・倫子系図

るものであろう。

翌三日、後一条天皇は母の太皇太后彰子に拝覲しており、皇太弟の敦良親王も同様に拝覲している（『小右記』正月四日条）。

二月に入ると太皇太后の母の従一位源倫子（五八歳）が無量寿院において天台座主の僧正院源を戒師として出家しており（『小右記』治安元年二月二十九日条）、九カ月後には無量寿院に西北院を供養している。法名は清浄法と号した（『日本紀略』十二月二日条）。

この年の春のこと、牛が宮中に闖入《ちんにゅう》している（『小右記』三月十九日条）。「牛尾馬頭に結び付く」とあるが、牛の尻が妙な形をしていたということか、その牛が宮中に走り入って諸殿舎に入り込んだため、みな迷走したという。夜になってその牛は、尚侍嬉子の直廬、太皇太后や東宮の御在所に入り、その後、中宮御所の藤壺の渡殿に走り登り、下女童の腰を傷つけたという。結末はわからないが、とんだ災難に宮中が大騒ぎになったことはいうまでもない。

春日社行幸

十四歳になった後一条天皇は初めて春日社へ行幸された（『小右記』治安元年十月十四・十五日条）。出立は寅の終刻というから午前五時ごろである。天皇と太皇太后彰子は同輿であり、永祚元年の例に倣ったとある。それは永祚元年（九八九）三月二十二日のことで、天皇の春日行幸の初例と見られ、時の一条天皇は母の皇太后藤原詮子と同輿であった（『小右記』）。この永祚元年の記事が大いに参考となる。

今回は後一条天皇の御輿に続いて右大臣藤原実資以下の公卿が供奉した。一行は内裏南門の建礼門を出て朱雀門の東脇門から大内裏を出て朱雀大路を南下しているが、これを道長は朱雀院《すざくいん》（三条朱雀大路西南）の東で見物している。道中は雨が降ったりやんだりで、桂川は浮橋を渡り、淀川は船を繋いでその上に板を渡し、馬や下人はそこを歩いて渡っている。また舟を繋いで造った御座船に御簾を懸け、そこに御輿（天皇と母彰子が乗る）を舁《か》き据え、御簾の外には関白頼通はじめ内大臣藤原教通、大納言藤原斉信・行成、両蔵人頭らが同船して渡川した。中納言以下は他船で渡った。船中では楽人が音楽を奏で、催馬楽を詠い、数隻の遊女船がいたが、これは見物のためのものであったらしい。

正午ごろに頓宮《とんぐう》（行宮、天皇行幸の時の仮の宮）に着き、ここで御膳を供し、供奉の公卿らも食についた。未の刻（十三〜十五時）に出発したが、行幸路は泥道が多かったようで燎を燈すころに奈良坂に至り雨が降ってきた。御在所の着到殿に着いたのは亥の刻（二十一〜二十三時）であった。なお、奈良坂から御在所まで柱松（松明）を立てて行路を照らしている。翌日に社参があり、昼すぎに還幸、京に帰り着いたころには鶏鳴《けいめい》（夜明け）になっていた。

この春日社行幸に関して『栄花物語』（巻第十六）に「大宮も思しめすやうありて、一つ御輿にておはします。宮の女房の車、内の女房の車など合わせて二十余ぞある。その有様おしはかるべし」とあって、彰子は考えるところがあって同輿したとあり、永祚元年を意識したのかもしれない。天皇方と太皇太后方の女房の車が多く連なり、公卿以下も多く伺候したという。儀式も盛大に挙行されて日も暮れ、目の前の山の名を「三笠山」と聞いて彰子は、

三笠山さしてぞ来つるいにしへのふるき御幸の跡を尋ねて
（往昔の行幸の先例を尋ねて、この三笠山の春日の御社をさして参ったことである）

と詠んでいる。この一首は「いにしへの」を「いそのかみ」として『千載和歌集』（巻第二十）にも採られているが、その詞書に「後一条院御時、初めて春日の社に行幸ありけるに、一条院御時の例を思し出でさせ給うてよませ給うける　上東門院」とある。

この詠歌は『大鏡』（第五）にも採られ、同輿で春日社行幸をしたことを述べ、道長の立派さ、扇で顔を隠す太皇太后の謙虚さを紹介し、道長が彰子に、

そのかみや祈り置きけむ春日野の同じ道にも尋ねゆくかな
（一条天皇の永祚元年、兼家公が春日明神に祈りをこめられたその験で、こうして今また子孫打揃って今上陛下のお供をして先代が通ったと同じ道を辿ってお社に参拝することだ）

と詠んだのに対して、彰子の返歌は、

曇りなき世の光にや春日野の同じ道にも尋ねゆくらむ
（曇りなく晴れ渡った今上陛下のご威光のお蔭で、祖父兼家公の通られたと同じ道を通って春日明神に

おまいりするのでしょう）

というものである。これに続いて「三笠山」の歌が記されるのである。

詮子（二十八歳）と一条天皇（十歳）の例に倣ったという彰子（三十四歳）と後一条天皇（十四歳）の春日社行幸には三十二年の隔たりがあるが、母后として天皇に及ぼす影響力は彰子の方が抜きん出ていたといえよう。そして、この行幸が皇族、公卿らへのさらなる示威となったことであろう。

皇太后妍子との贈答歌

年が明けて治安二年（一〇二二）の正月、太皇太后彰子と皇太后妍子姉妹の間で次のような和歌の贈答が見られた（『栄花物語』巻十六）。

はかなうて治安二年になりぬ。正月は公《おほやけ》私《わたくし》繁くて過ぎぬ。枇杷殿焼けて後、六年になりぬ。造り出でたれば、四月に渡らせたまふべしとて、宮にはその御いそぎあり。正月、雪の降る日、皇太后宮より大宮に聞えさせたまへり、

花は雪雪は花にぞまがへつるうぐひすだにもなかぬ春にて

（梅の花は雪に、雪は梅の花に見まがえてしまいました。鶯さえも鳴かない寒い春ですから）

大宮の御返し、

うぐひすも花にまがへる雪なれやをりもわかれぬ声の聞ゆる

（鶯も梅の花と見まがうほどの雪ですこと、季節の区別もつかない鳴き声が聞こえてきます）

……かくて枇杷殿に、四月に御渡りあり。その夜になりて渡らせたまふ。一条殿遠からぬほどなれば、四五町ばかりなり。それにつづきたちたり。

先に述べたように枇杷殿の焼失は長和五年九月のことであったから、確かに六年経過したことになり、皇太后妍子が一条殿（故源雅信から倫子、そして道長へと伝領）から新造の枇杷殿に遷御したのは治安二年四月二十八日のことであった（『小右記』）。一条殿は一条大路南、高倉小路東にあったと推定されているから（黒板伸夫「藤原道長の一条第」）四町（五百メートルほど）隔たっていることになる。

枇杷殿遷御の話の間に太皇太后彰子と皇太后妍子との間で歌の贈答が見られた話が挟みこまれているのである。この姉妹の贈答歌を裏付ける記事は見あたらない。

法成寺金堂の供養

道長にとって、かねてからの念願だった金堂の供養は治安二年（一〇二二）七月十四日のことであるが（『小右記』『左経記』『法成寺金堂供養記』〔『群書類従』巻第四百三十二所収〕、『法成寺金堂供養記願文』、『栄花物語』巻第十六・十七）、その数日前には法成寺と改名され、供養の前夜に太皇太后と中宮は同じ輦車で土御門殿から、夕刻には皇太后が枇杷殿から行啓され、公卿たちは徒歩で渡っている（『左経記』七月十一・十三日条）。

天皇は、朝に内裏の南殿に出御、南階に着けた御輿で出立し、大宮大路を北へ、土御門大路を東行し、東洞院大路を南下して近衛大路を東進し、十時ぐらいに法成寺の西大門に到着、その由を太皇太后彰子に報告し、「乗輿ながら直ちに入御すべし」との母后の令旨に従って西中門に至って下輿された。まず北に所在の阿弥陀堂に入り、中尊を三度拝され、阿弥陀堂の階《きざはし》で跪《ひざまず》いて迎えた道長は、天皇の拝礼の姿を見て涕泣《ていきゅう》している。

ついで金堂に入られ、供養会が行われたが、それは御斎会（宮中行事）に準じていた。導師をつとめた院源をはじめ、奉仕した僧侶たちに給禄があり、夜の宴席で道長は落涙、盃が一巡してもなお涙が止まらなかったという。天皇の還御は夜の十一時を過ぎており、実資らが帰宅したのは一番鶏が鳴きだしたころであった。東宮敦良親王の行啓もあり、姫宮こと禎子内親王（妍子所生の三条天皇皇女）、尚侍嬉子の渡御も見られた。

翌日、太皇太后、皇太后、中宮、姫宮、尚侍は輦車に乗って諸堂を巡覧しており、関白以下の諸卿が扈従している（『小右記』七月十六日条）。

二年前の阿弥陀堂供養のさいには行幸は見られなかったので、金堂の重要さが知られる。なお造仏に功績のあった定朝が法橋《ほっきょう》を望んでいることに関して、道長の諮問を受けた藤原実資は「定朝、数体の大仏を造り奉る。希代の勤と謂うべし。非常の賞、傍難無かるべきか」と答え、「甘心の気あり」の道長は定朝を推挙し、結果として法橋に叙されている（『小右記』七月十六日条）。

仁和寺観音院の建造

太皇太后彰子は、御願として治安二年十月十三日、仁和寺内に観音院を供養しているが（『小右記』『左経記』）、『扶桑略記』に「焼亡の後、重ねて造る」とあるように再建であった。その供養願文（『三僧記』〔『大日本史料』第二編之十八〕）などを参酌すると、以下のようなことである。

そもそも仁和寺は光孝天皇の発願によって着工され、崩御後の仁和四年（八八八）に皇子の宇多天皇が完成させた寺院である。譲位後の天皇は寺内の一郭に御所を営んで住んだことから「御室」の名がある。天皇の皇子の敦実親王は寺内に観音院を建立したが、長保三年（一〇〇一）の春に「仏堂焼失し、多年の結構、一旦灰燼となる」という状態となった。

敦実親王の子が賜姓皇族（宇多源氏）の左大臣源雅信であり、その娘が倫子であるから再建主の太皇太后は創建者の曾孫ということになる。倫子は観音院内に一堂を建立して両界曼荼羅を安置したが、その場所は明らかではないという。このような縁からか「観音院は鷹司殿（倫子）の氏寺と為す」とある。

前置きが長くなったが、供養は御斎会に準じて挙行されている。右大臣藤原実資は当日の早朝に僧前の品を送るなど何かと奉仕しているが、太皇太后との関わりを彷彿とさせる。そして昼ごろに子の資平、その子の資房らと参上し、関白以下十数人の公卿が参列し、道長夫妻や娘の尚侍嬉子も顔を見せている。天台座主院源を講師、法性寺座主慶命を読師とし、百人近い請僧により供養が挙行されている。堂具などはすべて新調している。天皇・皇太后妍子・中宮威子並びに親しい輩から御誦経があった。

しかし、この供養に、肝心の太皇太后彰子の行啓はなかった。

太皇太后へ朝覲行幸

「はかなく年も暮れぬれば、土御門殿に大宮おはしませば、正月朔日には行幸、行啓など、さまざま今めかしうて過ぎもていくに」とあって（『栄花物語』巻第十八）、年明けの治安三年（一〇二三）正月に母后の太皇太后彰子のところへ後一条天皇の行幸、東宮敦良親王の行啓があった。実際に行われたのは一日ではなく二日のことである（『小右記』）。

御輿は陽明門を出て大宮大路を二町北へ、土御門大路を東進して土御門殿の西門に至り、門外に御輿を留めて、蔵人頭源朝任が到着を太皇太后に申上し、入御している。ついで東宮の行啓があった。天皇が簾中から御拝、ついで東宮は鞋を着けて簾外で拝舞した。終わって明かりが入り、寝殿の御簾が巻かれ、天皇は寝殿の東第三間、東宮は西の二間に座が設けられ、公卿たちも加わって饗饌がもたれた。楽人を召して「殿上階下、或は絃、或は管、糸竹声を合す」と奏楽のなか盃が巡る。太皇太后は息子たちの成長に目を細めたことであろう。

禎子内親王の着裳

『栄花物語』巻第十九は「御裳ぎ」の名があるように、三条天皇皇女の禎子内親王の裳着が中心である。

四月には枇杷殿、一品宮の御裳着とて、春よりよろづにいそがせたまふ。殿の御前御物具どもえもいはずし調へさせたまふ。なべてならぬ御事どもを思しいそがせたまふ。御裳の腰は大宮の結ひたてまつらせたまふべければ、この宮はさらにもいはず、かの大宮の女房の装束どもなど、三日がほどのことなればいみじき御いそぎどもなり。治安三年四月一日にぞ奉りければ、その日のつとめて、土御門殿に渡らせたまふ。

「一品宮」とあるのは無品禎子内親王のことで、裳着のあと一品に叙されているのである。「枇杷殿」「この宮」とあるのは内親王の母の皇太后妍子のことである。御裳の腰結《こしゆい》は太皇太后彰子がすることになっているので女房たち、内親王の乳母、皇太后の女房たちの装束をはじめ様々な道具類を、道長は春から立派に整えている。三日間におよぶ儀式であったようである。「三日までおはしますべけれども、日次《ひついで》の凶《あ》しければ、二日の夜さり帰らせたまへば」と、二日の夜に枇杷殿に還御している。

『小右記』四月一日条によると、禎子内親王は枇杷殿から母の皇太后妍子と同車して土御門殿へ渡御し、太皇太后彰子のもとで裳着の儀を行ったことがわかる。枇杷殿から土御門殿への渡御には十五両の女房の車と関白はじめ多くの公卿以下が供奉している。

裳着は土御門殿の西の対において行われた。裳着を控えて皇太后妍子は、太皇太后を迎えるために西の対から寝殿に向かい、そこから太皇太后彰子とともに西の対に参上するのであるが、その姉妹の様相は「このたびはもろともに二宮うちつづきて渡らせたまふほど、あなめでたと見えさせたまふ。皆御裳、小袿など奉りたり。御髪ひともと上げさせたまへり。いへばおろかなり。御有様ども絵にかかまほし」と、その見事さは言い尽くせず、絵に描きたいほどであるという。

太皇太后の内親王に対する観察は「いみじくうつくしげに、御髪の懸りたるほど、なべてならずめでたく見えさせたまふ」、つまり大層かわいらしく、髪のふりかかった様子は格別にすばらしくお見えである、というものであった。

『小右記』によると、亥の二点（夜の十時前）に太皇太后彰子が寝殿より渡御され、内親王の裳腰を結んでいる。『栄花物語』には、内親王がとても眠そうにしていたので、こうして一応裳着が終わって夜も更けたので、「また明日」ということにして、太皇太后は寝殿に還御し、皇太后が見送ったとある。内親王も見送っている（『小右記』）。太皇太后から内親王へ、紀貫之自筆の『古今和歌集』をはじめ『後撰和歌集』『萬葉集』など多くの贈物があった。いっぽう皇太后から太皇太后へは衣装などが贈られた。また二日間の行啓に供奉した人たちにも太皇太后から禄が与えられている。

道長夫妻病む　四月に入って太皇太后の母の源倫子が病気になった（『小右記』四月十五日条）。四日後には、母を案じた皇太后妍子と中宮威子が太皇太后のところへ行啓している。「太后・尊堂、同処に坐す」（『小右記』四月十九日条）とあるように、彰子・倫子は土御門殿にいたのである。

この二宮行啓を知りながら参啓しなかった右大臣藤原実資は、翌日の晩頭になって資平を連れて太皇太后のところへ参上し、人を介して母儀（倫子）の病気のことと二宮（妍子と威子）の行啓のことなどを奏啓している。実資は招き入れられて御簾のもとに候し、太皇太后から女房を介して、母の病が「今日頗る宜しく坐す」と承っている。

このあと実資は、禅室（道長）について「心神宜しからず」と知らされていたので、道長のもとを訪ねて面談している。道長は赤斑瘡《あかもがさ》（麻疹《はしか》）に罹っており、老人ゆえに恐るべきことという（『小右記』四月二十日条）。五月に入っても治らず、生きながらえることが困難というようなことを人々に語っている（『小右記』五月一日条）。しかし、間もなく復調したらしい。

3　寛ぎのひととき

田植え見物

四月の賀茂祭も済んで五月を迎えた。道長は、土御門殿を御在所とする太皇太后彰子に何か珍しいものをお目にかけようと思い、この邸の厩の馬草の田が北隣の清和院の辺りにあって、ちょうど田植えの時期であったので、それを見てもらうことにした。そのことを記すのは『栄花物語』（巻第十九）のみである。

道長は御厩司《おんうまやのつかさ》（摂関家などに仕えて厩馬《きゅうば》のことを掌る役）に、着飾ることなくいつもの姿で南の馬場の門から行列して北の方へ通せ、と命じた。東の対から御覧になるので東北隅の土塀を一部崩している。太皇太后彰子、倫子の渡御をはじめ伺候している女房たち大勢が参上した。東の簀子《すのこ》（すき間を空けて張った竹や板の縁）には親しくしている殿方が坐し、若い公達や四、五位の者は高欄《こうらん》（簀子の外側や階段の両端につける欄干）にて見物している。田植えの様子は以下のようであった。

さて御覧ずれば、若うきたなげもなき女ども五六十人ばかりに、裳袴といふものいと白くて着せて、白き笠ども着せて、歯ぐろめ黒らかに、紅赤う化粧せさせて続け立てたり。田主《たあるじ》といふ翁、いとあやしき際衣《きはぎぬ》着せて、破れたる大傘ささせて、紐解きて、足駄はかせたり。あやしの女に黒掻練《くろかいねり》着せて、白粉といふものむらはけ化粧して、それも傘ささせて足駄はかせたり。また田楽といひて、あやしきやうなる鼓、腰に結ひつけて、笛吹き、ささら（簓、編木）といふもの突き、さまざまの舞して、あやしの男ども、歌うたひ、心地よげに誇りて、十人ばかりゆく。そがなかにもこの田鼓といふものは、例の鼓にも似ぬ音して、ごぼごぼとぞ鳴らしゆくめる。

白い裳袴に笠を被り歯黒をして紅で化粧した五、六十人のこぎれいな早乙女たちの風貌、大きな破れ傘を持ち足駄を履いた田主、編木《ささら》・腰鼓・田鼓・笛といったにぎやかな田楽など、日ごろ目にすることのない光景を驚きをもって眺めたにちがいない。

途中から雨が降ってきて農夫の袂が濡れた。噂を聞いてやってきた「世人」（庶民か）が並び立って田植えを見物している。こうした人たちの顔までも、太皇太后は興味深くご覧になっている。

ことが終わって御厩司が召され、太皇太后から禄が与えられた。

三カ月後の八月には太皇太后が土御門殿にいらっしゃるということで前栽を掘り、木草を植えたのを機に公卿以下が参集し、酒や果物のもてなしがあり、詠歌があった。その中で道長から彰子へ遣わされたのが次の一首である。

古里を出でにしのちは月の夜ぞ昔も見きと思ひやらるる

（住み慣れた俗世を背いてからこのかたは、月夜になると、昔もこの月を賞美したことだったと、思い

を馳せずにはいられません）

これに対する彰子の返歌が、

背けどもそなたざまにて月影にありふる里ぞ恋しかりける

（世を背いて出家はなさっても、そちらにおいて、常在不滅の月光を常に浴して過ごされる、そうした里が私には恋しく思われることです）

である。出家してなお俗世間と断ち切れていない道長の心情が表出されているように思う。

倫子六十の賀　十月には太皇太后彰子の主催で源倫子の六十の祝賀の宴が土御門殿において挙行された。それに備えて伯耆守藤原資頼《すけより》（実資の養子）が太皇太后の令旨により賀の料として綾掛二重を調進するよう命じられており、「三宮（彰子・妍子・威子）造仏・写経あり。請僧禄・彼御装束・楽人禄等相分ちて設けらるべし」とあるように、以下準備が進められている（『小右記』九月十二日条）。当日の様子を『栄花物語』（巻第二十）を中心に見て行くことにする（『小右記』十月十三日条参照）。

太皇太后彰子と尚侍嬉子は土御門殿を居所としていた。午前中に皇太后妍子と禎子内親王が同乗して唐車で渡御。続いて中宮威子も御輿で行啓してきた。倫子腹の娘全員が寝殿に座を占めており、少し間隔をおいて倫子の座が設けられていた。

そして彰子の女房たちは、寝殿の北の間に西の渡殿にかけて出衣《いだしぎぬ》（装飾の目的で、女房の衣の裾や袖口を簾の下から出しておく）をしている。妍子付きの女房は西の対の東面、倫子の女房は寝殿の東の間、威子付きの女房は東の対の西面、嬉子の女房は東の対の西南にかけて出衣をしていた。各女房たちの華やかな出衣が美を競ったのである。

寝殿の母屋に御簾を下げ、両界曼荼羅を掛け、その東西に仏像を安置し、廂から東西の渡殿にかけて歳数に合わせて六十人の僧の座を設け、公卿らが仏前の座に着し、僧の読経とともに始まった。南庭での舞楽はいずれも素晴らしく、道長はじめ公卿らは衣を脱いで舞人に被《かず》けた。御唱経、講説、行香など一連のことが終り、舞人や僧たちは禄を受けて退出、饗宴に移っている。管絃、余興、和歌などがあり、皇太后と中宮が還啓、亥の時（二十一～二十三時）に人々は退出している。

治安四年は改元されて万寿元年（一〇二四）となるが、その年始、関白頼通は公卿らと太皇太后彰子のもとを訪れて「先ず拝舞し、次いで盃酌あり」と拝礼を行なった。ついで皇太后のところへも参上したが拝礼はなかった。そのことについて、「后宮の拝礼、大饗の儀あり。而るに大后宮に於て拝礼あり。他宮と異るか。舞また此の如し」とあり（『小右記』正月三日条）、先にも例挙してすでに述べたように太皇太后が特別の存在であったことを暗示している。

六月二十六日には道長は法成寺の薬師堂を供養しており、太皇太后は朝に御堂に渡り、乾方《いぬいのかた》を御在所としている。「公家及び宮々所々の諷誦を修せらる。公家・宮々使の被物、但し大后宮、御使なし。臨御に依るなり」とあるところをみると、皇太后や中宮の行啓はなかったことになり、その記載も見られない（『小右記』六月二十六日条）。

駒競行幸

道長は万寿四年（一〇二七）に他界するので、万寿年間は道長の最晩年を意味する。この間で象徴的なのは万寿元年の秋に関白頼通が自邸の高陽院で挙行した競馬《くらべうま》である。その前月に道長らは競馬を見ている（『小右記』八月二十五日条）。高陽院の邸内を見て廻った道長たちは、馬場において三番を観覧している。その後、饗饌が供せられたが僅かなもので、軽く乏しかった、とある。父子三名の内輪のことゆえそうなったのであろうか。この競馬は行幸に備えての意味があったかと思われる。

本番の十日前には公卿・殿上人の多くが関白第つまり高陽院に参集して競馬があったが、「試練せらるなり」とあるように予行演習であった（『小右記』九月九日条）。

当日の九月十九日、天皇、東宮（皇太弟の敦良親王）、太皇太后彰子をはじめ公卿以下を招いて盛大な競馬が催された。その豪華絢爛な様子は、巻名ともなっている『栄花物語』巻第二十三「こまくらべの行幸」と、その絵画版ともいえる『駒競《こまくらべ》行幸《ぎょうこう》絵巻《えまき》』（鎌倉末期）、そして『小右記』によって知ることができる。

「大宮、京極殿におはしませば、九月十四日の夜、やがて高陽院殿に渡らせたまふ」とあって、太皇太后宮は五日前に土御門殿（京極殿）から高陽院に渡っている。その御輿は立派で、供奉の二十輛の女房車、従者の装束などは常の行啓と比すべくもない。彰子は四カ月余り前に内裏から土御門殿に退出している（『日本紀略』五月二日条）。なお、中宮威子は八月二十八日に土御門殿に退出している（『小右記』）。

高陽院での競馬

早朝に紫宸殿を出立した後一条天皇の鳳輦は建礼門、待賢門を通って東進し、堀川大路を南下して西門から高陽院に入っている。天皇は西の対、渡殿を経て寝殿の御簾内に入られた。しばらくして東宮が行啓してきて西の対の直廬に入り、渡殿の簀子を通って寝殿の平座に着いたが、御簾の内部が思われて微笑ましい気がする。「宮の御前の待ち見たてまつらせたまふらん、思ひやりきこえさせぬ人なし」とあって、母の彰子が対面を待ちかねている気持ちもさぞかし、と思いめぐらさぬ人はいないという。このことについて『小右記』によれば、東宮は寝殿を御座所としている母の太皇太后彰子に会うのを楽しみにしていたようである。太皇太后の女房の有様は、寝殿の西南から西の渡殿にかけて紅葉襲《かさね》の装束の出衣は色とりどりであったという。

天皇以下が馬場殿（東の対）に渡り、競馬二番が終わったところで酒肴が供され、十番が終わった時

東宮敦良親王

には黄昏になっていた。競馬が終わって寝殿に還御した天皇と東宮は同座し、管絃が流れるなか饗饌にあずかった。傍には母の太皇太后も同座しており、天皇や東宮の還御は夜も更けてからであった。太皇太后が内裏へ還御したのは二日後のことである（『小右記』九月二十一日条）。

『駒競行幸絵巻』にみる寝殿の場面（久保家本）は、南面中央の大床子《だいしょうじ》に天皇（裾のみ描く）、右手前の褥《しとね》に東宮が坐し、その東西の間の御簾から女房装束の出衣がのぞく。簀子には束帯姿の公卿らが並んで着座し、華やかな絵柄の裾が勾欄《こうらん》に懸る。西へ渡殿、対の屋、回廊、釣殿が臨まれ、庭には色づいた紅葉がある。池の龍頭鷁首船では楽が奏でられる。

前段は東宮の行啓である。西門からの入御であるが、東門からのような描写になっているのは描法の制約か。門前には東宮が乗ってきた豪華な唐車から二頭の牛が解き放たれ、門内を見ると黄丹《おうだん》（紅を帯びた梔子《くちなし》色、東宮の礼服の色）の袍を着る束帯姿の東宮が莚道を歩く。

いっぽう『駒競行幸絵巻』の静嘉堂本は、太皇太后彰子の行啓の様子らしく、土御門殿からだと高陽院へは東門から入る描写となる（『駒競行幸絵巻』小松茂美氏の解説参照）。

東宮、土御門殿へ行啓

『栄花物語』（巻第二十五）には、東宮敦良親王の子を身ごもった「督の殿」こと嬉子は、出産に備えて土御門殿の東の対を御在所としていたことが次のように描かれている。

督《かみ》の殿のただにもおはしまさで、七八月にあたらせたまひて、月ごろ土御門殿におはしませば……今はその日になりて渡らせたまふ。大宮は土御門殿の寝殿におはします。東の対にぞ督の殿の上おはします。西の対に東宮おはしますべき御消息せさせたまへる。……大宮、督の殿の女房いみじう装束《さうぞ》きたり。東宮まづ寝殿におはしまして、それよりやがて督の殿の御方に渡らせたまふところ、いへばおろかなり。

嬉子が一条院別納から遷ってきたのは四月十六日のことである（『左経記』）。土御門殿の寝殿は太皇太后彰子が御座所としていた。そこへ東宮が六月二十五日に行啓して来て（『左経記』）西の対に入り、まず寝殿に母を訪ね、ついで東の対に参上し、身重の嬉子を見舞っている。嬉子のもとへ参る時の様子は言葉では言い表せない、とある。

道長も法成寺からは近いところなので、お忍びで渡って来ては孫の東宮と対面している。このようなことで、東宮にはゆっくり滞在してほしいもの、と道長と彰子は考えていたが、七月三日には内裏へ還ることになった（『小右記』七月三日条。太皇太后から供奉の公卿以下に給禄があった）。みな名ごり惜しそうな様子で、とりわけ嬉子は沈みがちで物思いに耽っている。それを心配そうにご覧になる東宮。いざ還啓となると辛そうで気の毒にさえ思われる。『栄花物語』作者の描写は詳細である。

嬉子、皇子を出産

嬉子が土御門殿の東の対で東宮の第一皇子、親仁親王（のちの後冷泉天皇）を出産するのは八月三日のことである（『小右記』『左経記』）。道長は牛馬を献上して神社で誦経しているが、難産であり、娘を案じる母の倫子は悲嘆のあまり涙が止まらなかったという。東宮から御釼が遣わされた。『栄花物語』（巻第二十五）には「今年は赤裳瘡といふもの出で来て、上中下《かみなかしも》分かず病みののしるに、……内、東宮も中宮も、督《かむ》の殿など、皆病ませたまふべき御年どもにておはしませば」とある。日記にも嬉子と姉の威子は赤斑瘡を患っていたとある。加えて嬉子は物の怪にも苦しめられていたらしい。

「大宮も、こなたに渡らせたまひて……」、彰子も寝殿から東の対に渡って来て道長と同じような気持ちで嬉子のことを案じているのはすばらしい、とある。

「大宮の御前、わが御時、内、東宮の御をりには、何とも思はざりしかど…」、太皇太后彰子は帝と東宮を産んだ時、世間の評判は今度のように大変だったのを、自分は何とも思わなかったが、今回のことで感動的で素晴らしいと思ったという。これで安心して、寝殿に帰られたのは実にすばらしいこと、とある（『栄花物語』巻第二十六）。

なお『日本紀略』には「東宮妃尚侍藤原嬉子男子を産む。太皇太后宮に於て此の事あり。東宮亮公成朝臣を以て剣を奉らる」（万寿二年八月三日条）とある。

嬉子の死

出産の二日後、嬉子は帰らぬ人となった（『小右記』）。享年十九歳。「未時ばかりより鬼籍に入るが如し。遂に以て入滅す。諸僧分散、と云々。連月事あるは如何」とあるがである。

（『小右記』）、連月とあるのは前月に他界した小一条院妃の藤原寛子を指しており、「禅門高松腹」とあるように（『小右記』七月九日条）道長妻の源明子の娘であった。道長は相次いで二人の娘を失ったのである。

嬉子の死に直面して道長、妻の倫子、関白頼通、内大臣教通は同じところで悲泣していた（『小右記』八月六日条）。『栄花物語』の道長と妻の倫子の悲嘆の描写は想像を絶するものがある。

死の二日後には陰陽師らをして、東の対（「尚侍住所」）において「魂呼《たまよび》」（死者の魂を呼び生き返らせようとする習俗）を行わせているが、「近代」では聞かないことであり、「彼院は太后の御座処、尤も忌諱あるべし」との記述が見られ（『小右記』八月七日条）、彰子が土御門殿の中心人物であるような印象を与える。

死の十日後、嬉子の遺骸は船岡の西野で荼毘に付され、遺骨は故人の乳母子の藤原範基《のりもと》が首に懸け、浄妙寺《じょうみょうじ》別当の定基《じょうき》僧都らと木幡《こはた》の墓地へ移している（『小右記』『左経記』八月十五・十六日条）。

二カ月後のこと、道長は子の頼通、教通、頼宗、能信を伴って参内の途次、登花殿を過ぎるところで雨のように涕泣したというが、この殿舎は亡き嬉子の「旧曹」（住い）であったのである（『小右記』十月十二日条）。

若宮は東の対から寝殿に通じる渡殿に移され、太皇太后彰子の女房らが世話をし、藤原惟憲の女が乳母として仕えていた。「とまれかうまれ大宮こそは取りあつかひきこえたまふ」とあるように（『栄花物語』巻第二十六）若宮は祖母（父方）で伯母（母方）の彰子のもとで成長することになる。

かわいらしく輝くばかりの美しさの若宮であるだけに、彰子は亡き嬉子のことを悲しく思い起こすよすがとなる忘れ形見をいとおしく思われる。十九歳の死はいかにも早すぎた。嬉子付きの女房はそのまま若宮に仕えるようにとの彰子の計らいがあった。

若宮の五十日の祝い

『栄花物語』（巻第二十七）には、たしかに若宮（親仁親王）の生誕五十日は九月二十二日に当たっているが、亡母の中陰の直前で忌々しいので二十七日が吉日だったので、お祝いの餅を食べさせた、とある。そのお世話は彰子が盛大に行っている。

若宮の御五十日は二十二日にぞあたらせたまひける。いとゆゆしきほどの御事どもなれば、二十七日吉き日なりければ、それにぞきこしめさせける。大宮よろづにとりあつかひきこえさせたまへば、いみじきことどもをせさせたまひて、内、東宮、宮々などにもてまゐりさわがせたまふ。

若宮の五十日の儀では太皇太后宮において饗饌があった（『小右記』九月二十七日条）。そして生誕百日に当たる十一月十三日には百日の儀があり、太皇太后彰子のもとで饗饌が行われ、関白頼通以下が参上している（『小右記』『左経記』）。

東宮敦良親王の明年の年爵（毎年、従五位下を受ける者を一定数推薦できる制度で叙料が収入となる）について、関白頼通は禅門道長と太皇太后彰子の意によって行うべし、と申しており（『小右記』十二月二十二日条）、出家後の道長の存在と、母后としての彰子の力を暗示していよう。関白にとって、この二人は格別な存在であった。

道長六十の賀

万寿二年（一〇二五）、道長は六十歳を迎えており、当然のことながら賀の祝いがあったはずであるが、その詳細を知る術がない。『小右記』『左経記』も該年条は残っているが、道長の賀の記述は見あたらない。ただ下記の詠歌によって行われたことだけは知られる（『千載和歌集』巻第十六）。

上東門院より六十賀行ひ給ける時よみ侍ける　　法成寺入道前太政大臣

数え知る人なかりせば奥山の谷の松とや年を積まゝし

（数えてそれと知る人がいなかったならば、奥山の谷の松のように誰にも知られず、いたずらに年齢を積んだことでしょうが、お蔭で晴れがましい年を迎えられました）

上東門院が父の年を覚えていて、賀宴を主催したということである。

彰子の女房——小式部内侍と母

次の歌は、白河法皇の院宣により撰集された『金葉和歌集』（巻第九）に収められたものである。作者は小式部内侍で、母の和泉式部が夫の丹後守藤原保昌（道長家司）とともに丹後国に赴任中、宮中での歌合の歌人に選ばれた。

大江山いく野の道の遠ければふみもまだ見ず天の橋立

その小式部内侍の局のあたりに藤原定頼（公任の子）がやってきて、「歌はどうしましたか。母のもとへ歌の代作を頼んだ使いは帰って来ませんか。さぞ心細いことでしょうね」とからかったのに対して、彼女が応じた一首である。「生野」に「行く」、「踏み」に「文」をかけた名歌に、歌界の重鎮である定頼も、そそくさとその場を退散したという。

藤原保昌は治安三年（一〇二三）に丹後国司であったことが知られ（『小右記』正月二十三日条）、彼の丹後守在任期間は寛仁末年から治安年間（一〇二〇〜二四）と考えられており、そのころの話である。彼の時に小式部内侍は二十代後半と考えられている。なお清水好子氏は、帥宮《そちのみや》（冷泉天皇皇子の敦道親王）に先立たれて寄る辺ない身となった和泉式部を、父親ほど年の離れた腹心の保昌に娶《めあわ》せたのは道長ではなかったか、と推測し、それは寛弘七年ごろで、和泉式部三十代前半とみる（『恋歌まんだら——和泉式部』。増田繁夫『冥き途——評伝　和泉式部』、高木和子『和泉式部』参照）。

そもそも和泉式部は文人を輩出している大江氏の出自で、父の越前守大江雅致《まさむね》は大江維時・匡衡と近い関係にあった人物と考えられており、匡衡の兄とする説もある。そうだとすれば道長にも近いということになる。

和泉式部が最初の夫で藤原道長の家司的存在であった橘道貞との間に生んだ娘が小式部内侍である。この母娘は中宮彰子が一条天皇との間に最初の皇子、敦成親王を生んだ翌年の寛弘六年（一〇〇九）ごろ（母は三十代前半、娘は十代前半）、ともに中宮彰子のもとへ宮仕えにあがったらしい。『栄花物語』（巻第二十七）には次のようにある。

大宮（彰子）にさぶらひつる小式部内侍といふ人、内大臣殿（教通）の御子など持たるが、この年ごろ、滋野井の頭中将（藤原公成）の子生みてうせにけり。…大宮にもいとあはれに思しめして、世のはかなさいとど思し知らるるにも、いかで疾くとおぼしいそがせたまふにも、御調度どもをぞいそがせたまふ。小式部の母和泉式部、子どもを見て、

とどめおきて誰をあはれと思ふらん子はまさりけり子はまさるらん

（あの子〈小式部内侍〉は、母の私と子を残して先立ってしまったが、いったい誰をいちばん気がかりに思っているのだろう。きっと子供への思いの方が親への思いより勝っているのだろう。私もあの子との死別が何よりも悲しくてならないのだから）

彰子に出仕していた縁で小式部内侍は藤原教通と通じ、生れた子が静円《じょうえん》という僧になり、道長が創建した浄妙寺や法成寺の別当などになっている。ちなみに藤原教通が内大臣になったのは治安元年のことである。小式部内侍は、母が丹後から帰京したころには教通と別れ、藤原公成（頭中将）と親しくなって子（僧となった頼仁）を生むが、間もなく亡くなった。なお小式部内侍は、教通の義兄頼宗ほかの男とも関わるなど母親譲りの多情な女性であったようである。

和泉式部

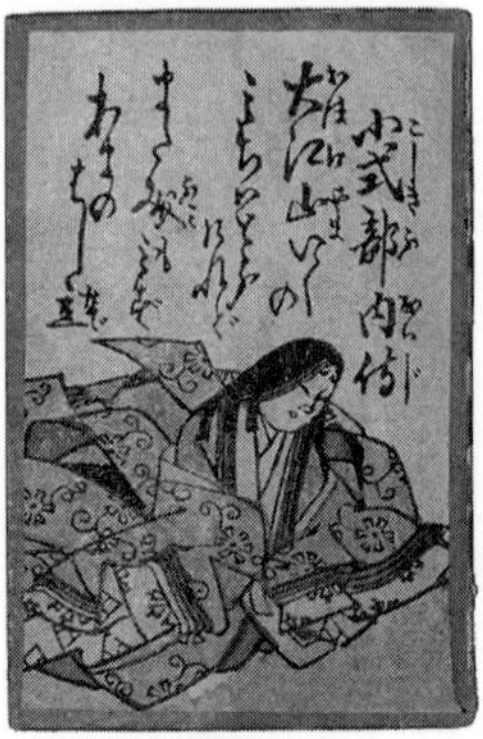
小式部内侍

上掲の『栄花物語』の話は万寿二年（一〇二五）のことであり、時に教通は内大臣、公成は頭中将であった。この年は「院の女御、督の殿の御事のあさましうあはれなれば、今年の秋は、嵯峨野の花も口惜しき匂ひなり」とあるように、初秋の七月九日に小一条院妃の藤原寛子、八月五日にはすでにみたように東宮妃の藤原嬉子、と彰子の二人の妹が相次いで亡くなり（『小右記』『左経記』）、そこへ小式部内侍の死が追い打ちをかけ、上掲の『栄花物語』にあるように彰子も世の儚《はかな》さを思い知らされ、一刻も早い出家を思い立ち、調度類の支度を急がせている。

いっぽう残された孫を見て和泉式部は、「とどめおきて」を詠んで娘の死を嘆いている。

小式部内侍が亡くなった後のこととして次の詠歌も注目される（『新古今和歌集』巻第八）。

小式部内侍、露置きたる萩織りたる唐衣を着て侍りけるを、身まかりて後、上東門院より尋ねさせ給ひけるに奉るとて　和泉式部

置くと見し露もありけりはかなくて消えにし人をなににたとへん

御返し　上東門院

思ひきやはかなく置きし袖の上の露をかたみにかけんものとは

小式部内侍が、露の置いた萩を織り出した唐衣《からぎぬ》（錦や絹などの織物を用いて刺繡などで模様をつけたもので表着《うわぎ》の上に着る装飾性の強いもの。女房が主人の前に出る時などに着用する制服）を着ていたのを、亡くなった後に、上東門院から所望があったので、「置くと見し」という一首を添えて差し上げることにした。「はかなく置くと思った露でも、こうして衣の上には残っておりますのに、その露よりはかなくみまかってしまった娘を、いったい何にたとえたらよろしいのでしょうか」と、嘆いた和泉式部に対し、上東門院が「まったく思いもしませんでしたね、萩においた露の文様の衣を形見として、私とあなたが、お互いに涙をその衣の袖にかけることになろうとは」と、母である和泉式部と共に、小式部の死を嘆く気持ちを返した、というやりとりである。

『新古今和歌集』の詞書《ことばがき》（和歌などの初めに作られた場所、理由、情況などを記したもの）では、上東門院が小式部内侍が着用していた衣装を何のために所望したのか、はっきり書かれていないが、『和泉式部集』（『新編国歌大観』）によれば「宮より、『露置きたる唐衣まゐらせよ、経の表紙にせむ』、と召したるに、結びつけたる」という詞書があるので、経の表紙にするため、ということがはっきりする。そして一首を唐衣に結びつけて奉ったことが知られるのである。

小式部内侍の衣をわざわざ求めて経の表紙にしようというのは当然、小式部の冥福を祈る追善供養のためと考えられる。翌、万寿三年正月に上東門院も出家していることもあって、その前後に写経をして故人生前の衣服で表紙の装丁をした経を作成して供えた、ということであろう。ことによると自らの出家、そして故人の一周忌をも目指してのことかもしれない。

第六章　女院出家する

1　彰子の出家

女院となる

万寿三年（一〇二六）正月二日、後一条天皇が内裏の弘徽殿にいる太皇太后彰子のもとへ朝覲行幸《ちょうきんぎょうこう》（天皇が正月に父帝や母后の御所に行幸して新年の挨拶をすること）したことに関して『左経記』には以下のようにある。

天晴、内に参る。中宮臨時客なり。仍りて御在所の東廂を以て上達部・殿上人の座と為す南を上とし対座す。未刻に及び主上、大宮の御方弘徽殿に御すに渡り御《たま》い、簾中に於て御拝あり、と云々。次いで東宮、弘徽殿の西南地を経て大宮の御方に渡り御う掃部縁道に莚を敷き、内蔵その上に紫絹を敷く。御在所の東又廂簾外の南第三間に於て拝舞す。…畢りて帰り出で給う。……次いで関白殿以下、大宮の御方に於て拝舞す。次いで宮に於て再拝す。数巡の後、東宮に参り再拝す。次いで大宮の饗に著き三献。立楽、禄常の如し。次いで東宮の饗に著き三献。了りて禄あり。次いで退出す。

東宮の敦良親王も行啓している。また関白頼通以下の公卿たちも大宮（太皇太后）、中宮（威子）、東宮のもとへ参上して拝礼し、それぞれに饗にあずかり、禄を賜っている。

同じ内裏内に居ながら母のもとへ朝覲行幸することが母后の権威の表徴を意味することは、寛仁三年の正月の朝覲行幸で述べたとおりであり、これもその類である。

彰子は土御門殿にいることが多く、万寿元年十一月七日に土御門殿へ退出してから翌二年十一月二十六日に内裏へ還啓しており（『小右記』）、朝覲行幸を受けた三日後の万寿三年正月五日には土御門殿へ退出している（『左経記』）。これは出家に備えてのことであろう。

朝覲行幸、東宮行啓と二人の子息と相まみえた太皇太后彰子は、その月の十九日に三十九歳で出家を遂げている（『左経記』、「大日本史料」第二編之二十三所収の『院号定部類記』〈『小右記』『権記』を所引〉正月十七・十九日条。木本好信「御堂関白道長の涙――娘彰子の出家」参照）。年が明けて正月に出家することは一カ月前にはっきりしていた（『小右記』万寿二年十二月十六日条）。

女院の前例としては、円融天皇女御で一条天皇の母にして道長姉の詮子がいるだけで、彰子から見れば伯母にあたる東三条院である。詮子の出家は正暦二年（九九一）九月十六日、職御曹司において行われた。『左経記』の作者の源経頼は、関白の使いとして右大臣藤原実資に意見を求め、それを関白に報告すると、関白はそれをもって道長の指示を仰ぐよう命じている。このような経緯で彰子の出家は、おおむね東三条院の例に倣っている。

当日、左中弁源経頼は、関白左大臣頼通のお供で太皇太后彰子の土御門殿に行くと、多くの公卿らが参集しており、未の刻（十三〜十五時）に関白は右大臣以下の公卿らを引き連れて参内し、左仗座《さじょうのざ》に着している。ついで関白は朝餉《あさがれい》の間《ま》に候し、天皇から「太皇太后宮、今日御出家の事あるべし。院号等の事、東三条院の例に准じて行わるべきや。…上達部相共に定め申すべきの由、右大臣に仰すべし、といえり」との仰せを受けて、関白はさっそく右大臣に申し伝え、公卿たちで議定している。

天皇の仰せを受けて太皇太后宮を停め、東三条院に準じて御在所の上東門院（土御門殿）を女院号とし、太皇太后宮の進《じょう》（「じょう」は律令制の三等官で役所によって様々な字を充てた）、属《さかん》（「さかん」は律令制の四等官で、これも役所により様々な字を充てた）を停めて院の判官代《ほうがんだい》（院司の三等官）、主典代《しゅてんだい》（院司の四等官）とし、御封・御季御服物・年官・年爵などは元の如く、としている。夜には上東門院の別当（院司の長官）、判官代、主典代らが補任されている。

内裏でのことが終わって、右大臣藤原実資は、公卿らを率いて土御門殿へ参っている。土御門殿において亥の刻（二十一〜二十三時）に出家の儀があり、天台座主の院源が戒師となり、永円が剃髪をするなど多くの僧が奉仕している。彰子は「尼削《そ》ぎたる児《ちご》どものやうにぞおはします」（『栄花物語』巻第二十七）と、毛髪の一部を切って稚児のようなおかっぱになった。法名は清浄覚《しょうじょうかく》（『大鏡』裏書）。なお、同じ日に彰子に仕える六人の女房も出家した。

夜になって源経頼が勅使となって供僧料《ぐそうりょう》として絹・信濃布などを持参しており、皇太后妍子、中宮威子から装束が贈られてきたが、これらを、奉仕した僧や使者たちに布施や禄として与えている。皆が退出したのは深更になってからという。

ここで出家の様子を『栄花物語』（巻第二十七）から見ておこう。

宮の御有様を見たてまつれば、紅梅の御衣を八つばかり奉りたる上に、浮文《うきもん》を奉りて、えもいはずうつくしげにて、御髪《みぐし》は丈に一尺余ばかり余らせたまひて、御有様ささやかにふくらかに、うつくしく愛敬《あいぎやう》づきをかしげにおはします。ただ今の国王の御親と聞こえさすべきにもあらずをかしげに、女御など聞えさせせんによげなる御有様なり。今年は万寿三年正月十九日、御歳三十九にぞならせたまひける。いみじう若くめでたくおはしますに、尼の御装束いみじうせさせたまへり。

二度と着用しない装束を身に着けた、言うにいわれぬ美しい太皇太后彰子。背の丈にあまる御髪、小柄でふくよかでかわいらしい。天皇の母というよりも女御といった方がいいようなありさまである。関白頼通は剃髪の僧に鋏《はさみ》を渡そうとしてひどく泣かれ、道長や倫子も涙が止まらなかった。

「内より御使あり。おりゐの帝とひとしき御位にて、女院と聞えさすべき宣旨もてまゐりたり。御使禄賜りて参るほど、殿の御前さくりもよよに泣かせたまふ」、天皇の使者が「女院」の宣旨を持参したので、その使者に禄を与えている間に道長はしゃくりあげて泣いた。自分も出家の身であるのに、あまりにも若々しい娘の尼姿を目の前にして、こみ上げるものがあった。二人の皇子を産んでくれたことへの感謝の気持ちもあったかもしれない。

彰子の出家を知った選子内親王（村上天皇皇女。賀茂の斎院で五代の天皇の斎王をつとめたことから大斎院といわれた）は次の一首を詠んでいる（『後拾遺和歌集』巻第十七）。

上東門院尼にならせたまひける頃、
よみて聞えける　　　　　選子内親王
君すらもまことの道に入りぬなりひとりやながき闇にまどはん
（私よりもお若いあなたまでもまことの法の道にお入りになられたのですね。残された私一人が長い闇路に迷うのでしょうか）

三十九歳の彰子より二十四歳年長の選子内親王の心中を吐露した詠歌である。

彰子の出家後、妹の故三条天皇中宮（現皇太后）の妍子から、沈香の木で作り黄金の装飾を施した数珠が、銀の箱に入れられ、梅の枝を付けた手紙とともに送られてきた。そこには「枇杷皇太后宮」（天皇とともに枇杷殿を御所としていたことによる呼称）として、次の一首が添えられていた（『新古今和歌集』巻第十八、『栄花物語』巻第二十七）。

変るらん衣の色を思ひやる涙や裏の玉にまがはん

(墨染に変わっているはずの衣の色を思いやってこぼします私の涙は、あなたには衣の裏の玉と見まちがえることでしょうか)

これに対して「上東門院」として次の返歌が載せられている(『栄花物語』には見えず)。

まがふらん衣の玉に乱れつつなほまだ覚めぬ心地こそすれ

(衣の裏の玉と見まちがえているであろうといわれる衣の悲しみの涙の玉で、心が乱れ乱れして、やはり、まだ、俗念の迷いの夢が覚めない心地がすることです)

妍子の歌は「贈る数珠の玉を、姉君の出家姿を思う悲しみの涙の玉に見立て」、上東門院の一首は「出家はしたが俗念の迷いから脱却し難い悲しみ」を詠んだものとされる。

晩春のこと、彰子は女院となって初めて参内しており、大納言以下が騎馬で前駈をつとめている(『左経記』三月二十六日条)。

そして一カ月後の四月二十七日に殿上《てんじょう》始《はじめ》が行われている。これは、新たに女院となった彰子から四・五位の人が女院御所への昇殿を許される儀式である。女院御所である土御門殿で正午頃から関白頼通・内大臣教通兄弟以下の公卿らが参上してきて始まった。関白の御前で「権大夫経通《つねみち》」つまり太皇太后宮権大夫（実際には彰子の出家に伴い正月十九日に止められている〔『公卿補任』万寿三年条〕）の参議藤原経通が昇殿の人々を簡に書き付けていった（『左経記』）。土御門殿の西の対の南面を殿上、西廊を下侍、西廊西面を蔵人所とし、昇殿を許された輩が九十二人という（『院号定部類記』所引『宇治殿御記』〔『大日本史料』第二編之二十三所収〕）。

中宮威子は年末に皇女章子内親王を生んでいるが（『左経記』十二月九日条、皇女だったので「頗る本意に相違すと雖も平安を以て悦と為す」とある）、その安産祈願のために女院は不動調伏法を修しており、「心誉《しんよ》僧都十口の番僧を率いて奉仕する所なり」と心誉らが事に当たっている。結願の日には、院判官代の平業親《なりちか》が禄を携帯して加持（災いを除き願いを叶えるために仏の加護を祈ること）が終わった時に与えており、道長からも絹などが与えられた（『左経記』十一月九・三十日条）。

章子内親王の七夜の儀では「大臣綾大掛一重、参議以上大納言以下同掛一領、殿上人絹大掛一領、此れに先じて上東門院並びに皇太后宮より児の御衣等あり」とあるように（『左経記』十二月十五日条）女院と妍子から女児の御衣を賜っている。

女院に朝覲行幸

年あらたまって万寿四年（一〇二七）正月一日、関白頼通は法成寺に道長を訪ね、道長は客亭に出てきており、病ではなかった。ついで女院彰子のもとを訪ねて拝礼を行っている（『小右記』）。

三日には後一条天皇が母の上東門院のところへ朝覲行幸されている（『小右記』）。紫宸殿を出立した天皇の鳳輿は日華門、宣陽門を通って大内裏の陽明門を出て大宮大路を北へ、そして土御門大路を東進し、堀川大路の辺りで火事を見ている。女院の御所には西門から入り、御在所の西の対南面に入御している。ほどなく駕車（牛車）の東宮も着御し、西の対西面に入った。しばらくして天皇が寝殿に出御して簾中から御拝を行った。ついで東宮が参上して拝舞《はいぶ》があった。その後に天皇と東宮が同所に坐して供膳があり、公卿らへの饗饌もあった。日没のころには事が終わって還御している。参席者には女院から禄が与えられた。

女院への朝覲行幸について、白根靖大氏は東三条院詮子のそれを検討して「摂関期における朝覲行幸は、女院が重要な役割を担いながら、貴族社会の行事として機能していた」と指摘しており（「中世前期の治天について」）、彰子への後一条天皇の朝覲行幸もその証左となるとして、白根氏は次のような結論を導き出している。

政治的な権力を掌握した摂関（あるいは大殿）と上皇並みに遇される女院とが有機的に結びつくことによって、摂関藤原氏の権力基盤を支えていたものと考えられよう。そうしてみると、摂関藤原氏にとって女院の創設がたいへん意味深いものとなってくる。

これは「院政期には、母后が拝舞を受けることは原則としてなかった。受けるのは政治的中枢であった院（上・法皇）が基本であった」という検証のうえなので説得力のあるものとなろう。

東宮の着袴に参入

四月五日には親仁親王の着袴の儀が内裏で行われた（『小右記』）。そのために祖母の上東門院は前日の夕刻に関白第（高陽院か）に渡り、当日の早暁に内裏に渡御している（『小右記』四月四日条）。

当日は、親王にとっては伯父にあたる関白頼通と内大臣教通、右大臣藤原実資以下の十六名の公卿ほか殿上人が参入している。酉の時（十七〜十九時）に着袴の儀があり、その後に東宮が出御し、公卿らが着座し、御膳が供された、その後に管絃の演奏があった。夜の十一時にすべてが終わり、女院は退出している（土御門殿に還御か）。そして公卿や殿上人に禄が与えられたが、身分によって差があったという。「今日の禄甚だ鮮明、禅室殊に調えらる、と云々」とあって道長のもとで用意したものであった。

二カ月後に女院はふたたび関白第に渡御し（六月二日条）、その場所の「書亭」は高陽院の一郭であろう。渡御の理由は土御門殿の東の対が壊れたことによるものである。ちなみに土御門殿においては二年前に東宮敦良親王の尚侍嬉子が皇子（親仁親王、のちの後冷泉天皇）を出産しており、この皇子は東の対を居所としていた（『小右記』万寿二年八月三日、『左経記』十二月二日条）。

右大臣藤原実資が関白第に参上すると、女院は書殿におられたが、若宮（親仁親王）は書殿から関白の居室に渡っており、関白妻の隆姫女王にまみえている。その間、若宮は権中納言藤原長家（関白の義弟）に抱かれていた。しばらくして帰ったが、そのさいに手本と笛が贈られた。「幼少の宮、関白の室方に渡り坐す。贈物を得給う。太だ凡事なり、と云々。今日内大臣及び卿相多く会す。禅室重ねて悩み給うの間、興宴の如きの事あるは如何、々々」とは実資の評である（『小右記』六月四日条）。この日の道長は飲食を受け付けず、無力ことに甚だしかったという。女院は二日後に関白第を離れている。

2 弟妹の死

法成寺釈迦堂供養

六月の下旬、道長は法成寺の新堂、釈迦堂に百一体の釈迦如来像を安置しているように命じられている（『小右記』万寿四年六月二十・二十一日条）。その前日に、実資は関白から早く参上するように命じられている。中尊は丈六で、ほかの百体は等身仏であった。供養は巳の時（九〜十一時）に始まったようで、奉拝の道俗男女は垣を巡らせたように多かったという。百体の像は道長が幼齢の時から造立したものという（『日本紀略』六月二十一日条）。これに女院彰子も参上しているが、そのことも含め当日の具体的な様子が『栄花物語』（巻第二十九）から知られ、臨場感が伝わってくるので少し長文になるが引いておこう。

月ごろ百体の釈迦造りたてまつらせたまへる、出で来たまへりとて、この二十一日にぞ渡したてまつらせたまふ。薬師堂よりは北の端、大御堂よりは東に、檜皮葺の御堂造らせたまへり。中三間は高く上げ、南、東三間は廊造りにぞ造らせたまへり。その日のつとめてになりて、雨降り雷鳴りて、空のけしきむつかしげなり。辰の時ばかりになりぬれば、空晴れていとうららかすぎて暑くわびし。世の人、例の混みののしりたり。中尊はみな金色にて丈六にておはします。今九十九体は等身の仏にて、みな金色にぞおはします。……丈六は力車といふに、さるべき構へをしておはします。諸僧皆威儀いつくしうして参りたる。九十九体は手輿といふものに乗せたてまつりて、青く裏瑩《うらよう》じたる絹袴着て、四人づつ持ちたてまつりたり。御堂の池の上に仏の影ども映りて、また現れたまへる仏と見えたまへり。かぎりなく尊し。

殿の御方は、五大堂の辰巳の隅の方に、御簾かけておはします。女院、殿の上は薬師堂の北の廂に西かけておはします。関白殿をはじめ、この殿ばらは、薬師堂の東の高欄の下の土に、円座《わらうだ》敷きて次第に並みゐさせたまへり。皆薄鈍《うすにび》の御直衣、指貫にておはします。右馬入道の御服と見えたり。仏おはしますほどに、殿の御前おりさせたまひて、拝みたてまつらせたまへば、殿ばら皆同じこと参り寄りて拝みたてまつらせたまふ。

法成寺は広大な面積を占めており、中央やや北寄りに大御堂こと金堂があり、この東南に五大堂と薬師堂が並び建ち、その北に釈迦堂があった、つまり金堂の東ということがわかる。女院は母の倫子とともに薬師堂の北廂の間に西側にかけて座していた。地上に円座を敷いて坐した関白らが皆薄鈍を着したというのは一カ月前に死去した兄弟の顕信の服喪のためである（『小右記』五月十五日条に「去夜入道馬頭、無動寺に於て遷化す禅閤子、高松腹、年三十四、」とある）。次から次へと運び込まれる金色の仏像に、みな目

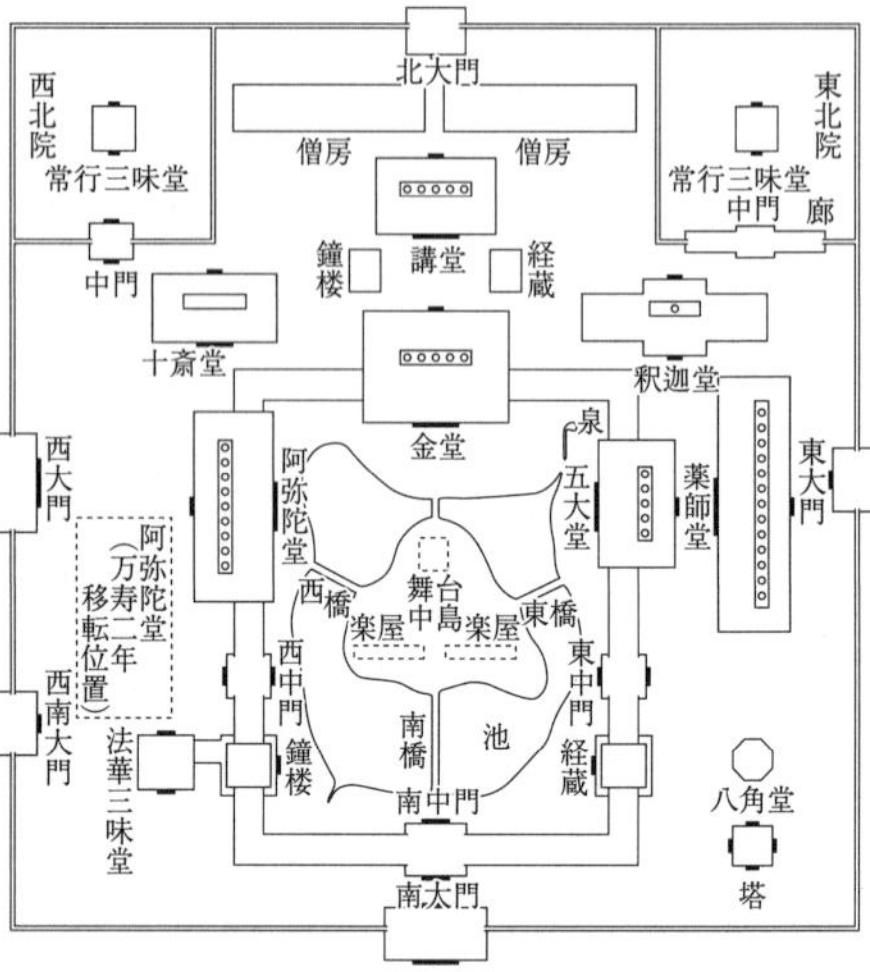

法成寺伽藍図（福山敏男想定復元図）

を奪われたことであろう。道長が殿上から下りて御拝すると、関白以下も同じように拝み奉った。

上掲の文の終わりに「かくて供養は後の日と思し掟てたり」とあるが、その供養は二カ月後に挙行され、女院も参席している。

『小右記』によれば釈迦堂の供養は八月二十三日である。午前十時頃に東大門から入って関白以下が堂の前に着し、鐘を合図に諸僧が参入した。新造の百一体金色釈迦如来像・八部衆・十弟子を前にして揃いの法服を身につけた夥しい数の僧の読経が堂内に響きわたる。その荘厳さは想像を絶するものであったろう。金泥法華経一部、墨字同経百部、華厳経も供えられた。関白が言うには、金泥経は道長の書写し始めたものであるが、その後、目が不自由になり書写ができなくなったので他人が書いたということである。

今日より五日間にわたって講演（経を講じ仏法を説くこと）――朝講の講師《こうじ》は大僧都心誉、夕講の講師は僧都遍救、問者は各二名――が行われた。女院は薬師堂、皇太后妍子は五大堂を御座としていた。朝講が終わって関白の差配で饗の座があり、その後、鐘を合図に夕講が始まった。

供養第三日目、朝講の論議が終わって僧侶が退下した後、関白以下が饗の座に着いた。女院は堂（釈迦堂）前の巽《たつみ》に坐した。はじめは薬師堂を御座としたが、饗の座と甚だ遠かったので近くに移ったのであろう。饗のあと鐘を打ち、諸卿が堂前の座に着き、道長は堂の中に向かい、僧侶が入堂して夕講が始まった（『小右記』八月二十五日条）。

ところで供養初日の十日前の夜に皇太后妍子は病により法成寺に渡り、ひたすら仏力を恃《たの》みとして伽藍において種々の善を修している（『小右記』八月十三日条）。皇太后の御座所は五大堂の東廂の北側に設けられ、道長のそれは同じ堂の北西の方にあった（『栄花物語』巻第二十九）。

皇太后妍子の他界

皇太后妍子は、初夏には「悩気御す、御膳を聞こし食《め》さず、枯傷《こしょう》殊に甚だし」という状態にあり、御読経と御修法を行っている（『小右記』四月十四・二十日条）。道長も枇杷殿へ頻繁に足を運んでいる。そして釈迦堂供養の初日に枇杷殿から法成寺へ渡ったことは前述のとおりである。

皇太后の病は重くなるばかり、身体が腫《は》れて心も尋常でなくなり、衰弱していくなかで御修法と御読経に頼るほか、なす術がなく、弟の教通が「十分の九、憑《たの》む所なし」と吐露するほどに悪化していった（『小右記』八月十三・二十八・三十日、九月四日条）。

皇太后にとって枇杷殿は亡き三条天皇との思い出の場所であったから、死を目前にして皇太后は、法成寺を出て「生くとも死ぬとも」ぜひ枇杷殿で、と望んだが、道長は「発病したところへ戻ってよいものか」といって「今南殿」の寝殿の東側の部屋に移した。この邸は法成寺の南で至近のところにあり、行啓に供奉した人々は歩行であった。そもそもこの邸は「母儀新造所、今南と号す」とあるように母の倫子が五カ月前に新造して移り住んでいたのである（『栄花物語』巻第二十九、『小右記』九月五〜七日条、四月十日条）。

今南殿に移って一週間後、危篤状態に陥った皇太后は出家してすぐに崩じた。傍らで見守っていた道長や関白以下の兄弟たちは哀泣するばかり、倫子は正気を失って臥せっていたという（『小右記』九月十四日条、『栄花物語』巻第二十九）。

御葬送は二日後の夜に行われ、荼毘に付された遺骨は木幡の墓地に埋葬された（『小右記』九月十七日条、『栄花物語』巻第二十九）。皇太后妍子の享年は異母兄である顕信と同じ三十四歳であった。

3　父の死

苦悩する道長

二年ほどの間に四人の子女に先立たれた道長は、皇太后に「この乱れ心地の去年よりはいみじう苦しうさぶらへば」と吐露したように（『栄花物語』巻第二十八）、自身も前年から病魔に蝕《むしば》まれていた。このため頼通は関白賀茂詣を停止しているし、皇太后の病が重くなったころ、道長も飲食を受けつけず、「無力殊に甚だし」かった（『小右記』四月十三日、六月四日条）。

故妍子の四十九日の法要が十月二十八日に法成寺の阿弥陀堂において行われたが、道長は下痢の症状が激しくて堪え難い気分だったので入堂が叶わなかったという（『小右記』）。

そして死の一カ月ほど前の道長は、生死の境を行き来する状態に陥っている。中宮威子が法成寺に見舞った二日後には危険な状態であった（『日本紀略』十一月八日、『小右記』十一月十日条）。その数日後、女院は法成寺の金堂において道長のために百口僧《ひゃっくそう》（百人の僧侶）による寿命経の転読を行っている（『小右記』十一月十四日条）。

苦しくなった道長は、いよいよ最期と思って、この数年に成した手ずからの冊子二、三帖を次の歌を添えて女院（彰子）に奉っている（『栄花物語』巻第三十）。

風吹くと昔の人のことのはを君がためにぞ書き集めける

（涼しい風が吹くというので、昔の人の歌を後に残る君のために書き集めておいたのです）

これに対する女院の返歌は、

慰めも乱れもしつつ紛《まが》ふかなことのはにのみかかる身なれば

（父君のお言葉だけが頼りの私なので、この冊子をいただき慰められもし、また取り乱しもして途方にくれるばかりです）

である。これに対して道長は次の歌を返している。

ことのはもたえぬべきかな世の中に頼む方なきもみぢ葉の身は
（世の中に頼むすべもなく散り果てるもみじ葉のようなこの身では、言葉もこれきり絶えてしまうほかないのでしょう）

『栄花物語』には、道長は数日後に阿弥陀堂に移ったとある。

道長は頻発する下痢に加えて背中の腫瘍に苦しんでおり、女院と中宮威子は参上していたけれども「相親しく見難し」とあり、その理由は「汚穢《おわい》のこと有るに依るか」とあって（『小右記』十一月二十一日条）女性に見せられる状態ではなかったらしい。

この四日後に道長は阿弥陀堂に移り、金色に耀く九体の阿弥陀如来像と対峙することになった。そして翌日には、後一条天皇が行幸して道長を見舞っており、女院の御座所にも行幸している。さらに三日後には東宮の敦良親王が行啓し、その後に女院のところへも行啓している（『小右記』十一月二十六・二十九日条、『栄花物語』巻第三十）。

この場合も彰子の、出家してなお国母としての示威の表徴と取ることもできるが、ここは道長の病気見舞いの道すがら立ち寄った、と見ておくべきであろう。

道長逝く

死の前日の午後に「已に入滅すと云々」の報に接した右大臣藤原実資は、使いを遣わして様子を尋ねたところ事実のようであり、ただ胸もとは暖かく、頭だけは揺れ動いているが、「そのほか馮《たの》みなし」ということであった。そして翌日の早暁に道長は息を引き取った（『小右記』十二月三・四日条)。享年は父と同じ六十二歳であった。

『栄花物語』(巻第三十)では臨終の様子を、立て回した屏風の西面だけを開け、その西に対峙する九体の阿弥陀如来像の御手から引いた糸を握り締めながら静かに彼岸へと旅立ったとするが、これは美化されたものであって、背中の腫物に苦しみ喘《あえ》ぎながらの悶絶死というのが事実に近かろう。

道長の遺骸は翌日の子の刻(二十三時〜午前一時)に入棺され、二日後に鳥辺野で荼毘に付された。葬送の間は雪が舞っていたという。遺骨は木幡の藤原氏の墓地に埋められた(『小右記』十二月五・七・八日条、『栄花物語』巻第三十)。

道長は多くの財産を遺して逝ったが、その処分には関白頼通が中心となって当たった。それは道長の遺言によるところが大きい。領地や荘園などの不動産の多くは、妻の源倫子が伝領して生存中はその所領とし、その後は法成寺へ。絹・綾・糸・綿や種々の唐綾などは女院彰子、中宮威子、禎子内親王(妍子の娘)らに分かち、残りはすべて倫子へ分け与えた。また献上された数多の馬は卿相や受領、僧らに分け与え、御装束は念仏僧へ、帯剱などは法成寺の蔵に収納し、雑物・牧など法成寺に寄進された残りを院宮や卿相らに配分している(『栄花物語』巻第三十、『左経記』長元元年正月十六・二十六日、四月八日、十二月二十二日条)。

倫子はこの先、四半世紀を生きぬいて卒寿で他界するが、その年には関白頼通による平等院阿弥陀堂(鳳凰堂)が供養されている。

土御門殿にいる女院には頼通の高陽院に遷ってもらい、頼通が土御門殿へ移り住んで、隣接する法

忌日法会

成寺の管理に目が届くよう「御堂をつねに見、沙汰せさせたまひ、修理をせさせたまへ」と、生前の道長はたびたび話していたという（『栄花物語』巻第三十）。道長の法成寺への強い思い入れがうかがえる。

故道長の忌日

その法成寺の阿弥陀堂において、亡き道長の忌日法要が盛大に営まれたが（『小右記』十二月二十四・二十八日条）、大きな柱を失った関白頼通、女院、倫子たちは読経の声を耳にしながら将来への不安を募らせたことであろう。

年明けの元旦が故道長の四七日（二十八日）にあたることから三日前の十二月二十八日に女院が法成寺において法会を行っている。女院みずから極楽浄土の絵を描き、金泥法華経一部と墨字法華経百部などとともに供養している（『小右記』『栄花物語』巻第三十）。

年明けの長元元年（一〇二八）正月一日に源経頼は故道長の四七日（二十八日）の法事のため法成寺に行って法華経などの供養に参列している（『左経記』）。五七日（三十五日）、六七日（四十二日）法会もそれぞれの日に行われ、正月二十二日に七七日（四十九日）法会が挙行された（『左経記』）。等身の金色観音像百体、法華経など千部、道長自筆の大般若経などが供養された。これらは道長の生存中に往生に備えて企てられたといい、天皇、東宮、女院、関白以下が御誦経を賜っている。女院、中宮威子、関白頼通は喪に服して法成寺に籠っていたが（『栄花物語』巻第三十）、この日の夜、女院と中宮は法成寺から土御門殿に還御している（『左経記』『日本紀略』）。

4　道長亡きあと

女院の動き　道長が亡くなり、そして姸子と嬉子がこの世にいないのは残念だけれど「関白殿、内大臣殿、女院、中宮、あまたの殿ばらおはしませば、いとめでたし」と『栄花物語』（巻第三十一）にある。政治は関白を中心に動いているが、女院の存在はそれを凌ぐものであった。その女院については、以下のように記されている。

女院は、内、東宮の御親にて、おりゐの帝の定にておはしまして、御車にてのみ御堂へ渡らせたまふ。内裏へも入らせたまひなどして、なかなか心やすくめでたき御有様なり。御せうとの殿ばらよりはじめたてまつりて、やむごとなくいみじう思ひたてまつらせたまへり。世の人も靡きまうしたること、ことわりなり。

女院彰子は天皇・東宮の母親で、上皇と同じ待遇になったので、輿ではなく車で法成寺や内裏にお出ましになるなど気楽で結構なことである。兄弟はいうまでもなく世の人々も、女院を尊敬申し上げているのは無理からぬことである。

続いて次のようなことも記されている。女院はたいそう気高く、仕える女房も軟らかな物言いである。女院は女房の容姿の美しいのが好みのようで、若い女房たちはこれに応えるべく、装束をはじめとして競いあい、扇で顔を差し隠したりして居並び伺候している。まことに長閑で奥ゆかしい女院御所の様子である。

土御門殿を居所としていた女院は関白の高陽院へ方違えしており、翌日の亥の刻(二十二時〜午前一時)に檳榔毛《びろうげ》の車に乗り、上東門、玄輝門から内裏に入り、弘徽殿に車を着けて入室している(『左経記』五月十四日条)。

六月には、女院の母の源倫子が法成寺の釈迦堂において釈迦三尊と千部法華経を供養しており、五十人あまりの僧が奉仕している。そして女院をはじめ中宮、関白、内大臣といった子女たちが誦経《ずきょう》(料)の礼として施しものを行っている(『左経記』六月十九日条)。七月には法成寺での盂蘭盆《うらぼん》(亡き人の霊を供養する仏事)に顔を出している(『左経記』七月十五日条)。

この前後の女院は、どうやら法成寺に滞在していることが多かったようで、八月になって夜に関白の高陽院に渡って翌日に入内し(『小右記』八月十六・十七日条)、しばらくは内裏の弘徽殿におられた。そして十日ほどして関白の高陽院に入られたが、それについて『小右記』八月二十九日条には次のようにある(『左経記』参照)。

今夜、女院内より高陽院に出で給う。上東門院東面の垣、国々を以て高厚に改築せらる、と云々。吉田の土を運び之を築く。若狭国九本を築く。日ならず勤を致すべきの由その譴《せめ》最も甚し。霖雨により国々築き能わず了んぬ。仍りて今日、還り給わず、関白第に出で給う、と云々。愁嘆す、と云々。

女院が還御する土御門殿の東側の築垣を高く厚くすべく、短期間で成し遂げるよう諸国に命じて工事に入ったが、長雨のために予定していた今日までに間に合わなかったので一時、高陽院に入ったという次第である。築垣の補修に吉田山の土を用いている。けっきょく女院が土御門殿に還御したのは二週間後のことであった（『小右記』『左経記』九月十三日条）。

この四日後のこと、検非違使別当藤原経通《つねみち》が藤原実資のところへ来て、女院の再三の仰せとして、（姓不詳）信正《のぶまさ》を看督長《かどのおさ》（検非違使の被官として罪人の追捕や獄のことを掌った者）に還任すること、藤原高年《たかとし》の拷問を行わないこと、を申している。実資は、女院彰子がこのような下僚の人事に何故に介入したのであろうか、これは何か謀略が巡らされており、天下の政治の乱れはこの事にある、と嘆く一方で、次のように分析している（『小右記』九月十七日条）。

信正は源行任《ゆきとう》に追従しており、また検非違使別当が特別に目を懸けていたこともあって、別当と行任が相談して女院の仰せということにしたのである。また藤原高年については、すでに刃傷事件を起こした犯人の一人として逮捕されている（『小右記』長元元年九月八日条）。信正は実資が検非違使別当の時に看督長となり、かつ家人として三十年あまり仕えたが、実資から「放縦の罪」によって免職された男である。

　この一件を耳にした関白頼通は驚いたという。「院たとえ仰せ事ありと雖も、別当、子細の趣を啓せしむべし。案内を啓せしめ、今に至り仰せ無きか」との記述（『小右記』九月二十二日条）からみて、

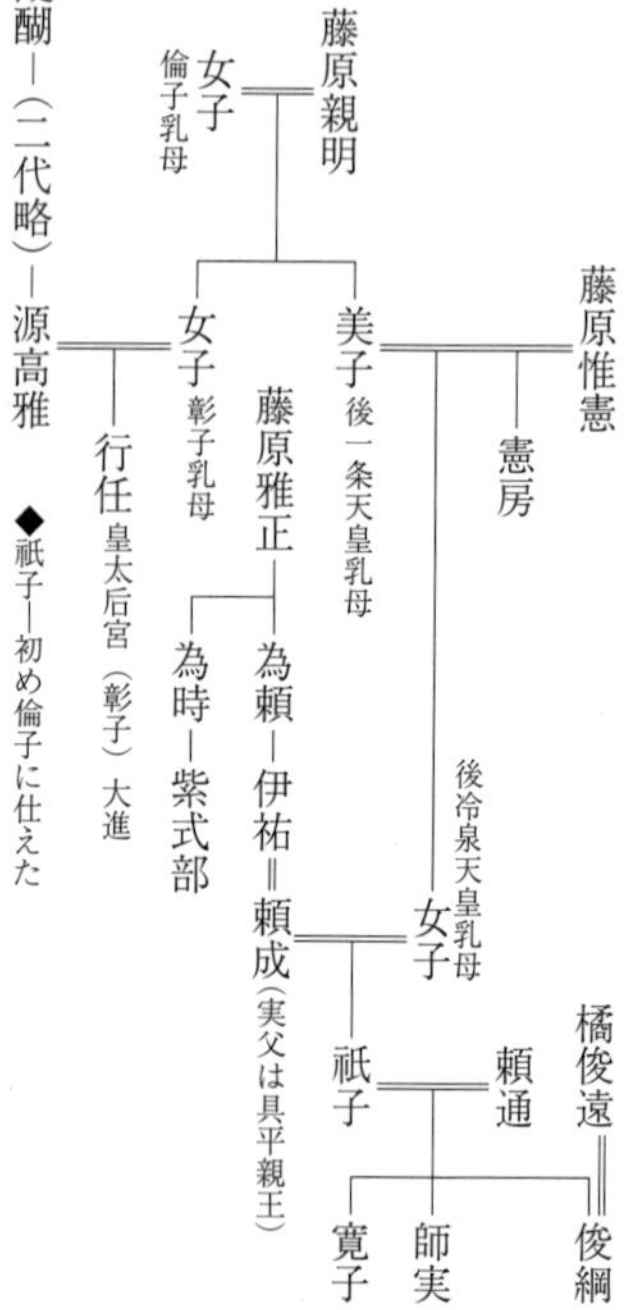

源行任・彰子関連系図

◆雅正の父は堤中納言兼輔　◆為頼—歌人摂津守　◆伊祐—阿波守
◆頼成—因幡守「実者中務卿具平親王男也、親王命伊祐扶養為子云々、」
（『尊卑分脈』第二篇「良門孫」）


女院は関わっておらず、権力を利用されたと考えられる。

　この一件は、女院の力が依然として強力であることが公卿たちの間で認識されていたことを物語るものであろう。

　ところで源行任は修理亮《しゅりのすけ》藤原親明《ちかあき》の娘を母とし、この女性は彰子の乳母であったことが知られ（『尊卑分脈』第三篇「醍醐源氏」、『小右記』寛仁三年十月二十七日条）、彰子と行任は乳兄弟の関係にあった。

　さらにはこの女性の姉妹が道長家司の藤原惟憲の妻の典侍従二位藤原美子であり、後一条天皇の御

乳母となっている（角田文衛「後一条天皇の乳母たち」）。なお『尊卑分脈』第二篇「惟孝説孝孫」では美子を惟憲の娘とするが、これは角田氏の指摘のように『小右記』寛仁二年四月二十二日条からみても誤記であろう）。いずれにせよ、行任は女院と親縁なる間柄にあったのである。

近江守行任の「領宅」が焼失した記述に「富小路以西、上東門大路以北、世に御倉町と号す。是れもと故入道大相家の領なり」とあり、「女院相近し」とある（『小右記』長元四年七月七日条）。上東門大路（土御門大路）の南には土御門殿や鷹司殿があり、その財物を収納した道長一家の御倉町の存在と行任との浅からぬ関係を物語っていよう。

道長の周忌法会

故道長の周忌法会が命日の一カ月前の十一月四日に法成寺の阿弥陀堂において修せられた。鐘を合図に諸僧が入堂し、右大臣藤原実資以下の公卿らが堂前の座に着した。仏殿には白檀の阿弥陀仏と観音・勢至菩薩の三尊像が鎮座し、金泥法華経・無量義経・観音賢経などのほか、道長御存命中に御願の銀泥一切経百余巻を書き出して供養している。女院も堂中の座に着いて見守ったが、秉燭後に退出している（『小右記』『左経記』）。

そして一周忌にあたる十二月四日には正日法会を行っている（『左経記』）。事が終わって関白頼通は源経頼に、次のようなことを天皇に奏上するように申した。

権大僧都心誉は長く朝廷に仕え、故道長の師として両界曼荼羅並びに諸尊別法などを授けられ、今日の一周忌には新図の両界曼荼羅を供養された。「先人恩を蒙る唯だ此の度ばかりか。若し朝恩ありて権僧正の職に任じ給わば、且つは法事荘厳となすべく、且つは一家の面目となすべし」と。経頼が参内して奏上すると、後一条天皇は「神事停止すべきの由、未だ大祓を行わざるの間、僧事を行う頗る其の憚りあると雖も僧たるの法事厳重なり。請うにより任ずべきの由、宣旨を下さしむ已に了んぬ」、つまり大祓を行っていないのに僧事を先行させることに難色を示しつつも了解している。

このことを経頼が法成寺へ戻って報告すると、関白は涙を拭いながら「神事の間、事の憚りありと雖も先人の思う事により奏せしむるところ已に宣旨あり。誠に家のため会のため面目限りなし」の覆奏を経頼に命じている。参内して奏上すると、天皇は「聞き及んだ」、と一言申しただけであった。関白と天皇のやりとりから天皇に対する外祖父と叔父の距離を感じ取ることができよう。心誉が権僧正に昇任したことはいうまでもない（『左経記』十二月十三日条）。

故道長の正日法会の日、女院は亥の四刻（夜中の十二時近く）に土御門殿において除服、関白も同じ時間に鴨川で除服、つまり喪服を脱いで忌明けしたのである（『左経記』）。

この後も関白は父のために、節目には高陽院において法華八講、法華三十講などを行っているが、それには女院も参列している（『日本紀略』長元二年閏二月十三日条、『小右記』八月九日条以下）。

後一条天皇の皇女

後一条天皇中宮の威子が長元二年（一〇二九）二月二日に第二子を出産したが、それが女子（馨子内親王）と聞いて「宮人の気色、太《はなは》だ以て冷淡」であったという（『小右記』）。第一子に続いての女子の誕生が喜ばれなかったようであり、摂関家にとって皇子の誕生こそが歓迎されたのである。七夜の産養《うぶやしない》に女院は女児の装束を贈っている（『小右記』二月八日条）。第一皇女の章子内親王の七夜の儀でも女院や妍子から女児の御衣を賜っていることは、先にみたとおりである。

法成寺東北院を供養

女院彰子が東北院を供養したのは長元三年（一〇三〇）秋のことであるが、それ以前に女院が御所としていた前近江守源済政《なりまさ》の三条宅が火事になり、女院は関白頼通の高陽院に遷御していた（『日本紀略』三月八日、四月十七日、『小右記』九月九日条）。

供養が行われたのは八月二十一日のことである。「今日、女院御堂供養す。……法成寺内の艮《うしとら》の角に新たに三昧堂を立つ」とあって、東北の場所に東北院が創建されたことを知る。御斎会《ごさいえ》（正月の一週間、宮中で挙行される年中行事）に準じて行われた儀式の様子は『小右記』に詳細な記述があるが、多くは省略し一点だけ取りあげておく。

それは寺司への勧賞についてである。検校《けんぎょう》の僧正慶命《きょうみょう》、別当の大僧都永円、権別当の大僧都定《じょう》基《き》の三人に与えるのは如何なものかと問題になり、関白頼通は藤原実資に諮《はか》っており、実資は従来、行っているので今回もそうすべきと言いつつ、すべては「ただ主上の御心、院の御雅意にあるか」と返答している。続いて「関白座を起《た》ち御前に参り、議定せらるるか。少時、座に複して云わく、三人の賞なお有るべきなり」とあるので、実資の言うとおりにし、結果として三名に勧賞となった（『小右記』『日本紀略』）。関白も、姉である母后としての女院の力に依拠するところが大きい。

ところで東北院の絢爛さは次の記述によって察せられる（『栄花物語』巻第三十二）。

まことや、女院は、無量寿院のかたわらに御堂たてさせたまへり。築地つきわたし籠めて、いみじくめでたく造らせたまへり。沈、紫檀を高欄にし、蒔絵、螺鈿、櫛の笘などのやうにせさせたまへり。柱絵なども世の常ならず。釘打つ所には瑠璃を釘のかたに伏せなど、よろづをつくしたり。年ごとの九月には御念仏せさせたまふ。女房えも言はず装束やがてせさせたまひて賜はす。小さき僧どもの廻るもいとうつくし。上達部、殿上人残るなく参りたまひ、をりをりの功徳つくらせたまふ。いとめでたき御有様なり。

沈木や紫檀で高欄を造り、蒔絵や螺鈿を施してある。柱絵なども格別で瑠璃の釘隠しである。東北院では九月の御念仏が恒例となっていたようで、これは長元八年（一〇三五）の記述であり、女房たちは美しい装束を身につけて出衣にしていた。『今鏡』（すべらぎの上）には築山の形、池の姿も並ではなく、松の影、花の梢も他よりも優れていたと庭の情景を述べ、九月十三日から十五日まで御念仏が行われたと記す。

ここで少し長い引用になるが、東北院の創建に至る女院の願文を挙げておこう（『扶桑略記』長元三年八月二十一日条）。

上東門院、東北院を供養す。願文に曰く、弟子忝く帝王の母儀と号し、十善の宿因貴しと雖も、倩《つらつら》婦女の身業を観るに、五障の余罪慙《はず》るあり。長楽を厭《いと》い、常楽の境を慕う。綺羅《きら》（美しい衣服）を抛《なげう》って而るに尸羅《しら》（粗末）の衣を著す。玄雲春色儼《おごそか》ならざるに非ず、眼に当たるものは西嶺赤日の喚（煥カ）暉、椒房《しょうぼう》（皇后の居所）秋風芳しからざるに非ず、心を染むるものは上品蓮台《じょうぼんれんだい》の晩露なり。茲《ここ》により聊《いささ》か信心の浄財を捨て、将《まさ》に方丈の梵宇を搆えんとす。鳳城《ほうじょう》（宮城）の東面、鴨水の西頭に一伽藍あり。則ち是れ我が先考（亡父つまり道長）建立する所なり。古今未だ斯くの如き道場あらず。祇陀園の一百余院を備え、丈六数十の金容に比するなし。興寧坊の清歌妙舞を習い、豈《あに》一切諸経の玉軸を集むる。斯の中、弟子常行堂一宇を建立し、金色阿弥陀如来像、観音・勢至・地蔵・龍樹菩薩像等各一体を造り奉り、妙法蓮花経百部を書写し奉り、また十二口の神像を置き、滅罪生善《めつざいしょうぜん》の行法を修す。今日より始め未来際《みらいざい》を期す。

罪業の深い女性として生を享けたゆえ信心の浄財をもって仏堂を構えるとある。鳳城とは皇居のこと、その東、鴨河の西に父の道長が営んだ無量寿院（法成寺）の規模、建物、仏像のけた外れの凄さを述べる。その一郭に構える本堂の常行三昧堂には金色の阿弥陀如来像を本尊として観音・勢至・地蔵・龍樹の四菩薩像を脇侍とし、ほかに十二神像などを安置し、書写経も納めた。そして死後に備えたのである。

この東北院に関して平安末期のこととして『百錬抄』承安元年（一一七一）七月十一日条に次のようなことが見える（『玉葉』七月十二日条参照）。

東北院地を払って焼亡す。仏経等を取り出し、西北院に渡される。件の院もとは法成寺の中にあり。康平元年二月二十三日に焼亡す。その後、今の地に移し立つ。上東門院建立し給う。同年七月二十一日これを供養す。建立以後、百十二年。

つまり康平元年（一〇五八）二月に金堂・阿弥陀堂・講堂・釈迦堂・薬師堂・東北院・西北院をはじめほとんどが焼失し（『扶桑略記』）、その後、東北院は法成寺境外に再建されたが、それも百年あまり後に焼失したという。

話を戻して、東北院供養の後、女院は土御門殿に還御し、数日後にまた東北院に渡っている（『小右記』八月二十六日条）。そして九月九日の夕刻に後一条天皇が「女院御堂」こと東北院に行幸しているので（『小右記』九月十日条）、女院もここにいたものと思われる。なお、東北院供養の二カ月後に関白頼通が法成寺に五重塔を供養している（『日本紀略』十月二十九日条）。

東北院はその名が示すように法成寺の一郭、東北の地に所在し、これと対照の地に西北院もあった。その出現は早く、阿弥陀堂建立の翌年、金堂創建の前年のことである。

『小右記』（治安元年十二月二・三日条）によると、発願者は道長の妻の源倫子で、『日本紀略』には「入道太政大臣の室家、入道従一位源朝臣倫子法名清浄法無量寿院の辺に西北院を供養し、今夜より三個夜、不断念仏」とある（治安元年十二月二日条）。倫子が出家したのは、その十カ月前のことである（『小右記』治安元年二月二十九日条）。

西北院の供養は二日に予定されていたが、雨天となったため大僧都慶命をして開眼のみを行い願主の誦経があったものの音楽などは翌日に延期された。翌日には、五体の金色阿弥陀如来像が安置されている西北院において仏事を修し奏楽があったが、「堂内の荘厳あるなり、美なり」とある。西北院は、三間四面の檜皮葺の御堂で、阿弥陀如来像を本尊、観音・勢至菩薩像を脇侍とし、周囲には築地が廻っていた（『栄花物語』巻第十六）。

5　母后の力

女院の土御門殿へ朝覲行幸、行啓

年明けの長元四年（一〇三一）正月三日、後一条天皇は女院御所の土御門殿に朝覲行幸し、皇太弟の敦良親王（のちの後朱雀天皇）も行啓し、天皇と東宮による女院との御拝が行われた。夕刻になって諸卿らが御所（女院・天皇・東宮の在所である寝殿）に参上し、この間に灯りが入り、天皇、東宮に御膳が供され、侍臣が催馬楽や高麗楽《こまがく》を奏し、天皇みずから笛を吹かれた。その後、天皇・東宮は入御されて女院のところへ参上している（『小右記』）。いずれも寝殿内での動きであることは、以下の『左経記』によって知られる。

この日、東宮は西の対の南廂・東縁などを経て寝殿の中央簀子に進み、拝舞して、西の一間より入御している。天皇はすでに簾中に御座されていたという。寝殿南廂の御簾が巻き上げられ、南母屋の廂に南面して天皇、東面して東宮が出御され、関白は御前に候した。右大臣実資以下の上達部は寝殿中央の簀子に敷いた菅の円座に着し、衝重《ついがさね》（食器を載せる膳具）を賜い、一献の後、天皇、東宮に御膳が供され、三献の後に御遊があり、参列の卿相に給禄があり、その後、南階に御輿を着けて還御とある。ここには女院御所へ云々の言葉は見えないが、『左経記』は場について非常に具体的である。

白河院の観桜

『小右記』三月五日条にちょうど桜の時期、女院は思い立って摂関家所有の白河院（白河殿、白河第）で観桜を予定したが、なぜか急に取り止めていることが記されている。

女院、忽ち白河院を覧ずべきの告げあり。中将（藤原兼頼）関白第より営《いそ》ぎ出ず。狩衣を着して参入せんと欲するの間、院は留まり給う。関白および上達部相共に白河第に向かうと云々。中将白河に参る。中納言來たりて云わく、今明は物忌なり。而るに大弁の告あるに依り、物忌を破りて院の御共に候ぜんと欲す。留り給うの由、只今またその告あり。仍りて白河に参るべからず。物忌に因りてなり、といえり。夜に入り中将帰り来たりて云わく、関白ならびに卿相、白河に向う。事なく各々分散す。食なしと云々。明日御坐すべし、といえり。

しかし、関白以下の公卿たちは白河第で桜見物をしたが飲食はなかったという。中納言藤原資平は参議右大弁源経頼から女院のお供をするように言われ、物忌を破ってそのつもりでいたが、停止を告げられて取りやめている。実資、資平親子と女院の絆が知られるというもの。

末尾に明日云々とあるが、六日の記事がない。ただ七日の冒頭に「女院、白河の花を御覧、雨により留り給う」とある。この日は季御読経《きのみどきょう》の結願日であり、この方を専らとすべきであって「執柄の人、他事あるべからざるか」、関白たるもの花見などとんでもない、と実資は憤る。今日はやめて明日に行うこと、関白は女院とともに参る、といったような話も出ている。この日、関白は女院の土御門殿に伺候していた。

中止の理由が降雨によるとあるように、随身《ずいじん》を何度か鴨川に遣わして川水の浅深を実検させており、徒《かち》渡りの人が衣装を脱いでやっと渡れる程度であった。それゆえに停止したのだという。夜になって「明日、白河院に御坐すべし」となったが、翌日の早朝に停止している。

三日後、女院は久しぶりに入内しており、石清水臨時祭（三月二十三日）の後に土御門殿に還御することにした（『小右記』三月十一日条）。

これまでほとんど病むことのなかった女院（四十四歳）が秋に体調を崩している。中原恒盛《つねもり》が召されて女院のもとに参ったところ「俄に御腰を悩み御《たま》う」たので、占申したところ土公神《どくじん》（陰陽道で土をつかさどる神）の祟りと出たので、御竈の前で祓いを二度行ったところ治まったという。しかしその後、「女院暁更悩み給う。昼の間、宜しく御《おわ》し坐《ま》す。申の刻ばかり厳しく悩み給う」という状態にあったが、翌日に右大臣藤原実資が見舞った時には「院の御心地、宜しく承わる」ということであった（『小右記』七月五・六日条）。

石清水・住吉・四天王寺社へ御幸

この年の九月二十五日から一週間ほどを費やして、女院は石清水社、住吉社、四天王寺への御幸を敢行している。九月二日の『小右記』を見ると、女院や女房・公卿・殿上人の乗る船および饗・屯食・仮屋などの奉仕を播磨・美作・紀伊国以下の諸国司に命

石山御幸（道長の様子）

じている。

美作国が担当して出立の五日前に完成した公卿の乗る船は屋根が檜皮葺であり、関わった工匠らには禄が与えられた。そして翌日には、船の障子（今日の襖）に身人部信武《みとべののぶたけ》が絵を描いている（『小右記』）。『左経記』によると、出立の前日（二十四日）に関白頼通が、それぞれの社寺で行う経供養の講師や別当らには織物、その他の所司・神人には疋絹を禄として与えるように計らっているが、それは「故東三条院」の例に倣うとしている。

例とした一条天皇生母の東三条院（藤原詮子）が石清水社、住吉社、四天王寺に御幸したのは長保二年（一〇〇〇）三月二十日のことであった（『御堂関白記』）。また『左経記』に「また遊女など定め賜うか」とあるが、船で寄ってきたり、召したりした遊女に与える被物《かずけもの》のことである。詮子の時にもそれが見られた（『日本紀略』長保二年三月二十六日条）。

女院彰子の参詣当日の『小右記』の冒頭には次のようにある。

> 今日、女院、八幡・住吉・天王寺に参り給う。多く遊楽のためか。万人経営す。世以て奇となす。扈従《こしょう》（供奉人）の上下の狩衣装束、色々の折花、唐綾羅《りょうら》、或は五六重、その襖《あお》の鏽《ぬい》は二倍《ふたえ》文の織

物、下衣《したのきぬ》等は何襲《いくかさね》かを知らず。随身の装束、憲法を憚らず、王威を忽《ゆるが》せにするに似たり。天下の人、上下愁歎す。御船の荘厳、唐錦等を張る事、敢えて云うべからず。狂乱の極、已に今度《このたび》にあるか。

右大臣藤原実資は娘と中御門大路と室町小路の交叉する辺りで行列を見物している。奉幣なのにまるで遊楽のようで、多くの人を巻き込み、身分を超えたきらびやかな衣装、御船の荘厳さは狂乱の極みだ、と手厳しい。彰子に対して好意的な実資であるが、この時はよほど目にあまるものがあったのであろう。

身分ごとに着したそれぞれの衣装、行列次第など簡単に記しているが、御幸の動向は『左経記』ともども断片的である。その点『栄花物語』（巻第三十一）は行程をはじめ具体的な描写が見られるので、それによってみておくことにしよう。

昼の出立である。行列の先頭に御幣を仰々しく捧げ持ち、見物人は嬉しくなって一心に見つめている。大勢のお供の者たちは誰もがまばゆい装束を身に着けている。女院は讃岐守源頼国が用意した車に乗り、そこには十人の召次《めしつぎ》（院の下級役人）が付き添っている。女院の車の前後には尼、乳母、女房らが乗った数両の車が従った。関白は唐車でお供をしている。

「賀茂の河尻」（賀茂川と葛野川が合流して淀川となるあたり）で船に乗り替えている。女院の唐破風の屋根の船は丹波守源章任《あきとう》の奉仕によるもので、舳先《へさき》に「鏡、沈、紫檀」などで飾った駒形を立てていた。次々の女房たちの船も、他のに負けまいと趣向を凝らしてあった。

夜の九時頃に山崎に着いて食事を摂った後、鳥居のところで御車に乗って石清水社に詣られた。殿上人が手に松明を燈して車に付き添った。まず御祓いをし、御幣を奉り、舞楽が行われた。日が替わる明け方に明尊《みょうそん》僧都を導師として経供養があり、そののち船に戻った。

淀川を下る間、川面が狭く思われるほど多くの船があり、三島江を通過する時に勅使として藤原資房、東宮使として藤原良頼が参上した。このことは『小右記』『左経記』にも見え、資房については「石清水より帰洛の間、御船に於て御書を奉るべし」とある。その間、船を停めて食事を摂った後に勅使は「御返事《かへりごと》を給」って帰参したが、東宮使は「御返事」がないということでお供に同行した。

さらに淀川を下り、江口《えぐち》にさしかかった時、遊女たちが傘に月の形を描いたり、螺鈿・蒔絵を施したりして各人が工夫を凝らして参上した。唄う声に、蘆辺へ打ち寄せる波音が加わって、口では言い表せないほどであったという。江口は遊女の里として知られ、淀川が支流の神崎川と分岐するところにあった。

二十七日には摂津国を過ぎ、翌二十八日には住吉社に着いている。関白頼通、内大臣教通兄弟らは馬に乗り、素晴らしい装束を身に着けて女院のお供をした。奏楽のなか御祓いをして参詣した。紀伊守源良宗《よしむね》が見事な仮屋を用意していた。これは『小右記』の「紀伊国司仮屋五宇鋪設装束」（九月二日条）に見合うものである。御幣を奉納し、定基僧都を講師として経供養を行っている。その間に勅使として源定良が船で参上した。日記では二十七日のこととし、東宮使も駆けつけたとする（『小右記』

『左経記』)。

事が終わってそのまま天王寺に参詣した。一行の様子は都を離れて人目もはばからぬ旅装ゆえ、言うにいわれぬ風情、馬の様子も、波打際《なみうちぎわ》を踏む様子も格別に見える。土地の人々が隙間もないほど埋めつくして見物している。こういった行列を見る都の人ですら混雑するのだから無理もない。地元の人の住まいには蘆で葺いた屋根、柴の扉といった粗末な家の描写も見られる。

午後六時ごろに西の大門に車を止めて、水平線の彼方に沈んでいく西日を拝んでいる。当時は天王寺まで難波の海が迫っていたのであり、その彼方に極楽があると信じられ、天王寺(四天王寺)の西門で日想観《にっそうかん》(観無量寿経に説くところの西に日が沈むのを見て極楽浄土を想念すること)を行ったのであり、今日もその信仰がある(四天王寺をはじめ同じ天王寺区の一心寺など)。そこで教円僧都を講師として経供養が行われている。

二十九日に還御のついでに「亀井の水」(天王寺内にある霊泉)に立ち寄って、女院は次の一首を詠んでいる(『新古今和歌集』巻第二十)。

濁りなき亀井の水をむすび上げて心の塵をすすぎつるかな
(清らかに澄む亀井の水をすくいあげて、心の汚れを洗い落としたことよ)

その後に難波で御祓を行い、船に乗って河尻(神崎川の河口)に着いた。翌日の十月一日の昼に雨が降って雷が鳴ったのを、「これは神の喜ばせたまふ」と言う人が多くいたという。

翌二日、天の河（今日の大阪府枚方市禁野）という所に留まって遊女を召して物などを与え、同行の人々には着衣を脱いで与えた。日が暮れる頃から「住吉の道に述懐」という歌題で歌会を催しており、その歌序を権中納言源師房《もろふさ》（二十二歳、村上天皇の孫で関白の養子）が認《したた》めている。

そこには女院のことを「母儀仙院」と記しており、その女院が住吉の霊社を巡礼して、関白をはじめ多くの公卿・殿上人が華やかな装飾を施した船で、あるいは金玉で飾った車で供奉した。世の中がうまく治まっていることによって、この秋の暮に宿願を果たしたのである。難波に向かえば帰ることを忘れるほどで、古くから褒めたたえる歌に多く詠まれている。

長柄（今日の大阪の淀川河口付近）を過ぎるころ興を催し、酔いに乗じて各人が歌を詠んだ。最初に関白頼通が「君が世は長柄の橋のはじめより神さびにける住吉の松」、と彰子の寿命の長からんことを寿《ことほ》ぎ、内大臣教通が続く。ついで伊勢大輔、弁の乳母、小弁、兵衛の内侍といった彰子の女房たちが詠んでいる。弁の乳母といえば藤原宣孝と紫式部との間に生まれた賢子のことで、彰子へ出仕したことなどについてはすでに述べた。

三日の午前二時ごろに賀茂河尻で船を下り、都を目指して夜明けごろに着いている。『小右記』には「早旦、女院還御と云々」（十月三日条）とある。道々の家の人たちは目を覚まし、出立のおりの華やかな様子を忘れがたく思っていたので、門を開けて大騒ぎして見物している。寝起きの顔や衣を裏返しに着たまま眺めていた人もいたという。

こうして八日間におよんだ女院の社寺参詣は無事に終わったのである。これに同行した人たち、かかった経費、通過国の国守の働きなどは、計り知れないものであったろう。

ところで、この初代二人の女院の石清水・住吉社への参詣の意義について、東三条院のそれは対外的な危機意識（長徳三年の高麗国の侵攻）のなかで一条天皇の治世を維持するために天皇家の家父長的な存在である東三条院が行ったのであり、上東門院のそれも同根とみる説がある（八馬朱代「東三条院と上東門院の石清水八幡宮・住吉社行啓についての試論」）。そして上東門院の対外的な事例として、すでに取り上げた寛仁三年の刀伊国賊侵入事件を挙げる。女院が対外的な危機をどれほど認識していたかはともかくとして、彰子にとっての摂関家の安泰、ひいては御堂流（道長の一流）からの天皇の永続性を願っていたことは否めない。

自筆写経の奉納

この御幸の翌月、女院は自筆の写経を比叡山横川の慈覚大師の如法堂に奉納しており、それに願文があったことは『東寺王代記』（『続群書類従』巻第八百五十六所収）の「長元四年閏（マヽ）十月二十七日、上東門院、如法経を書き横川の如法堂に納め奉る。仮名の御願文あり」からも知られる。その願文が『門葉記』（青蓮院門跡尊円法親王〔一二九八〜一三五六〕編）に収められているので全文を以下に記しておこう（『大日本史料』第二編之三十一所収。漢字・片仮名文であるが、読み易いよう仮名書きとし適宜漢字に改めた）。

女院御願文案 上東門院、正文在、

法花経一部八巻、如法に書き奉りて、横川の慈覚大師の如法堂に納め奉る。此の世の紙墨して書き、あだなる構へして、納め奉れば、浅き人の目には、朽ち損なはれ給ふと見る時ありとも、実相の理は常住にして朽ちせず、諸々の功徳を備へたるものなり。わが願い心ざし清くかたければ、おのづから此の道理にかなふらむ。これによりて、わが此の経は微妙《みみょう》の七宝に勝れたる経巻となりて、七宝の塔の内にましましまして、弥勒の世まで伝へ置きて、釈迦の御法失せなむ時にも、此の経はましまして、人をわたさせ奉らむ。弥勒の世に出で給へらむ時に、此の経よせて、人をわたさせ奉らむ。弥勒はまたの仏につけ奉りて世々に絶えず、人をわたさせ奉らむ。また此の功徳によりて、我が国の君たひらかに、民やすらかならむ。また法界衆生を普くわたさむ。われ後の世に三界を出て、必ず極楽浄土に生まれて、菩提の道を修して、疾く仏になりて、衆生をわたさむ。また浄土に生まれて後には、此の経によせて人をわたさむ。弥勒の世にもみづから逢ひて、此の経をもちて人をわたさむ。また此の経を納め奉る事は、慈覚大師の如法経の誓いに、心ざしを同うせんとなり。此の思ひによりて、世々に大師と互ひに善知識となりて、仏事をたすけ、衆生をわたす身とならむ。かかる深き誠を釈迦・多宝・弥陀・普賢・文殊・観音・勢至・十万三宝、ともに照らし給ひて、わが願必ず見て給へ。

長元四年十月二十七日　　　　　　　　　　　　　菩薩比丘尼

此の御願文・御筆の如法経、また御経筐に加え納め了んぬ、と云々。

女院彰子が自ら書写した法華経八巻を横川の如法堂すなわち慈覚大師の如法経の傍らに納置したことがすべてを語っている。つまりは慈覚大師の如法経供養と同じ志によるものであり、大師の本願によって結縁を得ることを願ってのことであった。写経の功徳は微妙で広大であり、七宝の塔の内に納め弥勒下生の世まで経巻を伝え、釈迦の教えが失せた後も、この経が人を仏の世界に渡らせる。この功徳によって、わが国の君主および人民の平安を願っている。そして、後世は俗界を出でて極楽浄土の世界に生まれかわり、修道して仏になって衆生のために力を尽くしたい、と誓っている。

ところで女院が法華経を筆写したのは新造の東北院においてであろう。それを納めたのが比叡山横川の慈覚大師ゆかりの如法堂という。

比叡山の北塔、つまり横川を開いた慈覚大師（円仁、七九四〜八六四）は、九世紀前半に書写した法華経を供養して木造の小塔（轆轤《ろくろ》塔）内に安置し、これを本尊とする草庵（後の首楞厳院《しゅりょうごんいん》、根本如法堂）を建てた。その後、塔を中心に堂の改修や造仏ほか種々の整備が進められ、恵心僧都（源信、九四二〜一〇一七）ら名僧の輩出がそれに拍車をかけた。そして十一世紀前半あたりから慈覚大師の遺徳をしのぶ写経や納経が如法堂でしばしば行われ、上東門院も如法写経にあやかって法華経八巻をこの如法塔に奉納したのである。

長元四年（一〇三一）には横川の住僧の覚超《かくちょう》が新たに銅製の筒を鋳造して慈覚大師ゆかりの如法経を収納し、土中に埋めて供養した。この銅筒に関して「爰《ここ》に禅定国母、深重の願を発し、如法書写法花経一部を安置し奉り、是れ則ち大師の本願に結縁奉らんが為なり。仍りて此の事（堂塔の破損による写経の損傷に備えての銅筒の鋳造という僧らの僉議《せんぎ》）を聞《きこ》し食《め》し、即ち僧の願を助け、此の筒を設けしめ畢《おわ》んぬ」とあるが、禅定国母こと女院彰子が、造銅筒の援助をしたことが知られる。

時代は下って大正十二年（一九二三）、如法堂跡に如法塔を建立する際に、地下から経筒、経箱などが多量に出土したのである（「慈覚大師如法経事」「如法堂銅筒記」〔いずれも長元四年八月四日付〕『叡岳要記』上〔『群書類従』巻第四百三十九所収〕、西岡虎之助「上東門院藤原彰子の仮名願文」『延暦寺』「図版解説 寺宝」〈清水善三〉）。

その一つ、こんにち延暦寺が所蔵する「金銀鍍宝相華文経箱《きんぎんとほうそうげもん》」（長さ二十九センチ、幅十一、八センチ、高さ八センチ。国宝）は長元四年の自筆経を入れたものである。蓋の上面には「妙法蓮華経」と刻まれ、周囲に宝相華文が描かれ、女院の経箱にふさわしく繊細優美であるという（京都国立博物館編『藤原道長――極めた栄華・願った浄土』「金銀鍍宝相華文経箱」〈宮川禎一〉）。

土御門殿の火事

「暁卯の時、上東門院御所、京極第に火事あり。仍りて法成寺の新堂に遷る」（『日本紀略』十二月三日条）とあるように、社寺参詣から還御して二カ月後、居所としていた土御門殿が火事に遭っている。この時点では土御門殿は上東門第とか京極殿と呼ばれることが多い。女院は法成寺の東北院に難を避け、火は二時間ほどで収まっている。駆けつけた参議源経頼は、陰陽師を召して女院の遷御すべき居所を問うたところ高陽院と出た（『左経記』）。そして一週間後の夜に女院は高陽院の西の対に渡御している（『左経記』十二月十一日条）。

上東門院菊合

この年の十月十八日、女院彰子は関白頼通の後見のもと、菊を歌題とした十番の歌合を催した。その舞台が土御門殿ではなく高陽院であったのは、先に述べたように前年の十二月に土御門殿が焼失したため、女院が高陽院を御所としており、関白頼通は白河第を御在所としていたことによる。

この歌合、『上東門院彰子菊合』は仮名日記と歌から成り、散逸、異同があって不明な点が多いが(萩谷朴『平安朝歌合大成』三、『新編国歌大観』第五巻)、近年になって出現した写本(とりわけ日記の前半の断簡部分が明らかになった)を萩谷朴氏が翻刻され、詳しい注釈を発表された。それに導かれながら見ておくことにする(「『上東門院菊合』の研究」)。

法成寺での格別に素晴らしかった法事が済んで女院は縁先の方を眺めている。退出した女房もおり十数人が侍っている。

御本尊の前庭の菊を植え、女房の方を左右に分けて、趣向を凝らして競い合って植えた花の色どりは、どちらが良い悪いとも分け難い中でも、左方は、一本ずつ植えた大輪の菊がとてもいいし、右方は、沢山群生させた白い菊がすっかり紅葉に色づいているのを鑑賞して、現在、御前にはべっている女房たちだけで、此方・彼方と寄り集まって、ふと心に浮かぶままに詠み上げた歌を色紙に書いて、「そのままにしとくよりは、先に帰った人たちも入れて、菊を植えた人たちみんなに見せたいわね」……

ここに引用したところは新たに見つかった写本によって知られる部分であり、これ以降の日記部分はすでに知られている。

このように言いあっているところへ春宮大夫の藤原頼宗《よりむね》（女院の異母弟）が顔を出し、左方の歌は頭弁藤原経任《つねとう》、右方の歌は頭中将源隆国《たかくに》にそれぞれ渡した。そして関白が今明日は物忌なので、それが明けた時に関白の参上も得て女院の御前で催しては、との頼宗の提案に従って行うことになったのである。蔵人頭が和歌の色紙を持ち帰るのを見て、詠んだ女房たちは、人と見比べられ恥ずかしいことも起きるのでは、と心配しながら車に乗って高陽院へと向かった。月光が隈なく照らし夜更けの光景も趣深く、牛車の簾を巻き上げ道みち眺めながら進むと、乗馬の殿上人が追い越していく。どこからともなく笛の音が聞こえてくる。

翌々日の物忌が明けた夕刻、高陽院に参上してきた関白頼通に対して、女院が「とりとめもない些細なことを、思いもかけず、大ごとに取り計らって戴き、きまりが悪いこと」と申すと、「昨夕になって知ったことですが、まことに結構なことと皆で言いあっていたのです、盛会になりますよ」と関白。「歌を合わせるとなると思いもよらぬことがあるかもしれませんね」と女院。

そして西の対の東面の広簀子に上達部をはじめとして左右に分かれて座を占めた。左右各四名の公卿名が記され、関白は何れ方に坐るかと見ていたが、左方に贔屓の素振りであったが、「ただ、中に侍《さぶら》はむ」と言って中ほどに坐られた。

歌人として参加しているのは女院に出仕する女房たちであり、左方は伊勢大輔を、右方は弁の乳母

(紫式部の娘、賢子)を頭として左右に分かれ、二十首の和歌を詠進している。公卿・殿上人は方人《かたうど》(贔屓する人、いうなれば応援団)として加わっている。

なお、萩谷氏はこの日記の作者を「寛弘四年春、中宮彰子に出仕して以来、長元五年十月まで約二十五年の長きに亙って、終始上東門院に近侍した最古参の女房である上に、女流歌人としても、大中臣家累代の名誉のみならず、若くして夙に『後十五番歌合』に清少納言と番《つが》われたほど、名実兼ね備わった第一人者として……」をはじめ多くの理由を挙げて、伊勢大輔と推定している。

その女性は、伊勢神宮の祭主をつとめた神祇伯大中臣輔親《おおなかとみのすけちか》の娘で、祖父は梨壺の五人(『後撰和歌集』の撰者)の一人大中臣能宣《よしのぶ》である。伊勢大輔は百人一首に採られている、

いにしへの奈良の都の八重桜けふ九重ににほひぬるかな

の歌で知られる歌人である。この詠歌は、大和の扶公《ふこう》僧都から中宮彰子に献上された桜の受け取り役を、紫式部から新参の伊勢大輔に譲られた時、とっさに詠んで歌才を認められた、いわくつきの一首である(『詞花和歌集』巻第一、『伊勢大輔集』〈『新編国歌大観』第三巻〉)。伊勢大輔も彰子サロンが誇る女房の一人であったことは先に述べた。

なお三年後の長元八年(一〇三五)五月十六日には同じ高陽院において関白頼通主催の歌合が行われている。前月の末日から始まった法華三十講(『左経記』長元八年四月三十日条)の間のことで、赤染

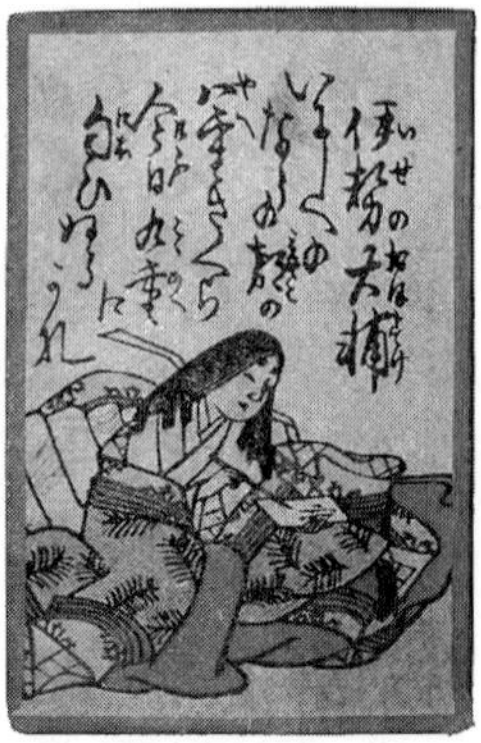

伊勢大輔

衛門が最多の五首ほどを寄せるなど華やかなものであった（『左経記』長元八年五月十六日条、『栄花物語』巻第三十二、「長元八年五月十六日関白左大臣頼通歌合」〔萩谷朴『平安朝歌合大成』三〕）。

十一月には五節童女《ごせちのわらわ》（五節の舞姫に二人ずつ付き従う童女）・下仕御覧が催され、童女の装束は女院が調《ととの》え、下仕のそれは東宮が調えているが、それらは比類ないほどに鮮明であったという（『小右記』十一月二十三日条）。年末には女院は高陽院から前大宰大弐の藤原惟憲宅に遷っている（『小右記』十二月十九日条）。

藤原惟憲といえば先にみたように長和五年の土御門殿焼失の火元となり、土御門殿再建の責任者となった道長家司であり、その邸宅は土御門殿の西に所在した。惟憲宅も再建しており、女院が渡御したのはこの邸宅であろう。

母倫子の七十の賀

長元六年（一〇三三）の秋、女院は一年八カ月ぶりに新造の土御門殿に還御しており（『日本紀略』八月十九日条）、この三カ月前に近江守源行任《ゆきとう》宅に移っているが（『日本紀略』五月十日条）、これは土御門殿への遷御に備えてのことであろう。その前の居所は詳らかではないが、高陽院か法成寺であろう。

十一月二十八日、関白頼通が中心となり高陽院において母の七十歳の祝賀が行われ、女院が御幸、童舞が行われた（『日本紀略』）。なお『御賀部類記』所引の『小右記』には女院が主催したようにあり、前夜に母と女院が高陽院に渡ったとある（前掲『栄花物語』巻第三十二の頭注）。『栄花物語』には、女院は暁に、中宮威子は昼に内裏を出立したとある。

内大臣教通、権大納言頼宗・能信ら女院の兄弟が供奉し、高陽院に到着のおりの笛や太鼓の奏楽は、いつも目にするものとはちがい素晴らしいものであった。母の倫子はこれまで何度となく行幸や行啓を見ているけれど今日は感涙を流したという。童舞はとても可愛く、幼くて無邪気な年齢にも拘らず唐楽の舞にうっとりしている。女院の女房は薄紫の袿の上に紫の唐衣を身に着け、女院とともに出家した女房には尼の装束を着けさせたのも、身に沁みて素晴らしく見えたという（『栄花物語』巻第三十二、『今鏡』すべらぎの上）。

女院御所へ朝覲行幸　年が明け長元七年（一〇三四）を迎えた。その年の元日の節会などは例年のとおりである。

年返りぬれば、一日の有様など、例のことなり。院には、行幸、行啓などいとめでたく待ちつけたてまつらせたまひて、まづ、御輿《みこし》寄せぬほども、曇りなき御前《おまへ》に長々と陣ひきて、中門に御輿寄せて渡殿より入らせたまふほど、いとめでたし。頭《とう》、御剣《みはかし》とりて内侍に伝ふ。内の女房かねて参りゐて、御饌《おもの》まゐりなど例の儀式なり。拝したてまつらせたまふほどなど、見る人、つねのことなれど、涙こぼれて、めでたくいみじ。女房えもいはず装束きて、おしこりてさぶらふ。打出《うちい》づること

はなし。中宮には大饗ありて、拝礼などいとめでたし。（『栄花物語』巻第三十二）

行幸、行啓があったのは五日のことであった（『日本紀略』）。皇子の天皇と東宮を待ちうける女院の喜びが記され、きれいにされた庭には警固の陣が敷かれ、中門（前年八月に渡御した新造の土御門殿か）に御輿を着けて渡殿から入御された。御膳が配されるなど仕来りどおりである。後一条天皇が女院に拝礼する様子など、見る人は恒例のこととはいえ涙がこぼれ、感に堪えぬことである。女院の女房たちは、美しく着飾ってひと所に固まって伺候し出衣《いだしぎぬ》はしていない。中宮威子の方では大饗を催し、拝礼などがあって申しぶんがない。出家した女院と中宮大饗の華やかさが対照的である。彰子への恒例の正月の行幸、行啓は、見る者に、女院となっても母后の権威が健在であることを見せつけたことであろう。

高陽院の経供養に参列

七月には女院が法成寺に渡られて盂蘭盆経講に参列している（『左経記』七月十五日条）。

その二カ月後、女院の母の倫子が重い病に陥り、女院や中宮が渡御し、翌日も渡られたが「御心地すでに宜し」ということで女院は還御している（『左経記』九月十七～十九日条）。この二日後の夜、倫子が女院と関白頼通の高陽院に渡っているところをみると（『左経記』九月二十一日条）、さほどの病ではなかったようである。それは二日後に控えた高陽院における一切経供養（数日間挙行）に備えての行動であった。

二日前に源経頼が参上してみると、多くの公卿が来ており、寝殿の飾りつけが済み、新造の等身の釈迦如来像、十大弟子像などが安置され、五千巻あまりの経巻が百僧の花机の上に分け置かれていた。当日のこと、供養の儀が順調に進み、女院については「次いで内並びに女院・中宮、本処所々等御誦経」とある。そして供養が終わって僧たちが退下した後に女院は還御している。なお女院は御誦経料として三百段を給っている（『左経記』九月二十三・二十五日条）。

この前後のことと推定される、女院が高陽院に渡御する話が『栄花物語』（巻第三十二）に見える。

院の、高陽院に渡らせたまひておはします。殿の上に御対面などあり。殿の御前は、いかならんけうらをつくしてもご覧ぜさせむと思しめしたり。泉の上の渡殿に、四条の中納言参りたまへるに、出羽弁対面したるに、殿、内より御火取持ちておはしまして、空薫物《そらだきもの》せさせたまひて、添ひおはします。

女院は高陽院において殿の上、つまり関白頼通の妻の隆姫女王と対面された。女院を迎えるにあたって、関白は最高の善美を尽くしてお目にかけたいと思っていた、とあるが具体的なことは記されていない。渡殿では藤原定頼（公任の子）と出羽の弁が対面し、そこへ関白が香炉をもって香を燻《くゆ》らせながらやってきた。長閑な光景である。

恒例化した
朝覲行幸

長元八年（一〇三五）が明けた元日に公卿以下六位以上のものが関白の堀河第に参って南庭において拝礼、関白が答拝している。その後、関白以下が女院御所に参上して拝礼を行い、その後に参内している。しかし内裏での小朝拝は雨のためやめている（『左経記』正月一日条）。この上東門院の拝礼を院政期の院拝礼の先例と見なす説もある（前掲、樋口健太郎「院政の成立と摂関家——上東門院・白河院の連続性に着目して」）。

この翌日に女院への朝覲行幸が見られた。この時期、天皇にとって朝覲行幸の対象となるのは女院だけであり、このところ恒例となっている。十日前の『左経記』に「正月二日、上東門院行幸あるべきなり。年来、公卿以下の饗、本院儲けらる、と云々。而るに明年より故東三条院の例に准じ、永く諸司をして件の饗を調え備えしむべきの由、宣旨あり」とあって（長元七年十二月二十一日条）、これまで当日の公卿らの饗は女院の方で儲けていたが、今後は東三条院詮子の例に倣って諸司が儲けるべし、との宣旨が出されている。そして公卿は内蔵寮、殿上人所衆は穀倉院以下と取り決めている。

当日は雨が降っており、しばらく待っていたら晴れたので午後四時ごろに出御となった。東宮も行啓している。女院は土御門殿におられたのであろう。天皇と東宮は御簾ごしに女院に拝舞した。関白以下が南廂の座に着いて勧盃、饗があったが、ここでも昨年の宣旨で所々の饗は今後、永く諸司が儲けるように、と記している。夜十一時頃に終わって天皇は寝殿の南階から御輿で、東宮は西の対の南から御車で、それぞれ還御された（『左経記』正月二日条）。

法華八講を修す

女院は法華八講を三月二十五日に始めている。場所はおそらく土御門殿であろう。寝殿を御堂としており、関白以下の公卿、殿上人が饗の座（西の対の南廂と西廊など）に着いて盃酌の後、鐘を合図に南縁座に着し、諸僧らが寝殿の南庭を経て入堂している。これは二日目のことであるが、初日には、諸僧らは東の対の南廂から西の渡殿を経て寝殿の南簀子から入堂している。朝座、夕座の講師や儀式の動きは省略に委ねるが、三日目の記事には、頭弁が天皇からの捧げものを、院別当が女院の捧げものを持って立ち、関白以下の公卿、殿上人らは各々捧げものを持って立ったという。ちなみに天皇の捧げものは砂金百両、女院のそれは砂金五十両であった。この八講は二十八日をもって終わった（『左経記』三月二十五日〜二十八日条、三月は二十八日の記事で終わっている）。なお『日本紀略』の初日の記事に「三尺銀阿弥陀仏像」を供養したとある。

この二カ月後の夜に女院が内裏より退出し、翌日に東宮敦良親王が女院御所の土御門殿へ出御したという記事が見えるが（『左経記』五月二十五日条）、女院が参内した日時ははっきりしないし、東宮が翌日に土御門殿に渡ったことを示す記事も見あたらない。東宮が内裏から女院の所へ行啓したことが知られるのは四カ月後のことである（『日本紀略』九月二十七日条）。

この年の賀茂臨時祭は十一月二十九日に挙行された。関白の子の藤原通房《みちふさ》（十一歳）が初めて舞人をつとめるというので、女院は法成寺の東門の北に設けられた桟敷から見物している（『日本紀略』）。

この通房（一〇二五〜四四）は源憲定（村上天皇の孫）の娘を母とする頼通の妾妻の子である。頼通の正妻の隆姫女王は九十三歳の長命を保ったが子がなかった。そういうこともあってか、通房が誕生した時には道長・頼通父子は心底喜んだという（『左経記』万寿二年正月十日条）。初めての子、それも男子であったからそうであろう。舞人をつとめた二年後に従三位非参議、その二年後に権中納言、三年後に権大納言と異例の昇進をするが、二年後に二十歳で他界してしまう。

なお、頼通は別の妾妻である藤原祇子（村上天皇の曾孫）との間にも数名の子を儲けている。その一人、俊綱（一〇二八〜九四）は橘俊遠の養子となって橘姓を称したが、知られるのは摂関を継いだ師実（一〇四二〜一一〇一）と太皇太后となった寛子（一〇三六〜一一二七）である。ちなみに祇子の父は藤原頼成と見なされ、具平親王の子として生まれたが、藤原伊祐の養子となった。母は道長の家司としてならした、これまでにも登場している藤原惟憲の娘である。そういう関係から祇子は倫子に仕えていて、頼通と結ばれることになったようである（角田文衛「関白師実の母」）。

天皇を見舞う

長元九年（一〇三六）春の終わりごろから後一条天皇は体調を崩しており（『扶桑略記』三月条）、案じた母の女院は早速、内裏に駆けつけている（『日本紀略』四月六日条）。この年の賀茂祭を中止し、伊勢大神宮以下の諸社に病気平癒の祈願を行わせている（『日本紀略』四月十三日条）。しかし、その効なしく女院が駆けつけた十一日後に彼岸へ旅立っている。

その間、女院が内裏を離れた形跡はなく、見守っていたのであろう。天皇は四月中ごろから毎日気を失う状態で、女院や中宮（威子）は泣いてばかりいたという（『栄花物語』巻第三十三）。

6　後朱雀天皇時代

後一条天皇崩御

後一条天皇は四月十七日、清涼殿の昼御座において在位のまま二十九歳で崩御した。天皇の納棺・葬送・服喪などについては源経頼（参議右大弁）の『左経記』（『類聚雑例』四・五月条）に詳しく、関説する研究も多いが、ここでは女院が関わる部分について述べるに止めておく（詳しくは前掲、朧谷『平安王朝の葬送』参照）。

『日本紀略』十七日条には「子の刻、諸卿近衛、璽劔を以て皇太子の昭陽舎に奉る。遺詔あるに依り、暫し喪事を秘し、如在之儀を以て今日、皇太弟（割注略す）に譲位す」とあり、崩御の四時間後には劔璽をはじめ大床子などの調度を新帝のところへ運んでいる。ここで崩御を伏せて「如在之儀」つまり譲位の形をとっているので、遺体を禁中（清涼殿）から出すのは憚られるので他所からということになった。その遷座所については、やりとりのすえ、一条院もしくは法成寺の何れか、ということになった。

崩御五日後の『左経記』には、関白頼通が女院に呼ばれて弘徽殿に参上した時、天皇のご遺体は上東門院（土御門殿）に遷すようにとの女院宣旨をうけている。かくして女院の意向で遷座所が土御門殿と決まり、この邸の東の対を「殯殿」としている。真夜中になって、棺を清涼殿の夜御殿から土御門殿の東の対に遷している。そして四日後の二十六日に女院は内裏から土御門殿の西の対に出御している。

葬送は五月十九日に挙行された。土御門殿の東北の門を出て東へ、法成寺の北を通って鴨川の西堤を南へ三町ほど行った勘解由小路末《かげゆこうじすえ》で川原を渡り、神楽岡《かぐらおか》の南路を東へ進んで山作所《やまづくりしょ》（火葬所）に至っている。その場所は神楽岡東面の浄土寺西原とあり（『日本紀略』）、ここで荼毘に付され、遺骨は近隣の浄土寺に安置された。

それから二カ月ほどして、天皇が崩御して日が経ち、何か修善奉恩をということになり、紺紙に金泥で法華経を書写し殯殿に奉納して供養している。そして、この噂を耳にした大納言以下の人たちが阿弥陀経、阿弥陀三尊図絵などを加えている（『左経記』七月二十六日条）。

いっぽう女院彰子は誦経料として絹五十疋を提供しており、また土御門殿において三十日におよぶ法華三十講を修している（『左経記』七月二十六日条）。

なお一年後のことであるが、女院はこの天皇の墓所に菩提樹院を供養している（『百錬抄』長暦元年六月二日条）。

悲しみの中の女院

後一条天皇の崩御日に譲位の形をとって践祚した皇太弟の敦良親王（後朱雀天皇）は年子ゆえ二十八歳。女院の目には二人の天皇がどのように映ったのであろうか。二十九歳という若さで先立たれ、悶々とした日々を送る女院は心の内を次のように吐露している（『千載和歌集』巻第九）。

後一条院かくれさせ給うての年、郭公《ほととぎす》の鳴きけるに
よませ給うける　　上東門院
ひと声も君につげなん郭公このさみだれは闇にまどふと
（一声なりとも我が君に告げてほしい郭公よ、この五月雨時、私が親子の愛執の闇に惑っていると）

郭公は冥土とこの世を行き来する鳥で、鬱々とした五月雨の季節にやってくる。鳴き声で暗い思いを刺激する歌材として用いられるとのこと。五月雨は涙を暗示し、涙にくれる老母（四十九歳）の嘆きの歌である。

はかなくて御法事なども過ぎぬれど、御心どもは晴れ間なくて明かし暮させたまふ。斎院はおりさせたまひにしかば、中宮におはします。今年ぞ八つにならせたまひける。御髪《みぐし》は膕《よほろ》ばかりにて、黒き御姿いみじうあはれなり。一品宮は、十一におはします。御髪、御丈にただすこしぞ足らせたまはざりける。女院見たてまつらせたまはんと聞えさせたまへば、八月つごもり方に渡らせたまふ。黒き御単襲《ひとえがさね》に黒き御小袿奉りて、二所《ふたところ》ながらおはします。（『栄花物語』巻第三十三）

中宮威子は、甥であり夫の後一条天皇より九歳年長のゆえか嫉妬深く、他の女性を近づけず、天皇には唯一の后妃であり、その間に二人の皇女が生れている。「斎院は下りさせ」給うた馨子内親王

（八歳）と姉の「一品宮」章子内親王（十一歳）である。馨子内親王は父の天皇代の時に三歳で賀茂の斎院となり、父の崩御で退下している。

亡き天皇の四十九日も過ぎたというのに、誰もが心の晴れることもなく、うち過ごしている。退下した馨子内親王は母の中宮のもと（鷹司殿）で過している。八月の終わりに女院から孫にあたる二人の皇女に会いたいと言ってきた。二人は黒い喪服の単《ひとえ》を数枚重ねた上に黒い小袿を着て、心労で寝込んでいた威子が、起き上がって娘たちを見上げる。出家を思い立った中宮は二人の皇女の将来を案じている。「一品宮はやがて院におはしますべく」、つまり章子内親王は土御門殿で女院に養育して欲しいという中宮の考えであり、馨子内親王を托す人がいないことを中宮は心苦しく思うのであった。

二人の孫娘の来訪を迎え待つ女院は、二人が亡き天皇を思い起こす機縁となって一段と涙にくれるのであった。女院と孫との対面の具体的な描写はないが、「三四日ばかりありて、帰り渡らせたまひぬ」とある。三、四日ほど滞在して、土御門殿をあとにしているが、中宮のもとへ帰ったのは馨子内親王一人であろう。姉の章子内親王がそのまま祖母のもとに留まったことは、中宮崩御直後の「一品宮は女院におはしますべければ」の一文から知られる。しかし、「十月二十一日、宮々は院に渡したてまつりたまひつ」とあるから、忌明けには二人は女院のもとへ引き取られたのである（先掲の『栄花物語』頭注には「威子の四十九日は十月二十日（『山槐記』）」とある）。

中宮威子の崩御

やがて中宮は疱瘡を患い、その苦しさのゆえに出家して二日後の九月六日に三十八歳で亡くなった。藤壺の中宮と称し、世に大中宮と号したという。園城寺の北の桜本というところで荼毘に付され、木幡の墓地に埋葬されている（『大鏡』裏書、『扶桑略記』『百錬抄』同日条）。
幾日か過ぎて落ちついてくると、哀しさがまさってくる。「女院いみじうあはれなることをいとど思しめし『わが命長きこそ恥づかしけれ。宮は心にまかせたるやうにこそものしたまひけれ。かくたちおくれたてまつりて、一日にてもあらんとおもひけんや』と思しのたまはす」。すなわち女院は、中宮の死が身にしみて悲哀を感じ、十一歳も年長の自分が生きながらえているのを恥ずかしく思っている。それもわずか五カ月の間に子の天皇とその中宮である妹を亡くしたのであるから、その悲しみは計り知れない。

土御門殿での暮らし

悲しい年が暮れ長暦元年（長元十年、一〇三七）をむかえたが、行事も控え、静かな新年となった。女院彰子は母を失った二人の孫娘を土御門殿に迎え、西の対の南側に章子内親王、北側に馨子内親王を住まわせ、寛いだ日々を送っている。

『平記』（『平行親記』陽明文庫本〈写本〉、「続々群書類従」第五「記録部」所収）長暦元年七月五日条は「申の刻、一宮院に参り給う。御慶を申す為に即ち彼の院を出御するなり」ではじまる。この日の夕刻、後朱雀天皇皇子の親仁親王（のちの後冷泉天皇）が祖母の女院に「御慶」を申すために土御門殿へ参上したのである。建春門を出てしばらく行ったところで前駈、殿上人、諸大夫と行列を整え、関白頼通と同車した親王の車が続く。陽明門を出て大宮大路を北行し、土御門大路を東へ進んで中門から邸内に入った。親王は西の対の東南の階から昇り、女院のいる寝殿に進み、対面を果たしている。

この御慶とは、記述の三日前の七月二日に内裏において行われた元服に対するもので、『平記』に詳しく、女院が献物など何かと世話をやいている。時に十三歳の親仁親王は翌月の八月十七日に東宮となっている（『扶桑略記』『百錬抄』）。『栄花物語』（巻第三十四）には、

八月に、内の一宮、御元服せさせたまひて、東宮に立たせたまふ。思ひつることなれど、さしあたりてはいとめでたし。……京極殿の寝殿に、東面には一品宮、北面には院の御前、斎院とおはしまいて、西の対に東宮の御しつらひはしたり。

とある。この時には土御門殿の寝殿の東側に章子内親王、北側に女院と馨子内親王がおり、西の対に東宮の部屋が用意されていたのである。翌月に新東宮は女院の土御門殿に行啓しているが（『平記』九月五日条）、その時のために東宮の部屋として用意されたのが西の対であった。

十月には後朱雀天皇が女院御所に行幸されているが、その場所を高陽院としているから（『平記』十月二十三日条、『栄花物語』巻第三十四）、何かの事情で女院は土御門殿から高陽院に渡っていたのであろう。こんな時、女院の下僚が殺人事件を起こしている。『平記』長暦元年十月二十七日条に次のような記述がみえる。

今日、上東門院主殿所の舎人、女房の局に入り、女房二人を殺傷す一人は少弐命婦。一人は少弐女子件の男犯を成すの後に逃げ去る。中臣有武《なかとみのありたけ》東宮蔵人隆方雑色男なり、河原に於て射留め、之を獲《え》て則ち獄所に下し給う。官人等

その手を切る。翌日死去す、と云々。件の犯す所の根源、故頼定朝臣院に候す。その従者、日ごろ逃げ隠れ、世の称する所、武州件の女を殺すなり。

話はまだ続くが、要は女院の下役人の舎人《とねり》が殺人を犯して逃走し、賀茂河原で捕獲されて獄所に繋がれ、手を切られて死去したという。人間関係はかなり複雑のようであるが、こうした下々のことはいちいち女院の耳にまでは達していないのであろう。

一品宮の裳着と東宮妃

年も押し詰まった十二月十三日、女院御所において一品宮（章子内親王、十二歳）の裳着（女子の成人を表す）が行われ、その夜に妃として東宮（親仁親王、十三歳）のもとへ参上することになった（『平記』『栄花物語』巻第三十四）。関白頼通と女院が急いで事を進め、父の故一条院の在世中にも劣らぬ仕度ぶりである。母の威子が他界しているからなおさらであろう。女院にとっては両人ともに孫ということになる。

一品宮の裳着は寝殿東三間を御在所として行われ、関白頼通が裳着のさいの袴の腰紐を、手ずから結んでいる。続けて『平記』には、

> 次いで参り御《たま》う。寝殿西の二間を以て東宮夜大殿《よるのおとど》となす。御使あり。女房女装束一襲《ひとがさね》を賜う。関白殿候せしめ給う。御沓を懐《いだ》き給う、と云々。殿の御衣を以て之を覆う。三日動かさず。また三日あり。御殿油《おおとのあぶら》を消さず、といえり。

という一文が見られる。寝殿の西側に東宮の夜御殿が設営されていて東宮が渡ってきた。そこへ一品宮が参上するのである。関白頼通は、東宮が履いてきた沓《くつ》をいだく沓抱きの役を担っている。これは婿の足が長くとどまるようにとの願いから行われるものである。

つづいて衾覆《ふすまおお》いの役も行っている。これは男女が帳中（寝所）に入った後で、御衣をかけることである。衾覆人は女の母がつとめることが多いが、すでにこの世にいないので関白がつとめたのであろう。章子内親王の母の威子が後一条天皇に入内した時、その妹の嬉子が東宮敦良親王と結婚した時には、いずれも母の倫子がその役をつとめた（『栄花物語』巻第十六。結婚の具体相については中村義雄『王朝の風俗と文学』参照）。『栄花物語』には東宮と一品宮の行動について以下のように記されている。

二十七日内裏《うち》に入らせたまふ。東宮は梅壺に、一品宮は昔のままに藤壺におはします。藤壺の東《ひがし》面《おもて》は、殿の御宿直所《とのゐどころ》なり。いらせたまひて、梅壺の西面、上の御局にておはします。殿、内の大殿など、出でいらせたまふにも参らせたまふ。御参りのほど三日は、殿おはしまいて、夜は御沓を抱き、御衾まゐらせたまふなど、あはれにこまかに、まことの御親などのやうにあつかひきこえさせたまふも、昔の御事をいみじう思しめすにこそ。

東宮は梅壺、一品宮は藤壺を居所としていた。藤壺の東側は関白の直廬。関白と内大臣教通兄弟は参内や退出には一品宮のところへ参上している。「御参りのほど三日は」以下は、『平記』のいう十三日の土御門殿での一品宮の東宮への参上の様子を述べたものである。

ところで十二月二十七日に東宮と一品宮が内裏に入ったことを傍証するものはほかにないが、『平記』十九日条に「今日、東宮始めて一品宮の御方へ渡り御う。申の刻ばかり渡り御う」とあるのは何を意味するのか。十二月十五日条に東宮からの御使、御餅を供するといった結婚の成立を匂わす言辞がみえ、三日目に結婚成立という通説に従うならば、結婚後はじめて東宮が一品宮のところへ渡って来たとみて、二十七日まで土御門殿にいたと解することもできる。

頼通の外戚

頼通は父の譲りで二十六歳で後一条天皇の摂政（二年後に関白）となってから長暦元年（一〇三七）で二十一年を迎えていた。その頼通は、結婚して三十年近くなる正妻の隆姫女王（具平親王の娘）には子がなく、養女としていた故敦康親王（一条天皇皇子で母は中宮定子）の娘の嫄子女王（二十一歳、母は具平親王の娘）を長暦元年の正月に後朱雀天皇のもとへ入れており、その調度類を女院が奉納している（『扶桑略記』正月七日条、『平記』正月十七日条、『栄花物語』巻第三十四）。関白に外戚の将来の危うさを案じていた女院は、ひとまずは安堵したことであろう。

ついでながら、隆姫女王は九十三歳の長寿を保つが子を生むことはなく、嫄子女王も二人の皇女を生むにとどまった。また、頼通のもう一人の妻の藤原祇子（具平親王の孫）所生の寛子は、後冷泉天皇のもとに入って九十二歳まで生きたが子を生んでいない。けっきょく頼通の手元では皇子を確保することができず、半世紀ものあいだ摂関の地位にありながら、宇治に隠棲してしまうことになる。

二代の国母

長暦二年（一〇三八）の正月二日、後朱雀天皇は女院の土御門殿に朝覲行幸した。『今鏡』（すべらぎの上）には以下のようにある。

また正月二日、上東門院に朝覲の行幸ありて、いつもと申しながら、なほこの院のけしき・有様、山の嵐万世《よろづよ》よばふ声をつたへ、池の水も千歳の影を澄まして、待ちとりて奉り給ひき。先帝崩《かく》れさせ給へれども、かくうち続きておはします、二代の国母と申すもやむごとなく。又三日は、東宮の朝覲の行啓とて内に参らせ給ふ。帝の行幸よりも事しげからぬものから……。

土御門殿の素晴らしいたたずまいを挙げて、築山から吹きおろす風は御代の御栄を呼び、池の水は千年も変わらぬ影を映して行幸を待ち受けている。先帝（後一条天皇）が亡くなっても弟が天皇となり、二代の国母は尊く恐れ多い、と女院の存在の大きさと摂関家の繁栄を称えている。しばしば見られる朝覲行幸は、皇族、貴族たちにとって、女院となってもなお彰子の権威の表徴として受け取られたことであろう。

この翌日には東宮（のちの後冷泉天皇）が天皇のもとへ朝覲行啓したことを伝えているが、帝の女院への行幸よりは仰々しくなかったという。

夢の力

それから十カ月後のことだが、関白に召されて参上した藤原資房（資平の子）は、次のような意味のことを日記に記している（『春記』長暦二年十月十一日条）。

女院が仰せられるには、その日の行幸は慎んだ方がよいという夢をみた。そこで陰陽師に卜《うらな》わせたところ、その日は天皇の病と「八卦御物忌」の両事に当たり、もっとも慎まねばならないという。そこで行幸は延引するのが宜しい、ということになり、これが後朱雀天皇のもとへ奏上されて、行幸は延引ということになった。関白頼通は女院の言い分に従っているのである。

この翌日の話として、天台座主の補任をめぐって関白は明尊を推しているが、それは末代を意味し、一僧のことで一山の仏法が滅亡したら愁いを残すことになり、国家の重事である、と天皇に奏上すると、天皇も深く頷いたという。しかし、明尊に決めている関白について資房は、「王は更に臣に勝る政なきか」「執柄《しっぺい》天下の内を憶《おも》わず、また身害を忘るるや」、と王位を凌ぐ関白の行動を嘆くのである（『春記』十月十二日条）。

ちなみに後朱雀天皇（三十歳）の長暦二年（一〇三八）の廟堂を見渡すと、関白左大臣藤原頼通（四十七歳）を筆頭に右大臣実資（八十二歳）、内大臣教通（四十三歳）、権大納言頼宗（四十六歳）・能信（四十四歳）・長家（三十三歳）と、実資を除いてみな道長の子息であり、藤原氏以外の権大納言源師房（二十九歳）は頼通の養子である（『公卿補任』）。いっぽう資房の父の資平（五十三歳）は権中納言であり、当の資房（三十二歳）はこの年に蔵人頭となっている（市川久編『蔵人補任』）。

このような状況下にあって関白頼通が立場を遵守しようとするならば、時には強権を発揮することもあったし、背後で国母としての女院の影響力も大きかったといえよう。

十月には菊花を中宮や天皇に献上するということがあり、金銀で飾りたてたものもあって、天皇に献上された二本のうちの一本が女院に献上されている（『春記』十月十六・十七日条）。

内裏でのこと

女院は十月二十七日の夜に参内して翌日の夜には退出しているが、それは養女としていた一品宮（東宮妃、章子内親王）が、その日に清涼殿を建てるために犯土《ぼんど》（土を掘ったり動かしたりすること。時期を誤ると祟りを受けるとされる）を避けて内裏を退出しているので、これに関わるものである。女院の参内には、雨にも拘らず関白頼通、内大臣教通以下の公卿らが「恒の如く」供奉している。女院への朝覲行啓ともども女院の権威を象徴するものであろう。それは院政期の上皇の大規模御幸に見合うものであるといい、この年の朝覲行幸をはじめとする女院への行幸は、上皇への行幸の先鞭の意味を持つとみることもできよう（前掲、樋口健太郎「院政の成立と摂関家——上東門院・白河院の連続性に着目して」）。女院に近い右大臣の藤原実資の姿が見えないのは八十二歳という高齢によるものであろうか。

このときの東宮妃の退出先ははっきりしないが、一カ月後には女院の土御門殿の西の対にいたことが知られる（『春記』十月二十七・二十八日、十一月二十二日条）。その後、女院は法成寺に渡っており、十二月十六日の夕刻に土御門殿に還御している（『春記』）。

ところで清涼殿の解体は十月十一日に始まり、十九日には犯土を避けるために中宮（嫄子女王）と姫宮（祐子内親王）が関白の高倉殿に出御し、一カ月後に造営が始まっている（『春記』十月十九日、十一月十八日条）。

この年の春ごろであろうか、一品宮が内裏にいる時の話が『栄花物語』（巻第三十四）に見える。

三月ばかりに、院、内裏《うち》に入らせたまひたり。道など隙《ひま》なくて、一品宮に御対面なし。宮より、

君はなほ散りにし花の木《こ》のもとに立ち寄らじとは思はざりしを

御返し、

花散りし道に心はまどはれて木のもとまでも行かれやはせし

御手などいと若くあてに書かせたまへり。

女院が参内のおりに、道中ゆとりがなく一品宮との対面がなかったことに対する宮からの歌。「女院様が、亡くなった中宮の子である私のもとにお寄りにならないということはあるまいと思っておりましたのに残念でございます」。女院の返歌は「亡き中宮の崩御を悲しむのあまりお子であるあなたの所までは行かれようもなかったのです」。一品宮の筆跡は若々しく気品に満ちた書き様であったという。

女院の再出家

長暦三年（一〇三九）の五月七日、女院は法成寺において大僧正明尊を戒師として剃髪し、受戒した（『扶桑略記』、『大鏡』裏書、『一代要記』後朱雀天皇条）。そのことに関して『今鏡』（すべらぎの上）に次のようにある。

長暦三年五月七日、御髪剃《みぐしおろ》させ給ふ。顕基の入堂中納言、

世を捨てゝ宿を出でにし身なれどもなほ恋しきは昔なりけり

と詠みて、この女院彰子に奉り給へる御返し、

つかの間も恋しきことの慰まばふたゝび世をばそむかざらまし

と詠ませ給へる、初めは御髪そらせ給ひて、後に皆剃《おろ》させ給ふ心なるべし。

女院の御剃髪に対して入道中納言の源顕基（俊賢の子）が歌を送り、それに女院が応えている。いっぽう『後拾遺和歌集』（巻第十七）には次のようにある。

後一条院うせさせたまひて、世の中はかなく覚えければ、法師になりて横川に籠りゐて侍りける頃、上東門院より問はせ給ければ

前中納言顕基

世を捨てゝ宿を出でにし身なれどもなほ恋しきは昔なりけり

御返し

上東門院

時の間も恋しきことの慰まば世はふたゝびもそむかざらまし

これが『栄花物語』（巻第三十三）では、出家した顕基に女院が消息を送り、それに応じた顕基の歌が「世を捨てて」であり（「身なれども」が「心にも」になっている）、その返歌が「侍従の内侍」の作として「時の間も恋しきことの慰まば世はふたたびも背かれなまし」とある。

これは女院と源顕基の歌の応答とみるべきであり、詠歌の異同はともかくとして、女院についてい

うならば、『今鏡』の「初めは御髪そらせ給ひて、後に皆剃《おろ》させ給ふ心なるべし」が注目される。

先にみたように女院は万寿三年に出家しているので、十三年後の剃髪は何を意味するのであろうか。最初のそれは、肩のあたりで髪を切り揃える一般の出家の姿であり、二度目のそれはすっかり剃り落とす完全な剃髪である。女院（彰子）と鷹司殿（その母倫子）の尼姿について「ひたぶるにぞ削ぎすてさせ給へる」とある（『栄花物語』巻第三十六）。そして「女院は尽きせず故院の御事を思しめして、ありしやうに物好みもせさせたまはず」（『栄花物語』巻第三十四）とあり、女院はひたすら故後一条天皇を偲ぶあまり、二度目の剃髪を思い立ったようである。

女院の出家が意味するもの

ところで高松百香氏は、彰子の剃髪について上皇との関わりにも触れて以下のようなことを述べている（「上東門院彰子の剃髪」）。

当時の貴族女性の剃髪については二段階あるとし（勝浦令子「尼削ぎ攷」）、最初の出家で受戒と剃髪、つまり髪を肩のあたりで切り揃える尼削ぎを行い、後に受戒を重ねて完全に剃り落とすのである。これを彰子についていえば、前段階が万寿三年正月、二度目が長暦三年五月となる。この完全剃髪後も彰子の皇族・貴族社会での立場は、晩年まで変わらず中央政界に大きな影響力を持ったという説（前掲、服藤早苗「王権と国母――王朝国家の政治と女性」）を示しながら「政治的不遇などではなく、自らの意思により、完全剃髪を行ったこと自体、上東門院が切り開いた新例」と規定している。

そして出家・剃髪した美福門院までの八人の女院の分析を通して、完全剃髪したのは初代の東三条院（藤原詮子）と二代の上東門院のみであり、東三条院は臨終間際に周囲が完全剃髪させたので、完全剃髪して国母の女院として存続した上東門院と同じではない、としたうえで次のように述べている。

完全剃髪することで初めて男性と同等の〈僧〉となるのであり、その意味において、上東門院はもはや男女の枠を超えた存在であった。男院の先例として上東門院が相応しいとされたのは、完全剃髪の〈院〉という可視的な点から見ても、当然であったといえよう。

さらに、これを敷衍して、白河・鳥羽・後白河法皇は上東門院を先例として院政を行ったということを論じているが、それは故実先例としての上東門院ということになるので、ここでは言及しないが、上東門院がどのように見られていたか、という点では大いに参考となる（前掲、高松百香「院政期摂関家と上東門院故実」「上東門院彰子の剃髪」）。

剃髪後も大きな存在

この年の十二月に右大弁藤原経輔《つねすけ》が蔵人頭から参議に転じた（『公卿補任』長暦三年条）後任として、内大臣藤原教通が子の右近衛中将藤原信長を蔵人頭にしてほしいと願い出たことを受けて、天皇は関白に諮《はか》るよう蔵人頭藤原資房に命じた。そこで参上してきた資房に関白は、「教通の申すところはわかった、天皇の裁定によるべき」と答えている。資房は帰参して、そのことを天皇に奏上して候宿《こうしゅく》（宿泊）している（『春記』十二月十六日条）。

天皇は関白の判断に任す考えで、翌日、再び関白のもとへ資房を遣わしている。『春記』（十二月十七日条）には以下のようにある。

仰せて云く、蔵人頭信長を以て仰せ下すべきかの由、関白に仰すべし、といえり。早旦、彼殿に参りこの由を申す。申されて云く、承り畢んぬ。但し女院に聞こせしめ給い一定あるべし、といえり。予帰り参りてこの旨を奏し畢んぬ。未の時ばかり仰せて云う、頭のこと女院に申し畢んぬ。早く補任せよ、との御返事あり。今に至りて仰せ下すべきなり。この由また関白に触るべし、といえり。

関白は了承しつつも、女院の意見を聞いたうえで決定するように、と命じている。そのことを資房が天皇に奏上したところ「そうせよ」との仰せであった。女院が了承したことはいうまでもない。七カ月前に二度目の出家を遂げた彰子であるが、蔵人頭という天皇と深く関わる重要官人の人事権に対する女院の存在の大きさを物語るものとして注目される。

里内裏としての土御門殿

この時期、土御門殿（京極院、上東門院、京極殿）が里内裏となっていた。つまり内裏が六月に焼失し、天皇と東宮は土御門殿に遷御していたのである（『扶桑略記』『百錬抄』六月二十七・二十八日、七月十三日条）。『栄花物語』（巻第三十四）によると、「女院のおはします京極殿に、内渡らせたまひぬ」とあり、天皇が土御門殿に遷御されてきたので、一品宮の章子内親王は女院のいる法成寺へお出ましになった。さらに女院と一品宮は讃岐守藤原憲房《のりふさ》の近衛邸に渡られ、寝殿には女院と一品宮、西の対には東宮が居られた。この憲房は故藤原惟憲の子で、その邸は先に触れたように土御門殿の西隣にあったものであろう。

なぜか女院は、長久元年（長暦四年、一〇四〇）の朝覲行幸を法成寺の東北院で受けている（『春記』

長久元年正月二十七日条)。そして、その九カ月後の九月九日、重陽の節会が行われた深夜過ぎに里内裏となっていた土御門殿が焼失する(『春記』『百錬抄』『扶桑略記』)。

午前四時近く、体調不良のなか蔵人頭藤原資房が火事と聞いて土御門殿に駆けつけてみると、西の対が燃えており、後朱雀天皇は早々に腰輿《ようよ》(駕輿丁が手で腰のあたりで舁く輿)で「女院御堂」つまり法成寺の東北院(東金堂廊)に避難していた。西の対が内侍所《ないしどころ》になっており、そこに納めてあった神鏡(三種の神器の一つである八咫鏡)は持ち出されておらず、すでに灰燼の中にあった。関白の命で、燃え盛るなか資房らが遣わされ、池の水をかけながら神鏡の一部などを掘り求めただけで多くを失った。

その間に天皇は夜明け前に腰輿で法成寺を離れて女院の御在所へ遷っている。その場所について「この家は故惟憲所領なり。その息憲房伝領す。今、女院御領所たり。東宮並びに一品宮同じくこの所に御すなり」(『春記』)とある。藤原惟憲邸といえば、先述の長和五年の土御門殿の焼失の際に火元となった西隣の邸宅が想起され、子の憲房が伝領して女院の御領所となったのであり、「陽明門第」(上記の近衛邸であろう)とある(『百錬抄』)。

焼失した西の対で金物の御辛櫃《からびつ》を見つけ、その傍らから神鏡の一部である神体などを見つけている。関白の命で、資房はこのことを「女院寝殿」に参上して天皇に奏上している。天皇が仰せられるには「神体わずかに存するを以て望みと為す。ここに世運の猶あるを知る」と。「悲歎極まりなく、涕泣せしめ給う極まりなし」とは資房の観察である。この神体は絹に裹《つつ》んで折櫃に入れ、辛櫃に安置して女院御在所の東の対の南唐廂の中に奉安している。

この神鏡について、村上天皇の天徳四年（九六〇）の内裏焼亡では、神鏡は火中にあったが円規は損なわれなかった。また一条天皇の寛弘二年（一〇〇五）の内裏焼亡では、すべて焼失してしまった。しかし、「是は主上の咎に非ず、世運漸く澆の次第なり」（『春記』八月二十四日条）、つまり末世ゆえであるとみる。資房から報告を受けた祖父の右大臣藤原実資（八十四歳）は、神鏡の一片も残らないであろうと思っていたので、僅かでも残ったのは王法がなお存在している証し、と語っている（『春記』九月十二日条）。

坂本賞三氏はこの神鏡の焼損事件に関して、寛弘二年と長久元年（一〇四〇）との中央政府の反応の変化を国政観の変化の一端と位置づけ、後者を後期王朝国家体制の一例と見なし、「そのような事件が生じた遠因は、国政のあり方がよくないからだと記したのは、『春記』のほかにみられないことであった」とし、『春記』の特異性を指摘している（「『春記』にみえる王朝貴族の国政的危機意識について」）。

なお『春記』長久元年九月二十八日条によると、「御体頗る分断数多御《おわ》す」焼残の神鏡は新造の辛櫃に収められ、様々な手立てをして安置されている。この『春記』の記事を読みこんで上島享氏は、その収納には伊勢神宮

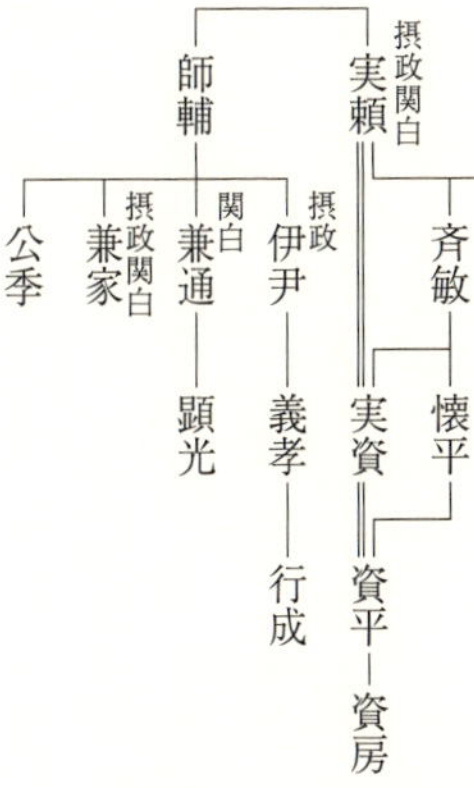

藤原実資・行成系図

の御正体と同じ方法が用いられており、「神鏡はまさに神として祀られた」のであり、それを指示したのは頼通とみる（前掲「藤原道長と院政」）。

女院御在所の住み分けは、天皇が寝殿、女院はその東側、東宮は西の対（東宮は前年の冬にこの邸を御在所としていたことが女院の渡御によって知られる〔『春記』長暦三年十二月二十六日条〕）、一品宮はその東側を御在所としていた。女院は十日後には法成寺に遷っているが、これは、念仏を行うためである（『春記』九月九・十八・二十九・三十日条）。

蔵人頭として天皇を支える立場にある資房は、関白頼通の奔放なやり方に対して「乱代の極まりなり。また王法すでに滅するなり。尤も悲哀すべきの代なり、と云々。これ言語道断なり。而るに関白一切御心を入れず、惣て驚怒なし。執柄《しっぺい》（摂関）の人、王事を忽諸《こっしょ》す（軽んずる）」（『春記』長久元年四月十二日条）といった小野宮家特有の嘆きを日記にぶつけるが、しょせん犬の遠吠えでしかない。また日記に具体的に記さずとも「女院に参らる」が散見されるが（『春記』長久元年四月二十一日条ほか）、頼通のやり方に対して、女院に何か訴えるところがあったのであろうか。

この年の夏の明け方のこと、天皇から召されて参上した資房に、天皇は夜御殿の戸ががたがたと鳴ったと仰せられたが、それは地震によるものであった。女院からも地震のことが仰せられ、「怪事たるべからざるなり。関白に触るべからざるなり」（『春記』六月二十七日条）と関白を無視したような動きが感じられる。

藤原教通の二条第に遷御

天皇は女院御在所に一カ月あまり滞在して、女院の実弟の内大臣藤原教通の二条第に遷御している（『春記』十月二十二日条）。その出発に先立って、「女院御寝殿」に御輿を着けるのは憚られるので中門に着けるのがよいのではないかということであったが、女院の仰せで寝殿に着けることになった。蔵人頭の資房らは、二条第に渡って、寝殿・南の対・西廊・南北の渡殿・東の対などを南殿、昼御座、後涼殿、御湯殿、樋殿《ひどの》、陣の座など内裏にあるべき施設に振り当てている。貴族邸を里内裏に用いる際にはよく見られることである。

御輿を寝殿の階の間に着け、参議藤原兼頼が御輦の戸を開いて神璽宝剱を置き、天皇が乗られた。辛櫃に入った神鏡は外記《げき》（太政官の被官で少納言のもと詔勅・上奏文の起草の作成、公事・儀式などを掌った）が舁《か》いて運んだ。行列は西門を出て北行し、近衛御門大路を東行し、東洞院大路を南行して二条第（二条東洞院南東）には西門から入った。この行路から考えると、女院御在所、つまり憲房邸は上記の場所とは矛盾し、東洞院大路より西で近衛大路より南でないと合わない。しかし「陽明門第」「女院御寝殿」の名辞があり、惟憲邸を他に求め難いし、出立した天皇の御在所を他の邸とする痕跡もないので疑問としておく。

天皇は翌日、密々に二条第の所々をご覧になり、供奉した資房に「水石風流尤も優所なり」と仰せられ、とりわけ庭園の風流に見入ったようである。

鷹司殿の火事

一カ月あまりして女院の母の源倫子の鷹司殿が火事に遭った（『春記』長久元年十二月六日条）。藤原資房が駆けつけてみると、倫子と前斎院の馨子内親王は各々車に乗って法成寺の西大門の前におられた。資房はしばらく関白の御在所——そこは倫子の創建になる西北院——に候し、多くの人たちが集まってきた。鷹司殿が焼失しただけで他へはおよばなかった。倫子は西北院に入り、前斎院は「女院御堂」つまり女院創建の東北院に入っている。

冬の雪が舞う京官除目の日、女院が定経（姓不詳）なる者の加階（「彼院行幸之賞」）を申してきたことについて関白は、このことを奏上して天皇の許可があったならばそうするように、と資房に命じている。奏上したところ天皇の許可があり、実行しているが、それが正四位下ゆえにはなはだ不都合な加階である、と資房は言う（『春記』十二月二十一日条）。何ゆえ都合が悪いのか判然としないが、女院の人事への介入と関白、天皇ともに承服している点に、女院の力を垣間見る思いがする。

長暦四年も押しつまって長久元年に改元されている。その理由は「長暦以後、連年凶災あり。天下穏《しずか》ならず。仍りて徳を天下に施し、宜しく元号を改むべし」という詔書によって知られる（『春記』長久元年十一月十日条）。たしかに長暦年間には災異が頻発している。

一年あまり後の長久三年（一〇四二）の初秋に女院は病に罹り、そのことで相撲を停止しているが（『扶桑略記』七月条）、そんなに長引くことはなかったようである。時に女院は五十五歳であった。

藤原頼通時代は纏まった日記が少なく、とりわけ『小右記』『左経記』が終わる長元年間末（一〇三六）以降はそれが顕著である。その後の日記としてはこれまでにも依拠してきた『春記』が存在するが、長久二年（一〇四一）以降は欠巻も多く、あとは断片的な日記、編纂物の史料などが存在する程度である。小論もその影響を受けることになる。

内裏火災の頻発

ここで内裏の動きをみておくことにする。すでにみたように、内大臣藤原教通の二条第を里内裏としていた後朱雀天皇は、一年あまり後には新造内裏に遷御するも（『扶桑略記』長久二年十二月十九日条）、一年後には再び焼失し、一条院を里内裏とする（『扶桑略記』長久三年十二月八日、同四年三月二十三日条）。

かくて、一条院に渡らせたまひぬ。いと狭けれども、さすがにあるべきかぎりなり。梅壺、下《しも》の御局はいと狭けれども、上にのみさぶらはせたまふ。麗景殿は一品宮のおはします御格子の外《と》より、えんをわたりて、まう上《のぼ》りたまふ。梅壺の御方もいと近し。東宮、一品宮は同じ屋におはします。南面《みなみおもて》に東宮、北面《きたおもて》に一品宮おはします。方々に殿上人の参るも、近くて聞ゆ、いとをかし。……麗景殿の下り上りたまふ女房の衣の音、空薫物《からたきもの》の薫など、近きほどにてをかしう心にくし。薫物の香なんすぐれたりける。

『栄花物語』（巻第三十四）の記すところであるが、しばしば里内裏となった一条院。梅壺の女御は藤原教通の娘の生子、麗景殿の女御は藤原頼宗の娘の延子。東宮親仁親王（のちの後冷泉天皇）、その妃の一品宮（章子内親王）は同じ屋に住んでいる。本内裏に比べて狭いだけに、部屋にいても、廊下を通る衣ずれの音や焚き染める香の薫りがあたりに漂い、いっそう身近に感じられるという。

この一条院も八カ月後に焼失してしまい、天皇は関白の高陽院に難を避けている（『扶桑略記』長久四年十二月一日条）。『栄花物語』（巻第三十四）には次のようにある。

かくて十二月《しはす》の一日、また一条院焼けぬ。あさましなどもことさらのやうなり。内は高陽院殿に渡らせたまひぬ。東宮は京極殿に、一品宮も具したてまつらせたまひて渡らせたまひぬ。高陽院殿に一の宮、殿の上もおはします、めでたくいみじ。いかならんことを尽くして御覧ぜさせんと思しめしたるもことわりなり。一の宮は女院のおはします寝殿の東面、そなたの廊かけておはします。東の対はこのたびはなくて、山川流れ、滝の水競ひ落ちたるほどなど、いみじうをかし。院の御方に、出羽弁、

滝つ瀬に人の心を見ることは昔に今も変わらざりけり

東宮は妃の一品宮とともに京極殿（土御門殿）に移っている。いっぽう天皇が避難された高陽院には一の宮、祐子内親王と関白の妻の隆姫女王が居られた。ちなみに一の宮の母の中宮藤原嫄子は関白夫妻の養女になっていて長暦三年に禖子内親王を出産して崩御しているので（『百錬抄』長暦三年八月二十八日条、『栄花物語』巻第三十四）、内親王姉妹は夫妻が何かと面倒を見ていたのであろう。一の宮は女院が居所とする寝殿の東面とその方の廊下を使用していた。

高陽院は長暦三年に叡山の僧徒による放火で焼失し（『扶桑略記』三月十六日条）、翌年には再建されている（『春記』長暦四年十月二十六日条、朧谷「藤原頼通の高陽院」参照）。この時には東の対はなく、そ

こには築山や川が造られ、滝落ちの水はたいへん趣があった。

この滝についての詠歌の作者を出羽弁としているが、同じ歌を載せる『新古今和歌集』（巻第十八）の詞書には「上東門院、高陽院におはしましけるに、行幸侍りて、堰き入れたる滝を御覧じて　後朱雀院御製」とある。女院が高陽院にいる時に行幸してきた天皇が、庭の滝を見て「滝の流れの趣に住んでいる人の心を見ることは昔も今も変わらないことだ」と。そして「高陽院に住まいする母、女院の心のゆかしさを称えた作」とされる。

このとき女院は高陽院にいたようであり、そこへ天皇が参上したという記述は見られず、行幸の記事も見あたらないが、ひとまず天皇の詠歌としておこう。

天皇は二十日後に高陽院から東三条第に遷御している（『扶桑略記』長久四年十二月二十一日条）。この邸は摂関家に伝領される性格のものゆえ頼通の管理下にあった。

ところで東宮と一品宮が移った土御門殿であるが、それは先にみたように長暦四年（長久元年）九月九日に焼失し、三年後には新造なって女院が遷御して新御所としていた（『諸院宮御移徙部類記』〔宮内庁書陵部「図書寮叢刊『仙洞御移徙部類記』」〕所引『土右記』長久四年十月十日条）。東宮と一品宮が渡って来たのは五十日目のことであったが、このとき女院は高陽院にいたらしい。

女院病む

女院が法成寺の一郭に東北院を建立し、九月の念仏会（三日間）を恒例としたことについては先に述べたが、寛徳元年（長久五年、一〇四四）の九月の念仏会に、一品宮（東宮妃の章子内親王）は十人ほどの女房を伴ってお忍びで参り、多くの公卿、殿上人が参上した（『栄花物語』巻第三十五)。女院についての記述は見あたらないが、主催者としてその座にいた可能性は高い。

この翌月、女院は病がちであったようで、大赦《たいしゃ》(恩赦)を行ったり、天皇が見舞ったり、万僧供養を行ったりしている(『扶桑略記』十月九・十六・二十七日条)。その天皇も、五カ月前に「帝不予《ふよ》、御薬、日を経て弥《いよいよ》重し」(『扶桑略記』五月二十五日条)とあるように病気になっているが、その後に母の所へ行幸しているので回復したのであろう。しかし、『栄花物語』(巻第三十五)に「十二月《しはす》二十日余りのころ、内に御にきみおはしまして、薬師《くすし》ども参りなどして、すこしわづらはしう申しけり」とあるから、天皇は「にきみ」(腫物)ができて、医師たちが少し厄介なように申しあげる、など天皇は不調に陥っている(『扶桑略記』十二月二十日条参照)。この四日後、災旱疾疫を理由に長久から寛徳に改元されている。

第七章　最晩年のことども

1　後冷泉天皇時代

以下において、女院所生の後朱雀天皇の譲位前後のことを『栄花物語』（巻第三十六）を中心にみていくことにする。

後朱雀天皇崩御

年が明けて寛徳二年（一〇四五）正月を迎えたが、天皇の腫物が一向によくならないので気も晴れず、うっとうしく思っておられた。「水などを注ぎかけると腫物の熱を冷やすのによい」という医師の言に従ってそのようにしたけれど、とても寒い時節なので天皇には堪えられないように見うけられた。その部屋へ女院が入って来られてご覧になる、そのお気持ちは何にも譬えようがない。ひたすらお苦しみになられているのを見る人も我慢できそうもないありさまゆえ、女院はただならぬこと、とご覧になる。傍らには関白頼通はじめ多くの公卿たちが控えていた。

正月十六日、後朱雀天皇は皇子の東宮親仁《ちかひと》親王（二十一歳、母は女院の妹の故嬉子。女院にとって甥であり孫）に譲位し（後冷泉天皇）、同じく皇子の尊仁《たかひと》親王（十二歳、母は女院の妹妍子の娘の禎子内親王）が東宮に立った（『扶桑略記』『百錬抄』）。譲位の当日、東三条第におられる後朱雀天皇のもとへ東宮が土御門殿から渡ってきて対面した。あまりにも衰弱した父の姿を拝して、ひどく泣かれる東宮に、父帝は「かくな泣きたまうそ。上東門院によく仕うまつりたまへ。二の宮思ひ隔てず思せ」（そんなにお泣きなさるな。女院によくお仕え申し上げなさい。異腹の弟の尊仁親王を分け隔てせずに目をかけておやりなさい）、と申された。天皇にとって母である女院への心配りを東宮に言い含めているのである。新帝が還御されたのは夜も更けてからであった。

その二日後、後朱雀天皇は東三条第において出家して間もなく崩御し、荼毘に付されて遺骨は円教寺に安置された（『百錬抄』『扶桑略記』正月十八日、二月二十一日条）。崩御に直面した女院の悲しみについて、『栄花物語』には「上東門院の思しめし歎かせたまふさま、いふ方なし。命長くてかかる御事を見ることと、人の思ふらんことをさへ添へて思しまどはせたまふ」、すなわち女院の悲嘆は言葉に表せず、自分が長生きしたので（五十八歳）このような目に遭うことと、人の思惑までも加えて途方に暮れているのである。

在位九年にして病を得て譲位し、出家して三十七歳の若さで崩御した天皇を惜しまぬ人はいない、と語る『今鏡』の作者は、次のように記している（すべらぎの上第一）。

先帝は二十九におはしましき。これはされど八年《やとせ》の春過ぎさせ給へり。母后の余り永くおはします に、かくのみおはせませば、御幸《さいはひ》の中にも、御歎き絶えざるべし。なほ御むまごの一の御子は帝、二の御子は東宮におはしませば、いとやむごとなき御有様なるべし。

後朱雀天皇は、実兄である先帝の後一条天皇よりは八年の長命ではあったが、この二人の天皇は若死の方であろう。いっぽう母の女院が長命なのは、二代の国母という幸いのうちにも悲歎は極まりない。ただ後冷泉天皇と東宮尊仁親王（後三条天皇）が孫（後朱雀天皇の第一皇子と第二皇子）というのは、女院にとってたいそう尊いもの、という。そのとおりである。

新帝即位　故後朱雀天皇の忌も明けた四月、新帝が大極殿へ行幸して即位式が行われた（『扶桑略記』寛徳二年四月八日条）。時に新帝は土御門殿を里内裏としており、『栄花物語』（巻第三十六）には以下のようにある。

京極院におはします。寝殿を南殿にて、西の対を清涼殿にしたり。北の対に一品宮おはします。北の一の対を内侍所などにしたり。西の中門の廊を陣の座にしたり。いみじの京極殿の有様や。帝三所、后三所立たせたまひぬ。またも一品宮立たせたまふべかめり。

土御門殿（京極院）の寝殿を紫宸殿に、西の対を清涼殿にするなど内裏の建物に充当し、まことにすばらしい御所の有様であった。この邸からは後一条・後朱雀・後冷泉の三天皇と彰子・妍子・威子の三中宮が出て、そして一品宮、章子内親王も立つようである。天皇は道長の孫、中宮は娘である。天皇の生母は彰子と妍子と嬉子。威子所生の一品宮は、先に触れたように東宮時代の後冷泉天皇のもとに入り、この翌年に中宮となるのである（『扶桑略記』永承元年七月十条）。このとき女院が居住していたという記述は見えないが、土御門殿を本邸としていたことは、二カ月後に一品宮に譲っていることによって知られる。

白河殿での日々

女院が土御門殿を離れて白河殿に遷ったのは閏五月十五日のことであった（『扶桑略記』）。その経緯や様子については『栄花物語』（巻第三十六）に詳しい。

女院は悲歎ゆえに、と遷御の理由を挙げているが、九年の間に子である二人の天皇を二十代と三十代という若さで失った母の悲しみは察するにあまりある。そして、それまで住まいにしていた土御門殿を一品宮、章子内親王に譲っている。一品宮の夫、後冷泉天皇の里内裏になっていたということも一因であろう。

女院の遷御を聞いた故後朱雀天皇の女御の藤原生子（藤原教通の娘、女院は伯母であり、夫の母）は次の一首を詠んでいる。

憂しとては出でにし家を出でぬなりなどふる里にわれ帰りけん

（世の中を辛いものと思って出家され、お住まいであった家を出てしまわれたということですが、私の

方はどうして出家もせずに里の家に帰って来たのでしょうか）

この歌は「後朱雀院かくれ給ひて、上東門院白川に籠り給ひにけるを聞きて　女御藤原生子」の詞書を付して『新古今和歌集』（巻第八）に採られている。

また秋になるにつれ虫の声を聞きながら、

夜もすがら鳴き明かすらん虫の声聞けば友来る心地こそすれ
（一晩中、鳴き明かすであろう虫の声を聞くと、友が訪ねてくるような心地になる）

と思う女院である。そして七夕には、

今日とても急がれぬかななべて世を思ひうみにし七夕の糸
（世の中を倦《う》み〔飽きる〕果てたこの身にとっては七夕の今日とても織女の糸を急ぎ績《う》む〔より合わせる〕気にはなれない）

と詠んでいる。この詠歌は『新拾遺和歌集』（巻第十〔『新編国歌大観』第一巻〕）に採られていて詞書に「後朱雀院かくれさせ給ひて後、白川殿にかきこもらせ給ひて月日の行くもしらせ給はざりけるに、今日は七月七日と人の申しける事をきかせ給ひて　上東門院」とある。

このように白河殿における女院は虚ろな物思いに浸る日々を過ごしたのである。しかし、多くの人に傅《かしず》かれて寂しい暮らしではない。

> 今の内も先々の御有様変らせたまはず、いみじうあはれにかたじけなく思ひ申させたまへり。山里も寂しからず、よろづの人参り仕うまつり、御乳母子の……など集ひさぶらふ。……殿上人、判官代、蔵人などさぶらひて、衰へさせたまふこともなし。めでたく帝三所〔マヽ〕の御親にておはしますうへ、この内はすこしうとくもおはしますべきを、御子の定《ぢやう》にておはします。いとめでたしと思ひまゐらすれど、御みづからは、よにたぐひなく心憂かりける身かなと思しめしたり。

女院の孫にあたる後冷泉天皇も、亡くなった後一条・後朱雀天皇と同じように女院を大切に思っていらっしゃる。乳母子をはじめ多くの人が集い、女院司の役人らが伺候するなど女院の威勢は衰えておらず、白河の山里は少しも寂しくないのに、ご自身は「世の中で無類に情けない身の上」と思っていらっしゃる。

女院は白河殿において尽きることなく昔を恋しく思い出しながら仏道修行に励んでいた。ところが二年ほど経って天狗などが出没して、女院をはじめ女房たちも患ったり亡くなったりして実に気味が悪いところと化した。そこで関白頼通が「ここでお過ごしになるのは如何なものか」と申し上げるが、聞き入れられない。しかし、長いこと快復しないこともあって、女院は四条にある美作守の家に遷った。ちなみに美作守として藤原頼宗の子の基貞の名が挙がるが（宮崎康充編『国司補任 第四』、『栄花物語』の諸注釈書）、頼宗が女院の異母弟ということを思う時、その可能性は高いように思う。

白河殿と天狗の話は『栄花物語』（巻第三十九）に「白河殿とて、宇治殿の年ごろ領ぜさせたまひし所に、故女院もおはしまししが、天狗ありなどいひし所を、御堂建てさせたまふ」とある。関白頼通と女院が亡くなった翌年（承保二年（一〇七五））、白河殿を左大臣藤原師実から寄進された白河天皇は、その殿舎を壊して御堂を創建した。そして二年後に登場するのが法勝寺である（『水左記』『扶桑略記』承保四年十二月十八日条）。いずれにも登場する天狗の正体は謎である。

鴨東の白河の地には白河殿、白河第、大白河、小白河などの呼称をもつ藤原氏の邸宅が何棟か存在したことは知られていたが、今まで漠然としていたのを上島享氏が筋道をつけられた（前掲「白河地域の景観とその特質」）。女院彰子が御所とした白河殿は、かつて「大白河」とも称した邸宅を道長から頼通が伝領した摂関家の別業である。

章子内親王の立后

永承元年（寛徳三年、一〇四六）七月、一品宮の章子内親王が土御門殿に渡って立后の儀が行われた。後冷泉天皇は前年の六月に土御門殿から太政官朝所《あいたんどころ》に遷御し、二カ月後に還御、そして年末に再び朝所に遷御している（『百錬抄』寛徳二年六月十三日、八月二十七日、十二月十六日条）。しかし、年明けの二月にここが焼け、天皇は大膳職《だいぜんしき》（宮内省に属し、宮中の会食の料理などを掌った役所）に難を避け、四月に藤原教通の二条第に遷御している（『扶桑略記』永承元年二月二十八日、四月四日条)。

『栄花物語』(巻第三十六)には、朝所の焼失を、移って間もないのにあまりのことと歎き、天皇は内大臣の二条第へ、一品宮は女院の母(源倫子)がいる藤原憲房の近衛邸へ移ったとある。ここは女院領であった。

立后に関して「七月ついたち、京極殿に渡らせたまひて、十日立たせたまふ」とあり、一品宮は憲房邸から土御門殿に渡御している。広大な邸内には多くの女房の局や様々な建物など女院が住まれていた時に劣らず、遣水の豊かな流れ、池の面も澄みわたり、松の緑も色鮮やかで、たいそう晴れやかですばらしい、とある。三日間におよぶ動きは省略するが、実にすばらしいものであったという。天皇の使者が遣わされ、頼通・教通兄弟はじめ公卿以下多くの人が三日間にわたり参上した。

「八月十七日内裏《うち》へ入らせたまふ」とあるが、これは『栄花物語』のみに見えるものであり、十月八日に新造内裏への行幸が見られること(『扶桑略記』『百錬抄』)に鑑みると、『栄花物語』の誤記と見なされよう。行幸の日に藤原教通や子息、家司らが賞に預かっているのは、里内裏を提供した見返りである。

東宮尊仁親王

先に触れたように、後冷泉天皇の践祚の日に異母弟の尊仁親王が十二歳で東宮に立った(皇太弟)。母は三条天皇と藤原妍子との間に生まれた禎子内親王であったから藤原摂関家と強い姻戚関係にはない。東宮となった翌年の永承元年十一月二十二日に尊仁親王は元服に備えて閑院第から内裏(昭陽舎)に入御している。『春記』同日条には「今日春宮、禁中昭陽舎に入り御うべし」とあり（『扶桑略記』参照）、藤原資平は東宮大夫の使いとして関白との間を行き来し、東宮の元服の日をこの月の二十六日と決めていたのを、関白の意見で十二月十九日に変更するなど奔走している。そして以下のようなことを記している。

大夫、密々に談じて云わく、東宮御元服の後、副臥あるべし、と云々。故公成卿の女故知光朝臣の外孫なり已に我が猶子となす。此の女を以て参入せしめんと欲すなり。先日執柄に申し、已に許すべし。また女院に申し、また前に同じ。然りと雖も披露せず、期に臨みて参入せしむべし、といえり。この事極めて見苦しき事なり。大夫の実女ならば何事かあらんや、と。今、公成の女を以て参入せしむる、これ東宮のために大謬の事なり。甚だ便ならざるの事なり。なお叶い難きか。期に臨みて必ず事の妨げあらんや、と云々。

東宮大夫の権大納言藤原能信が内々に語ったところによると、元服の日に添臥《そえぶし》（東宮や皇子などの元服の夜、添い寝をする女）の女性として自分が養女としている故権中納言藤原公成の娘を参上させてはどうか、すでに関白の了承も得ている、ということである。ここで注目されるのは、女院の了解を取り付けていることである。

この女性の添臥のことは公にはせずに密かに進めるという。これに対して資平は、能信の実の娘ならともかく公成の娘は問題で、実行が困難ではないか、と疑問を呈している。要は女院が、自身にとって孫にあたる東宮、つまり将来の天皇の妃の決定権を握っていたということである。
東宮の元服は十二月十九日に内裏において天皇出御のもと行われ、詳細な記述が見られるが、添臥のことは記されていない（『春記』）。しかしこの娘、藤原茂子は二日後に東宮に入侍し、やがて東宮は即位して後三条天皇となり、茂子は一皇子、四内親王を生み（「歴代后妃表」）、この皇子が後に院政を創始する白河天皇である。

頼通、法成寺新堂供養

永承二年、つまり女院六十歳から三年間の動きは明らかでなく、永承五年（一〇五〇）三月十五日の関白藤原頼通の法成寺新堂供養に顔を見せている。『栄花物語』（巻第三十六）に次のようにある。

> 無量寿院に、関白殿の御堂建てさせたまへれば、供養に女院、鷹司殿の上渡らせたまふ。一の宮、殿の上具して奉らせたまひて渡らせたまふ。中宮も出でさせたまふ。内裏よりやがて昼出でさせたまふ。……御輿の後《しり》にはやがて三位さぶらひたまふ。

「内裏《うち》焼けにしかば、京極殿になほおはします」とあって、このとき内裏は焼失して土御門殿が里内裏となっていたから（『百錬抄』永承三年十一月二・十日条）中宮章子内親王の御輿は土御門殿の北門を出て東へ、東京極大路を南に折れて法成寺へは西面の北門から入っている。女院と母の倫子、そして関白の妻、隆姫女王にともなわれて一の宮（故後朱雀皇女の祐子内親王）も渡御しているが、どこから渡ってきたのか明記されていない。ただ供養が終ったあと女院は東北院に帰っているので（『春記』）、ここから渡ってきた可能性が高い。

「あなたには女院、中宮、鷹司殿の上おはします。二所《ふたところ》ながらひたぶるにぞ削ぎすてさせたまへる」、中宮や祐子内親王の座の方は女房たちも華やかな衣装を纏《まと》って目も眩《まばゆ》いほどに綺麗であり、向かい側には女院、中宮、倫子がいて、女院と倫子はすっかり剃髪していて対照的であった。

関白頼通は、前夜に正体を失うほどに煩って死線をさまよったが、様々な祈願を行ったところ明け方から復調し、当日の晩に法成寺に渡ってきている。供養当日の出席者や儀式の具体相は『春記』に詳しい。創建された新堂は金堂の後方つまり北にあり、七間瓦葺で南向きの御堂で、南面の間ごとに設けられた戸には朱砂が塗ってあった。堂の前の東西には経蔵と鐘楼があった（『扶桑略記』参照）。そして「貴丹」で彩色された堂内には、二丈三尺（約七メートル）の大日如来像を中心に東西に三体ずつの丈六の脇士が安置されていた。西に釈迦如来・不空羂索観音・大威徳明王像、東に薬師如来・延命菩薩・不動尊像の六躯で、大威徳明王像以外は金色であった。堂中の南廂には御簾を懸け、若宮、関白の北方の御在所ならびに女院、中宮、鷹司殿の本所としている。

この新堂を、杉山信三氏は講堂と比定している（杉山信三「法成寺について」）。建物の配置と規模、納置の諸仏からみて、そうとしか考えられないであろう。福山敏男氏もそのように見なしている（『平等院と中尊寺』）。

この五日前の朝、関白藤原頼通は法成寺に渡って開眼に立ち会っている。大僧正明尊が奉仕し、四面の戸を閉めて、関白一人が堂の中に坐した。その後、習礼つまり落慶供養の予行演習が行われ、僧の参入のあと奏楽や舞楽があり、それは夕刻にまでおよんだ。参入の公卿を列挙（上﨟の順位を遵守）した後に次のようなことが記されている（『春記』永承五年三月十日条）。

> 今日能長卿、行経の上に着す。万人目を属《そそ》ぐ。更に心得ざる事なり。行経すでに上﨟たり。今、権勢によりて推してその上に着す。未だ聞かざる事なり。はなはだ濫吹《らんすい》なり。彼の一家兄弟、惣じて非常の者らなり。今日、見物の下人雲の如し。追却すと雖も更に承引せず。堂中すでに所なく了んぬ。

列挙した公卿のところにも「行経、能長」と記されているように、行経が上﨟であるのに能長が行経の上に坐したのは、権勢に物言わせてのことであり、秩序を乱すものである、関白一家は尋常ではない、と手厳しい。『春記』にはこういった座次に関する記事が散見され、そのつど関白に近いものがやり玉に挙がっているが、どうやら日記上のことで終っている。

後冷泉天皇、初の朝覲行幸

永承五年十月十三日、後冷泉天皇は女院のもとへ行幸している。時に東北院とある。目的は「母儀仙院」の顔を見るためとしている。祖母であり叔母（母の実姉）にあたる仙院を母儀としている。そして、これは践祚して初めてのことであり、それまで五年あまり仙院の方で行幸を固辞していたという（『百錬抄』『扶桑略記』）。

2　末法入り

女院の病による大赦

永承七年といえば末法《まっぽう》（釈迦入滅後の仏教流布の期間、正法、像法を経て最後の時期）入りの年とされており、『扶桑略記』正月二十六日条に「千僧を大極殿に啒請《くっしょう》（僧侶などを請い招くこと）し、観音経を転読せしむ。去年の冬より疾疫流行し、年改まって以後、いよいよ以て熾盛《しせい》なり。仍りて其の災を除かんがためなり。今年始めて末法に入る」とある。前年から疫病が流行していたようで、女院もその病に罹っていたのかもしれない。先にもみたように、五月の時点での女院の病は重かったし、七月に「大赦の証書女院御悩の祓今日持ち来る。署名を加え、施行せらるべきの故なり」とあるから、長引いていたようである。

話は変わるが、末法入りの前年の永承六年（一〇五一）、陸奥国では俘囚《ふしゅう》の長、安倍頼良《あべのよりよし》が国司の支配地に進出したことで、陸奥守藤原登任《なりとう》、秋田《あきた》城介《じょうのすけ》平重成《しげなり》との間で争乱が起こり、登任らが大敗を喫した。そこで、朝廷では武名高い源頼義を陸奥守として派遣し、恩赦もあって、安倍頼良は一時的に帰服したのである。しかし、頼義の任終にあたり、再燃して以降、十年あまりに亙って内乱状態が続き、それは前九年の役と呼ばれている（元木泰雄『武士の成立』参照）。

この前九年の役の顚末を記した『陸奥話記』には、初期の段階での安倍頼良の帰服に関して、「境に入り任に著くの初め、俄に天下の大赦あり。頼良大いに喜び、名を改めて頼時と称す（源頼義を敬って改名)」(『陸奥話記』原漢文)とある。ここにいう恩赦というのが、校注者も指摘する『春記』『扶桑略記』永承七年(一〇五二)五月六日条に見られる女院の病悩による大赦と考えられている。

藤原資房は『春記』同日条の冒頭に「人々云く、女院の御悩軽からず」と記し、関白が二度も参上するのを知って、女院がかなり重い病に陥っているとみている。後冷泉天皇は女院のもとへ勅使を遣わし、みずから見舞うべく臨幸を強く望んでおり、関白以下が議して決定している。そして大赦は行幸以後に行うべきとの右大臣藤原教通に対して、「赦令(大赦の命令)の事、天下の重事なり」と主張して権中納言藤原資平が行幸前に行っているが、これは天皇の意思でもあった。

時に天皇は新造の冷泉院を御所としており(『扶桑略記』永承六年七月十九日条)、女院は六条第を御在所としていた(『扶桑略記』永承七年五月六日条)。『春記』の経路を見ると、冷泉院の東の堀川大路を南行して二条大路を東へ西洞院大路まで行って南下し、五条大路を西に折れて、猪□小路を南行して「院の東門より」入ったとある。「猪」の下の字は「◎阿脱ヵ」とあり、猪隈小路ぐらいしか思いつかない。そうだとすると、女院の御在所はその西で六条大路の北か南あたりにあったことになるが明らかではない。

御輿を東廊の東戸の前に着けて天皇はそこから御在所の南渡殿に入られた。諸卿の座はなく所々に群居し、饗はなかった。「院の東門は平座なり。鳳輦の入御ははなはだ以て軽々なり。事は非常より出づるの故か。時に戌の刻ばかりか。御座未だ煖《あたた》まらざるに早速還御す」の言辞が、いかに急な行幸であったかを物語っている。戌の刻(十九〜二十一時)のことであった。「臨幸の間、仙院重く悩み給

御斎会（清涼殿）

うと云々」と、天皇が来られている間も女院は苦しんでおられ、先例では「公家」（天皇つまり朝廷）が御祈を行っているが、今回ないのは如何なものか、と疑問をもたれている。

女院が『春記』に登場する最後の記事は、永承七年八月十四日の「一日関白、女院に参らる」であり、それも藤原資房が参内して中納言藤原俊家から仄聞したもので、これ以上の記述がないので病の状態などは知り得ない。この二年後には『春記』も記事が終わっている。

末法入りといえば、この年の春に関白藤原頼通が父の道長から伝領した宇治の別業を寺院に改め、平等院と称したことは知られるところである（『扶桑略記』永承七年三月二十八日条）。そして年明け早々に天変地異を理由に改元されて天喜元年（永承八年、一〇五三）となる。その三月、平等院に中心的な御堂が登場するが、それは鳳凰堂と呼ばれ、安置された本尊の仏師定朝の阿弥陀如来坐像の荘厳さは古今に比類ないものであり、その落慶供養は御斎会に準ずるものであった（『扶桑略記』三月四日条）。この阿弥陀堂（鳳凰堂）と本尊は国宝として伝存している。

この八カ月後に女院は宇治の平等院へ参詣している（『扶

桑略記』十月十三日条）。

母の死

宇治参詣の五カ月前に女院の母の源倫子（准三宮・従一位）が九十歳でこの世を去った。母の破格な長寿は、女院にとって大きな後ろ盾となったにちがいない。鳳凰堂の金色像と対峙した女院は、きっと両親の極楽浄土への旅立ちを報告したことであろう。

後冷泉天皇にとって倫子は外祖母にあたることから、三カ日の廃朝を行っている（『百錬抄』六月十一日条、『大鏡』裏書）。倫子は道長との間に六人の子を儲け、二人の男子は摂関となり、天皇ないし東宮に入った四人の女子のうちの二人から三人の天皇が生まれている。その意味では国母に比類すべき存在といってよい。『栄花物語』（巻第三十六）に「今年の夏、鷹司殿の上うせさせたまひたれば……」とあるが、それ以上の記述はなく、倫子が他界したことは知られるが、母の死と向きあった女院の心情を知ることはできない。

里内裏を転々と

『栄花物語』（巻第三十六）によれば、後冷泉天皇は「七月二つある年」（天喜元年は閏年で七月が二回ある）の堪《こら》えようのない暑さの七月に「わらはやみ」つまり瘧病（マラリア）に罹り、なしうる限りの御修法、御読経などを行い、関白以下は退出することなく伺候していたという。さらに物の怪も現れるといったこともあり、冷泉院は不吉のゆえをもって、天皇は関白頼通の高陽院へ遷御された（『扶桑略記』七月二十日、『百錬抄』八月二十日条）。その夜には中宮の章子内親王、数日後には皇后藤原寛子（頼通の娘）、女御藤原歓子（教通の娘）の渡御も見られた。高陽院の佇まいはたいへん美しく、西の対を清涼殿に、寝殿を南殿（紫宸殿）に、そして澄み渡った池の左右には釣殿

御修法

が趣深く建っていた。

この高陽院が、年明けの天喜二年（一〇五四）正月八日、前滝口紀近則《ちかのり》なる者の放火によって焼失した。そこで天皇は中宮とともに冷泉院に渡御し、皇后も渡っている〔『百錬抄』『日本紀略』、『栄花物語』巻第三十六〕。冷泉院に一カ月ほど滞在した天皇は、関白藤原頼通の四条宮〔四条西洞院南東〕に遷御しているが、そのさいに橘俊綱《としつな》邸の寝殿を移築して南殿にしたという〔『百錬抄』二月十六日条〕。この俊綱は前に触れたように関白頼通の実子であったが〔母は進命婦こと藤原祇子〕、正妻の隆姫女王を憚って讃岐守橘俊遠《としとお》の養子とされたのである。

この邸は狭くて暑苦しい心地がするとあるが〔『栄花物語』巻第三十六〕、四町の広さをもつ高陽院と比べれば、一町の四条宮はそう感じられたかもしれない。

そのようなこともあって九月に京極殿〔土御門殿〕に遷御するが、ここも三カ月後に焼亡し、天皇はいったん民部卿〔権大納言〕藤原長家の三条第に難を避け、二十日後、この年の春に里内裏とした関白頼通の四条宮に遷幸している〔『百錬抄』『扶桑略記』九月二十二〔後者は二十一〕日、十二月八・二十八日条〕。

京極殿の火事について「十二月の八日また焼けぬ。あまりになりぬることは、いふべき方ぞなかりける。内は民部卿の三条に、女院もおはしますに渡らせたまひぬ」（『栄花物語』巻第三十六）と、皇居の度重なる火事に言葉もないとあるが、たしかに後冷泉天皇時代はそれ以前に比べて内裏の火災が最も多い（『中右記』嘉保元年十月二十四日条）。京極殿の火事で天皇が一時、藤原長家の三条第に避難したのは、女院が御在所としていたからで、「母儀仙院御在所」ともある（『百錬抄』）。藤原長家は道長の子で、源明子を母とし、女院にとっては異母弟にあたる。この時期、女院は長家邸にいたのである。この三条第は左京の大宮大路東、三条坊門南にあり御子左第と呼ばれた。

このように里内裏を転々として年末に関白頼通の四条宮に落ちついた天皇は、二カ月後には新造の一条院に遷御している（『十三代要略』天喜四年二月二十二日条〔『続群書類従』巻第八百五十四上所収〕）。

法成寺に御堂を供養

天喜五年（一〇五七）三月十四日、女院は法成寺の一郭に御堂を創建し、その供養は御斎会に準じて行われた（『百錬抄』）。その御堂は「釈尊の教えを守り、先公（道長）建立の法成寺内に地形を占」い、興福寺の南円堂をまねた八角堂であった。興福寺は藤原氏にとっての氏寺である。本尊については「供養記云く」として「金色の丈六阿弥陀如来像一軀を造立し奉らしむ。仏すなわち両足の尊、遙《はるか》に南方端麗の像を顕《あら》わす」とある（『扶桑略記』）。

法成寺の火事と再建

しかし、この八角堂が一年後には焼失の憂き目に遭っている。道長が出家とともに営んだ阿弥陀堂にはじまり、子の関白頼通や彰子（女院）らが堂宇を建立するなど摂関家が人力と経済力を投入して四十年近い歳月をかけて整備した法成寺（無量寿院）が一夜にして焼失してしまった。

康平元年（天喜六年、一〇五八）二月二十三日のことである。被災した建物は金堂、阿弥陀堂、講堂、釈迦堂、薬師堂、五大堂、十斉堂、八角堂、東北院、西北院戒壇、両法華堂、塔、僧坊、鐘楼、経蔵、南楼、宝蔵などで、丈六の仏像数十躰と等身の金色菩薩像百余体も灰燼に帰した。この光景を目にした者はみな涙を流したという（『扶桑略記』）。

この火事について『栄花物語』（巻第三十七）には次のようにある。

同じ二月二十三日の夜、御堂焼けぬ。さばかりめでたくおはします百体の釈迦、百体の観音、阿弥陀、七仏薬師など丈六の御仏たち、火の中にきらめきて立たせたまへる、あさましく悲し。女院の御仏なども、めでたくいみじかりつるも、夜のほどの煙にて上らせたまひぬる、なほなほいみじく悲し。誰にかありけむ、かくぞいひける。

わかちけん煙の後《のち》の形見だになき世はましてかなしかりけり

あれほどにすばらしい仏たちが炎の中に立っている姿は嘆かわしく悲しいことである。女院建立の東北院の仏たちも立派であったのに一夜にして煙となって天に昇ってしまったのは大変悲しいことだ。ちなみにこの詠歌から「けぶりの後」という巻名がついたのである。

この三日後には新造内裏、中和院、大極殿などが焼失している（『康平記』〔『群書類従』巻第四百五十所収）、『扶桑略記』康平元年二月二十六日条）。新造内裏については「遷御未だ在らざる以前なり」とあるから（『中右記』嘉保元年十月二十四日条）、未使用の状態で焼亡したことになる。

法成寺はほぼ全焼であったが、翌月には基壇を据えることが行われ、とりわけ阿弥陀堂（道長創建の九体阿弥陀堂）は関白頼通が差配している。また使者を木幡の故藤原道長の墓所に遣わして、法成寺の火事のことを報告している（『康平記』康平元年三月二十七・三十日条）。ただちに再建に取りかかり、翌年には無量寿院（阿弥陀堂）と五大堂が出現している（『康平記』『扶桑略記』康平二年十月十二日条）。

無量寿院には「金色丈六阿弥陀如来像九体、一丈観音・勢至二菩薩像各一体、彩色四天王像各一体」が安置された（『扶桑略記』）。この日の丑の刻（午前一〜三時）に女院が遷御し、寅の刻（三〜五時）に御仏を移しているが、この御仏について「院円堂御仏を以て中尊座光と為し、先日移し了んぬ。諸家の人々之を勤む」とある（『康平記』）。ここにいう院円堂とは女院の八角堂のことである。それは上掲の無量寿院の仏像に続いて記される「此の中弥陀尊一体は禅定仙院（女院）寺家の内、別に禁宇を排し、素より安置するなり。堂舎すでに灰燼と為し、仏像独り烟焔を避け見られたる。此の一仏を以て其の中尊と為す」（『扶桑略記』）の文に見合うものである。つまり火を免れた女院の御堂の仏像が中尊に転用されたということである。

供養が終わって奉仕した僧らに、女院（上東門院）、中宮（章子内親王）、皇后（藤原寛子）、皇太后（禎子内親王）から布施が与えられた。女院からは、大僧正へ織物掛一重《うちきひとかさね》、絹四十五疋《ひき》（絹織物の長さの単位、二反を一疋）、法印《ほういん》へ絹三十疋、大僧都《だいそうず》四名へ各絹二十五疋、少僧都《しょうそうず》三名へ各絹二十疋、律師《りっし》二名へ各絹十五疋、凡僧二十名へ各絹五疋、そして三剛《さんごう》の上座《じょうざ》に絹七疋、寺主《じしゅ》に絹三疋、都維那《ついな》に絹三疋、預四名に各絹一疋を賜わっている。中宮以下もほぼこれに倣っているから（『康平記』）彼らにとって大きな収入であろう。

ついで東北院の供養が見られた。康平四年（一〇六一）七月二十一日のことで、「仏像堂宇の荘厳比する無し。此の日天下に大赦《たいしゃ》」とあるから、以前よりも豪華な佇まいであったことがわかる（『扶桑略記』）。『康平記』同日条には次のようにある。

東北院を供養せらる。もと是れ法成寺の東北に建立す。故に此の号あり。而るに去る康平元年灰燼と為す。仏像鑱《わずか》に烟炎《えんえん》を免る。仍りて此の地を占い旧の如く堂舎を建立し、本仏を安置するなり。

わずかな仏像が炎を免れたようであり、それを安置するために元の場所を変えて同じように堂舎を建てたのである。

女院が場所を移転して再建した東北院は「百十二年」後の承安元年（一一七一）七月十一日に地を払って焼失したが、仏像や経典は持ち出して西北院に運んでいる。ちなみにこの西北院も康平の火事で焼失し、頼通が延久四年（一〇七二）八月二十八日に再建したものであった（『百錬抄』）。

このようにして法成寺の堂舎は徐々に整備されていったが、時代が降って十四世紀初めにはかなり衰亡していた情況が『徒然草』（二十五段）に見られる。

京極殿・法成寺など見るこそ、志《こころざし》留まり、事変じにけるさまはあはれなれ。御堂殿の作り磨かせ給ひて、庄園多く寄せられ、我が御族《おほんぞう》のみ、御門の御後見、世の固めにて、行末までとおぼしおきし時、いかならん世も、かばかりあせ果てんとはおぼしてんや。大門・金堂など近くまでありしかど、正和（一三一二〜一七）の比《ころ》、南門は焼けぬ。金堂は、その後、倒れ伏したるまゝにて、とり立つるわざもなし。無量寿院ばかりぞ、その形とて残りたる。丈六の仏九体、いと尊くて並びおはします。行成大納言の額、兼行《かねゆき》が書ける扉、なほ鮮かに見ゆるぞあはれなる。法華堂なども、未だ侍るめり。これもまた、いつまでかあらん。かばかりの名残だになき所々は、おのづから、あやしき礎《いしずえ》ばかり残るもあれど、さだかに知れる人もなし。

兼好法師の時代にまで三蹟の一人、藤原行成の手になる寺額が残っていたのであるが、それは必ずや藤原道長の依頼によるものであったにちがいない。また源兼行といえば行成より半世紀ほど後の人で、「能書家・額書」とあるように父と子も書に優れた係累で、屛風の色紙形を手がけ、天喜元年（一〇五三）平等院鳳凰堂の扉絵の色紙形を書いたのも兼行と考えられている。ほかに大極殿などの額字も書いている（『尊卑分脈』第三篇「陽成源氏」、『平安時代史事典』春名好重「源兼行」）。

女房の恋人への返歌

白河上皇の命によって撰集された『金葉和歌集』（前掲）に、いずれも返歌として上東門院の歌が採られている（巻第六、巻第九）。

㋐経輔卿筑紫へ下りけるに具してまかりける時、道より上東門院に、
　侍りける人のがりつかはしける　　　　　　前大弐長房朝臣
かたしきの袖にひとりは明かせども落つる涙ぞ夜をかさねける
（片敷く衣に一人寝て夜を明かすけれども、袖に落ちる涙は、共寝の衣を重ねる如く夜を重ねて流れることよ）
　これを御覧じてかたはらに書きつけさせ給ける　　　上東門院
別路《わかれぢ》をげにいかばかり嘆くらん聞く人さへぞ袖はぬれける
（別れをほんとうにどれほどか嘆いていることでしょう。歌を耳にする私までも涙で袖が濡れますよ）
㋑例ならぬ事ありて煩ひけるころ、上東門院に柑子奉るとて
　人に書かせて奉りける　　　　　　　　　　堀川右大臣
仕へつるこの身のほどを数《かぞ》ふればあはれ木末《こずゑ》になりにけるかな
（長い間、木の実を奉りなどしてはお仕えしてきたこの身の年月を数えると、木の実が梢になるように、なんと老いの木となってしまったことよ）
　御返、　　　　　　　　　　　　　　　　　上東門院
過ぎきける月日のほども知られつゝこのみを見るもあはれなるかも
（これまでに過ごしてきた長い月日のほども思われて、お送りいただいた柑子の実を見ても、この身を振りかえって、しみじみと思われることよ）

㋐は藤原隆家の子の経輔が大宰府へ下る時に供奉した子の長房が、愛人であった上東門院の女房に遣わした歌。権中納言経輔（五十三歳）が大宰権帥を兼務したのは康平元年（一〇五八）四月のことで、康平六年には辞めている（『公卿補任』該年条）。この詠歌は康平元年の赴任時のものであろう。時に長房（二十九歳）は左少将兼左京大夫であった。前年には上東門院御給で正四位下に叙されており、その前の従四位上（永承六年）も、それ以前の叙爵（従五位下に叙されること、長久二年）もすべて上東門院御給によるものであった（『公卿補任』）。女院には何かと目を懸けられていたのであろう、それが長房から愛人への手紙の横に、女院をして歌を書かしめた事由のように思う。

「前大弐長房朝臣」とあるが、長房は参議の時の寛治六年（一〇九二）九月に大宰大弐《たざいのだいに》（大宰府の次官。長官の帥に多く親王が任じられ、権帥を欠く時には実務を執った）になって赴任し、在任中の嘉保元年（一〇九四）に現地で起きた僧徒の蜂起で逐電上洛し、世間では「半大弐」と称したという（『本朝世紀』康和元年九月九日条）。この肩書が詠歌の時点のものでないことはいうまでもない。

なお寛仁三年に経輔の父の中納言兼大宰権帥藤原隆家（彰子と従姉弟）が刀伊賊の入寇を撃退したことは前に述べたところである。

㋑の堀川右大臣は上東門院彰子の異母弟の頼宗を指す。内大臣頼宗が右大臣に任じられたのは康平三年（一〇六〇）七月で、治暦元年（一〇六五）正月に七十三歳で出家してほどなく他界している（『公卿補任』該年条）。したがって、この間に詠まれたものと考えられ、上東門院の七十代半ばのことである。柑子《こうじ》は今日の蜜柑《みかん》のことであり、頼宗は長年に亙って姉に仕え、よく蜜柑を送っていたようである。木の実が梢になるように自分が老いの身になったことを詠んだもの。女院の歌は、贈られてきた蜜柑によって付き合いの年月の長さを実感している。

女院のもとへ朝覲行幸

康平二年（一〇五九）正月に一条院内裏が焼亡し、後冷泉天皇はひとまず女院が御所としていた室町第へ遷御して一カ月ほど滞在した後、関白左大臣頼通の三条（堀河）第に渡御している（『扶桑略記』『百錬抄』正月八日、二月八日条）。この時点で女院が御所としていた室町第については詳らかにし得ない。この一年は「今年、皇居連日放火す。世以て奇と為す」（『百錬抄』）とあるように何かと物騒な年であった。

年が明けて康平三年の晩春、後冷泉天皇は「仙院」こと女院のところへ朝覲行幸された。七十三歳の女院はそれを摂関家の別業、白河院で受けるために、二日前にその方へ渡っている（『康平記』三月二十三日条）。そうして迎えた当日のことを平定家は日記に詳細に記している（『康平記』三月二十五日条）。

林池勝槩《しょうがい》を覧せしむなり。予め西南の渡殿を御休息幕と為す。所司、御屏風大床子等を立つ。西廊を公卿の座と為し……、西北の渡殿を殿上人の座と為す。同じく渡殿を相隔て其の東を蔵人所の座と為す。北の対の西妻を御厨子所と為す。……池の北頭に楽屋を立つ。大鼓、鉦鼓各一面を其の東馬場末に立つ。……辰の刻出御す。少納言実家請鈴を奏す。西門の北を出で相従う。三条大路を東行し、御輿を馬場末に註《つ》ける源中納言を以て事の由を啓せしむ。此の間乱声を発す。頃之《しばらくありて》、之を止む。舟楽二隻出で進み妙曲を奏す。即ち御輿を西廊に寄す。舟楽舞童各一人、庭中に出で一鼓を打つ。次いで簾中に於て御拝□あり。……午の刻、釣殿に渡り御《たま》う。……宰相中将能長、頭中将顕房、釼璽を候し御う。舟楽進み出でて曲を奏す。橋を渡り、水石を覧る。即ち釣台に着き御う。……西の柴垣に班幔を引き、舞童船を中洲に寄す。江橋を渡り参り進み、一鼓を打つ。舞袖頻りに翻《ひるがえ》る、宛《あたか》も廻雪の如し。頃之、退下し、更に東面に御す。麥隴《ばくろう》田植を覧る。其の後還御す。

女院は、まず天皇に白河院の樹木の多い庭や池の優れた景色を御覧に入れることにした。殿舎の西側に公卿や殿上人の座、その東に蔵人の座を設けている。また池の北に楽屋を立てて太鼓などの楽器を置いた。そのほか白河院の結構が知られる。

後冷泉天皇は、辰の刻（七〜九時）に関白頼通の三条第（三条堀河殿）の西門北部から出て三条大路を東進し、鴨川を渡って白河院へと向かった。邸内に入ると太鼓・鉦鼓による乱声があり、そのあと二隻の船から妙なる曲が流れてきた。その間に天皇の御輿を西廊に着けている。そして簾中において御拝があり、正午ごろに釣殿に渡り、参議左中将の藤原能長と頭中将源顕房が釼璽を携えて伺候した。この間にも舟楽が見られた。天皇は橋を渡って池の水石を御覧になり、釣台に着かれた。

舞童の船を中洲に着け、紅橋を渡って参進し、太鼓を合図に舞ったが、袖を頻りに翻すその様は風に吹き回される雪のようであったという。このあと天皇は麦畑での田植を御覧になり、還御された。白河院は洛外の鴨川東に営まれた別業ゆえ、周辺には田園風景が拡がっていたのである。

この後、天皇は関白藤原頼通の三条堀河殿から康平三年八月十一日に新造の高陽院に遷御して（『百錬抄』『康平記』『扶桑略記』）以降、崩御するまでの七年ほど高陽院を里内裏としたのである。

関白頼通、女院に拝舞

康平四年（一〇六一）十二月十三日、関白藤原頼通は太政大臣に任じられ（『康平記』『扶桑略記』）、八日後に女院のもとへ慶賀のために参上している（『康平記』十二月二十一日条）。それは夜のことで、家司や職事を伴い、女院御所へは東北門から入り、宮内卿の権中納言源経長を介して参上の由を申上し、南庭において拝舞して御前に参進し、しばらくして女院が出御された。

ところで藤原頼通は前年の七月十七日に左大臣を辞して関白のみとなり、弟の右大臣教通が左大臣に、異母弟の頼宗が右大臣に昇任している（『公卿補任』康平三年条）。七十代後半以降の女院の動静ははっきりしないが、それは史料の制約もさることながら、年齢からくる要因も考えられる。そんななか康平六年十二月二十四日に三井寺一乗院を供養したことが知られる（『百錬抄』『興福寺略年代記』〔『続群書類従』巻第八百五十七所収〕）。

中宮章子内親王と対面

治暦二年（一〇六六）五月に内裏（高陽院）において最勝講が挙行されたが、『栄花物語』（巻第三十七）によれば次のようなことである。

女院は内裏におられた。皇后宮の寛子は弘徽殿の上の御局におられたが、畳二枚敷く程度の狭いところであった。そして中宮章子内親王の御局は女院の御座所の西にあり、本来の清涼殿でいえば藤壺の上の御局に相当する。

女院が中宮のところへ御渡りになり、両者の部屋を仕切っている戸をお開けになって対面される。中宮は姫宮と申してもよいくらい若々しく、美しくあでやかで花を折り取ったような風情である。その中宮に対して女院が「まあ、もったいないこと、この上の御座にいらっしゃい」と申し上げるが、たいそう狭いところなのでやはり下におられる。やがて東の方から天皇がお出ましになって長押に寄りかかっている。左右に帝と中宮を下に置いている女院のご様子は今に始まったことではないが、実にすばらしいことである。いっぽう帝と中宮の見事なお姿を見上げる女院としても、どうして並々なことと思われようか、尊いことである。

関白藤原頼通の高陽院に、女院にとって孫の後冷泉天皇（父は後朱雀天皇、母は嬉子）、同じく孫で姪の中宮章子内親王（父は後一条天皇、母は威子）と皇后寛子（父は藤原頼通）の要人が一堂に会したのである。時に女院は八十歳に手の届く高齢になっていた。そして頼通の引退も迫っていたのである。

後冷泉天皇の宇治行幸

治暦三年（一〇六七）十月、後冷泉天皇は宇治の平等院へ行幸された。『扶桑略記』同年十月五日条には以下のようにある。

> 天皇の車駕、宇治平等院を幸臨す。宸儀兎道《うぢ》橋を渡り御《たま》うの間、伶人華船を棹《さおさ》し、河上へ泝《さかのぼ》る。凡そ仁祠の荘厳、事嚢篇《のうへん》に絶ゆ。入り御うの後、即ち腰輿《ようよ》に駕《の》り、阿弥陀堂に礼し奉る。池の上に錦繍《きんしゅう》の仮屋を架し、また池の中に龍頭鷁首船あり。童楽を奏し訖んぬ。経蔵に渡り御い、仏具を覧御う。還御の後、御膳を供す。金銀珠玉を以て之を儲《もう》く。事の希有《けう》、殊に叡感を催す。翌日雨下

朝霧橋と宇治の風景

る。乗輿蹕《さきばらい》を停《とど》む。風流地勢殊に賞翫《しょうがん》とすべし。忽ち事議あり、文に屬《つ》くの生を召し、詩を献ぜしむ。文人着座の間、細馬六疋を献ぜらる。

天皇の車駕が宇治橋を渡る時に楽人を乗せた華やかな船が宇治川を遡っていた。平等院に到着後、腰輿に乗り替えた天皇は阿弥陀堂に至り、金色に耀く阿弥陀如来像を拝している。その間、池に浮かぶ龍頭鷁首の船では音楽が演奏されており、天皇は経蔵に渡って仏具をご覧になった。その後、御膳を供せられているが、その器物が金銀珠玉とあまりにも立派なものであったので天皇も感興を催されたという。

翌日はあいにくの雨となったが、天皇は輿で警蹕《けいひつ》（先払い）なしで周囲の景色を楽しまれた。天皇が内裏（高陽院）に還御されたのは七日のことであり、平等院には封三百戸を加え、家主の関白頼通は三宮に准じられ、年官年爵や随身を賜うなどしている（『扶桑略記』十月七日条）。

この行幸は『栄花物語』（巻第三十七）に「宇治殿に行幸あるべしとありつれど、とまりぬれば、口惜しく思しめす。……春とまらせたまひにし宇治の行幸せさせたまふ。十月九日なり。めでたしなども世の常なり」とあって、春に予定されていたものが延期になっての挙行であったが、九日は五日の誤りである。

『今鏡』（すべらぎ上 第二）では十月十五日（誤記）としているが、そこにも宇治橋を渡る帝の行列、楽人が船でその方を目ざして漕ぎのぼる様子、唐船から聞こえてくる奏楽、飾り立てられた帝の供膳などが述べられている。そして翌日に帰るべきところを雨になったので留まって、「十七日文など作らせ給ふ」とある。

上掲の『扶桑略記』には、文章生を召して漢詩を献じさせたとあるが、『帝王編年記』十月七日条には作文会があって、天皇が秀句、「忽に烏瑟三明《うしつさんみょう》の影を看て、暫し鸞輿《らんよ》の一日の蹤《あと》を駐《とど》む」を作られたとある。この詩は、十二世紀の早い時期に成った藤原基俊撰の『新撰朗詠集』（『群書類従』巻第三百五十一所収。藤原公任の『和漢朗詠集』に倣った歌謡集）に「宇治行幸詩 後冷泉院」として載っている。また『今鏡』（すべらぎの上 第二）には、帝の詩を読み下した形で「たちまちに烏瑟の三明のかげをみて、しばらく鸞輿の一日のあとをとどむ」とある。烏瑟というのは烏瑟膩沙《うしつにしゃ》の略称で肉髻、具体的には阿弥陀如来像の仏頂、三明とは自他の過去を見通す宿命通、衆生の来世の生死を見通す天眼通、あらゆる煩悩を滅した漏尽通をいい、鸞輿とは鳳輦、つまり天皇の乗る輿のことである。平等院の阿弥陀仏像を拝して俄に悟りの知恵の光を見た、輿で行幸してきた一日のあと、暫く留まっている、とこんな意味になろうか。

なお『今鏡』には「太政大臣二三年かれにのみおはしましかばわざと行幸侍りて見奉らせ給ふと

ぞ承りし」とあって、頼通に会うことも行幸の目的であったという。頼通の太政大臣は五年前のことである。後冷泉天皇の末年には関白頼通は宇治に籠ることが多くなったといい、『栄花物語』（巻第三十七）に「後冷泉院の末の世には、宇治殿入りゐさせたまひて、世の沙汰もせさせたまはず、東宮と御仲あしうおはしましければ……」とあるように、東宮（皇太弟）尊仁親王が政治に深く介入してきたことがその一因とされている。それも否定できないが、七十代半ばを過ぎた頼通は高齢に加え、あまりにも長すぎた摂関の地位、何よりも外孫に皇子を持てなかったことが要因となって身を引いたというのが真実であろう。それに姉の女院に頼むところがあった。

頼通の関白辞任　この年の十一月、七十六歳の関白藤原頼通は初度の上表を行ったが固辞され、十二月五日の二度目の上表で勅許があり、年明けて三度目の上表で許され、実弟の教通（七十三歳）が関白となった。治暦四年（一〇六八）四月のことであるが（『公卿補任』）、これまた高齢の関白である。

頼通が摂関であった期間は、後一条・後朱雀・後冷泉の三代におよび、五十一年という最長を記録した。この頼通の摂関を精神的に支えたのは女院の存在であった。「女院を立てて事にあたる」ことを晩年の道長は口にしていたといい、とりわけ頼通はそれを遵守したのである。

頼通は辞任するにあたって関白を子の師実に譲りたいと望んでいたことが『古事談』に見える（第二「臣節」六十一話〈原文は漢字片仮名交じり〉。以下の読み下し文は〈新日本古典文学大系〉『古事談・続古事談』に依拠した）。

宇治殿（頼通）関白をば直《ただ》ちに京極殿（師実）に譲り奉らむとおぼして、上東門院にも其の由申さしめ給ひければ、女院御くしけづらせて御とのごもりたるが、此の事を聞《きこ》し食《め》して、受けざる気色御坐《おはしま》して、俄に起きしめたまひて、御硯・紙召し寄せて、忽ちに御書を内裏に進《たてまつ》らしめ給ひけり。其の状に云はく、「おとど申さるる事候ふとも、御承引有るべからず。故禅門（道長）慥《たし》かに申し置かれし旨候ふなり」と。仍りて譲る事を許されず。遂に後冷泉の御宇に、大二条（教通）に譲らる、と云々。

関白が、そのことを姉の女院に申したところ難色を示した。そして女院は天皇のもとへ手紙を送り、頼通からの申し入れは承引しないように、それは亡き道長の遺命である、と伝えた。その結果、藤原教通に関白の詔が下ったという。

なお頼通による師実への関白移譲に関して田島公氏が国立歴史民俗博物館所蔵の広橋家本『摂関補任次第別本』を紹介している（「禁裏文庫周辺の『古事談』と『古事談』逸文」。漢文体を読み下し、人名註の多くを割愛した）。それは『古事談』を引用したものであるが、上掲のものと多少異なっているので記しておこう。

〔十三〕大二条、治暦四・四・十六、

康平の比《ころ》、宇治殿（源）隆国卿に仰せられて曰く、隠居の志あり、関白を内府京極、に譲らんとす。

隆国申して云く、此の事極めて大事なり、女院に申し合わせらるべし、と云々。また隆国を召し、仰せられて曰く、彼の事女院に申す処、先ず左府大二条に譲るの後、内府に移すの条、宜すべし、と云々。仍りて遂に左府に譲る土御門右府を以て入道殿の遺言の趣を仰せらる、と云々。女院御書を以て内裏（後冷泉天皇）に申さる、と云々。其の趣、禅閤慥かに申し置かる旨之あり。内府の事、勅許あるべからず、と云々。
〔土御門右府は頼通猶子の源師房〕

『公卿補任』康平三年条の関白左大臣頼通の項に「七月十七日、重て上表、左大臣を辞す。男権大納言師実卿を以て内大臣に任ずるを申す」とあって、頼通が左大臣を辞任したことで右大臣教通が左大臣、内大臣頼宗が右大臣、そして師実が四人の上﨟を超えて内大臣となっている。ゆえに「康平比《ごろ》」というのはこれ以降の数年間を指しており、頼通の七十代前半のこととなる。その頼通が、源隆国（前中納言）に、隠居して関白職を子息に譲りたいと漏らしたのである。隆国は、これは極めて大事なことゆえ女院に相談すべきと返答している。そこで頼通が女院に申したところ、まず教通に譲り、その後に師実に移譲するように、とのことであった。これが道長の遺言であり、女院が手紙を後冷泉天皇に遣わしたことは同じである。

ここでも女院が人事へ介入し、その決定権を握っていたことが注目される。

後冷泉天皇の崩御と新帝の即位

藤原教通が関白となって二日後の早暁に後冷泉天皇が内裏、高陽院において四十四歳で崩御し、即座に劔璽が閑院にいる東宮尊仁親王のもとへ移され、「如在の例」としている。つまり譲位の形をとっているのである。ここに後三条天皇が出現した（『本朝世紀』『百錬抄』『扶桑略記』治暦四年四月十九日条）。神鏡が閑院に移されたのは十日後のことである（『本朝世紀』四月三十日条）。

「何ごともただ殿にまかせ申させたまへりき」、すべて関白頼通委せの後冷泉天皇に対して、三十五歳の後三条天皇は摂関家との外戚関係が薄く（母が藤原氏でない）、関白教通の七十三歳という高年齢もあって天皇親政を志し、荘園整理令の発布や宣旨枡の制定など意欲的な政策を打ち出し、摂関家に対して強い態度で臨むことが多かった。「この内の御心いとすくよかに、世の中の乱れたらんことを直させたまはんと思しめし、制なども厳しく、末の世の帝には余りめでたくおはしますと申しけり」、つまり気性は強く、しっかり者で末世としては過分な帝、と言われるゆえんである（以上『栄花物語』巻第三十八）。

ところで四十四歳の孫天皇に先立たれた八十二歳の女院の悲嘆は想像するにあまりあるが、それを伝える記述は残されていない。この時期の日記などが残っていないこともさることながら、この後の女院の動静はほとんど知られないのである。年齢からいっても主だった動きはなく、隠棲の暮らしに終始したと思われる。

3　女院の最期

死までの数年間　知られることとしては延久元年（一〇六九）の年末、女院の申し入れによって御願の東北院に四人の阿闍梨を置くことを決めている（『扶桑略記』十二月二十七日条）。その一年後に女院は病んでおり、天下に大赦が行われているが（『扶桑略記』十一月七日条）、どうやら大過なく済んだらしい。

延久三年に八十歳を迎えた前太政大臣頼通のために、弟の関白太政大臣教通（七十六歳）は、宇治の平等院において六十人の僧を招いて大法会を催している（『扶桑略記』三月十二日条）。その十カ月後の年明け早々に頼通は病を理由に出家する（『扶桑略記』延久四年正月二十九日条）。

そしてその年の十二月のこと、後三条天皇は突然に在位五年にして子の東宮貞仁親王に譲位してしまう。後に院政を創始する白河天皇（二十歳）の登場である。

後三条天皇が三十九歳という若さで譲位した背景には、院政開始説や病気説が取り沙汰されるが、後者の可能性が高い。その証拠に譲位して数カ月後に病気を理由に出家し、翌月には崩御している（『百錬抄』『扶桑略記』延久五年四月二十一日、五月七日条）。ただ、この時点で女院が白河天皇の即位と後三条法皇の崩御をどの程度、認識していたのか、どうかは明らかではない。

年が明けて承保元年（一〇七四）二月二日、宇治に隠棲していた藤原頼通が八十三歳でこの世を去っている（『栄花物語』巻第三十九）。不思議にもその日に野鹿が法成寺に入り込んでいる（『扶桑略記』）。頼通の遺骨は藤原氏の墓地である宇治木幡の一郭の「栗小馬山の墓所」に埋納されたが、それは後年、嫡子の師実の葬送記事によって知られるのである（『殿暦』康和三年二月二十一日条）。

弟の死に直面した女院の様子について『栄花物語』（巻第三十九）では以下のように記されている。

大女院をば上東門院とぞ、男などは申しける。またこのごろおはします所に従ひて、東北院とも聞えさす。宇治殿この春うせたまひにしを思し嘆かせたまひしこと、おろかならず。御心地うちはへ悩ませたまへば、女院渡らせたまへり。この院をば二条院とぞ聞こえさせける。苦しげにおはしませば、いとあはれに思しめす。夜もすがらいと苦しうせさせたまへば、三四日ばかりおはします。

彰子のことを「大女院」と言っているのは、頼通の死の四カ月後に、彰子が可愛がっていた孫の太皇太后の章子内親王（故後冷泉天皇中宮）が女院となって二条院を称し（『扶桑略記』承保元年六月十六日条）、それ以前に禎子内親王（故後朱雀天皇皇后）が陽明門院を称していたので（『水左記』治暦五年二月十七日条）、同時期に女院が三名いたことによるのであろう。

『栄花物語』によると、彰子は弟の薨去を知って嘆き悲しみ、その後も病に苦しむ日々であり、二条院が見舞いに訪れた折にも大層苦しそうにしており、それが一晩中続くので数日滞在したという。彰子はかなり衰弱していたようである。

女院逝く

けっきょく弟の最期を見送って八カ月後の初冬、大女院の彰子は法成寺の阿弥陀堂において九体の阿弥陀仏像に導かれるように八十七歳の生涯を閉じている（『扶桑略記』『百錬抄』十月三日条）。それはまさに父の道長と同じ様相であった。

兄が死に、今また頼りにしていた姉を失った関白教通は、計り知れない打撃を受けている。『栄花物語』（巻第三十九）には、関白殿が「いとあはれに、ことはりの御年のほどなれど、また誰にものをも申しあはせて過ぐさんずらん。何ごとも院に参りて申さんとこそ思ひしか。老の末にさまざまかくうち捨てられたてまつりぬること」、すなわち天寿を全うしたとはいえ、これまで何事も姉に相談して執り行ってきたのに、この後はいったいどうしたらよいのか、と言って泣いたとある。これは大嘗祭の御禊（賀茂川への行幸）に関わってのことを端緒としてはいるが、万事についていえることであろう。

関白教通は、白河天皇から御禊を控えているので喪に籠らぬように言われたが、どんな大事があろうとも葬事に奉仕せずにいられようか、と服喪して御葬送に付き従った。七十九歳の関白は歩くことは堪えられず、御棺より少し退いて車に乗って供奉している。続けて『栄花物語』（巻第三十九）には次のように記されている。

年ごろめでたくいみじうかしづかれ過ぎさせたまへる人々も、雲煙《くもけぶり》にて上がらせたまひぬる、なほいみじうあはれなることなり。さぶらふ人々泣きまどふさまかぎりなし。おはしまさざらん後も、

「女房などの、そこの人とてあやしきさまにて散り失《う》する、いと心憂きことなり。この西の院にかくながらあれ」と仰せられ、掟《おきて》変らず、あるべき事どもなどし置かせたまひけり。

長年たいせつにされて暮らしてきた女院も、荼毘に付されて煙となって昇天してしまうと、ひどくせつなく悲しいことである。仕えていた女房たちは際限なく泣き悲しんでいる。生前に彰子は、自分の亡きあと、この女房たちのことを案じて、かつて彰子に仕えていた人だと言われて散りぢりになるのは辛いことである、このまま土御門殿に居れるように、と仰せられて、そのような処置をされていたという。

関白教通は、天皇の大嘗会に備えての賀茂川での御禊のための行幸には供奉しておらず、その理由に故彰子の触穢を挙げている（『扶桑略記』十月二十日条）。

彰子の遺骸は、崩御の三日後に東山は鳥辺野の北辺の大谷で荼毘に付され、遺骨は宇治木幡の藤原氏累代の墓所に埋葬された（『大鏡』裏書、『扶桑略記』十月六日条）。

この翌年、関白教通は二人のあとを追うように関白在任のまま八十歳で他界している（『扶桑略記』承保二年九月二十五日条）。この三人の姉弟は母倫子（享年九十歳）の血を受け継いだのか、長命を保った。教通の後継の関白には故頼通の子の左大臣師実が就き、この後の摂政・関白はこの子孫が継承することになる。そして、彰子の崩御時は曾孫の白河天皇の代になってから二年足らずであるが、摂関体制は大きく後退し、上皇が権勢を発揮する新体制へと向かうことになる。

彰子は、良房以降道長に至る摂関たちのように、時には骨肉の争いを展開しながら、一線に立って権力の掌握に奔走するなどの実行動に出ることはなかったけれど、母后としての存在そのものが、摂関権力の守護神のように認識されていた。とりわけ道長亡き後の頼通時代には、その力が発揮されたといえよう。四歳違いの姉弟は二人三脚というよりも、頼通は姉を権威の象徴として担ぎ出すことによって摂関家の存在を貴族たちにアピールしてきた。そして彼の半世紀を超える摂関時代の根は、彰子に起因するといっても過言ではない。

木幡の総拝所

彰子は、長命を保ったことによって一条から白河まで七代の天皇にまみえた。その間に外戚政治は最盛期から衰退期へと向かったが、彰子は、それらと対峙し、その動静を見届けた女性であった。なかでも後一条・後朱雀天皇（皇子）、後冷泉・後三条天皇（孫）の国母として、半世紀以上に亙って君臨し、藤原摂関家の栄華に大きく貢献した女性であった。

彰子個人に権威欲・権力欲があったかどうかはともかくとして、御堂流の摂関家保持のために、父や兄弟に担ぎ出されたことは確かである。道長と子息たちは、彰子の国母という立場を最大の武器としたのである。それによって臣下は言うにおよばず天皇さえも説得できたのである。

上東門院彰子は、宇治木幡の墓地で、権力をともにした父や兄弟たちと宇治川のせせらぎを聞きながら永遠の眠りについている。

引用文献

文中では、煩雑を避けるため日記など引用史料を除いて簡略化して表記した参考文献（『栄花物語』や勅撰集など解釈も依拠したものも含む）の典拠を以下に記す。これらは直接に参考としたものであり、これ以外にも間接的に知識を得た多くの著書、論文があることはいうまでもない。これらから蒙った学恩に感謝する。

なお、『御堂関白記』に関しては山中裕編『御堂関白記全註釈』に依拠したところが大きい。註釈は完結して現在、思文閣出版から刊行されている（全十六冊）。なお、これと兄弟の関係ともいえる好著、大津透・池田尚隆編『藤原道長事典――御堂関白記からみる貴族社会』が同じ出版社から昨年（二〇一七年）に刊行されている。

序　章

日本古典文学全集『大鏡』（校注・訳 橘純一）小学館、一九七四年。

第一章

新潮日本古典集成『大鏡』（石川徹校注）新潮社、一九八九年。

新編日本古典文学全集31『栄花物語』（山中裕・秋山虔・池田尚隆・福永進校注・訳）①～③小学館、一九九五～九八年。なお『栄花物語』が描く彰子を扱ったものに中山昌「『栄花物語』と上東門院」（平安朝文学研究会編『平安朝文学の諸問題』笠間書院、一九七七年）がある。

角田文衛「土御門殿と紫式部」（角田文衛著作集7）『紫式部の世界』法蔵館、一九八四年、初出は一九六五年。

『玉薬』（今川文雄校訂）思文閣出版、一九八四年。

日本古典文学全集『今昔物語集 三』（馬淵和夫・国東文麿・今野達校注・訳）小学館、一九七四年。

新日本古典文学大系『古本説話集』（中村義雄・小内一明校注）岩波書店、一九九〇年。

山中裕「敦康親王」『平安人物志』東京大学出版会、一九七四年、初出は一九六五年。

上島享「藤原道長と院政」『日本中世社会の形成と王権』名古屋大学出版会、二〇一〇年。

第二章

朧谷『平安王朝の葬送――死・入棺・埋骨』思文閣出版、二〇一六年。

黒板伸夫『藤原行成』吉川弘文館、一九九四年。

『本朝麗藻』（巻上）『群書類従』巻第百二十七所収。訓読は川口久雄・本朝麗藻を読む会編『本朝麗藻簡注』勉誠出版、一九九三年。

清水好子『紫式部』岩波書店、一九七三年。

新潮日本古典集成『紫式部日記 紫式部集』（山本利達校注）新潮社、一九八〇年。

日本絵巻大成9『紫式部日記絵詞』中央公論社、一九七八年。

増田繁夫『評伝 紫式部――世俗漂着と出家願望』和泉書院、二〇一四年。

第三章

『御産部類記』（図書寮叢刊）明治書院、一九八一年。

豊永聡美「累代御物の楽器と道長」『日本歴史』第六七二号、二〇〇四年。

山本淳子編『紫式部日記』（ビギナーズクラシックス 日本の古典）角川学芸出版、二〇〇九年。

曾沢太吉・森重敏『紫式部日記新釈』武蔵野書院、一九六四年。

新日本古典文学大系『江談抄 中外抄 冨家語』（後藤昭雄・池上洵一・山根対助校注）岩波書店、一九九七年。

服藤早苗「『栄花物語』と上東門院彰子」『平安王朝社会のジェンダー――家・王権・性愛』校倉書房、二〇〇五年、初出は二〇〇三年。

倉本一宏『一条天皇』吉川弘文館、二〇〇三年。

中島和歌子「藤原定子をめぐって――一条天皇の辞世歌のことなど」『むらさき』第五四輯、二〇一七年。

日本古典文学全集『新古今和歌集』（峯村文人校注・訳）小学館、一九七四年。

和歌文学大系『赤染衛門集』（武田早苗校注）明治書院、二〇〇〇年。

新日本古典文学大系『後拾遺和歌集』（久保田淳・平田喜信校注）岩波書店、一九九四年。

新日本古典文学大系『千載和歌集』（片野達郎・松野陽一校注）岩波書店、一九九三年。

上村悦子『王朝の秀歌人　赤染衛門』新典社、一九八四年。

山本淳子訳注『紫式部日記』角川学芸出版、二〇一〇年。

諸井彩子「上東門院彰子サロン――文化を湧出する場の女房たち」お茶の水女子大学『人間文化創成科学論叢』第一六巻、二〇一三年。

第四章

服藤早苗「宴と彰子――一種物と地下炉」大隅和雄編『文化史の構想』吉川弘文館、二〇〇三年。

高松百香「院政期摂関家と上東門院故実」『日本史研究』五一三号、二〇〇五年。

今井源衛『紫式部』吉川弘文館、一九六六年。

角田文衛「実資と紫式部」『紫式部とその時代』角川書店、一九六六年。

諸井彩子「大弐三位藤原賢子の出仕時期――女房呼称と私歌集から」『和歌文学研究』第百四号、二〇一二年。

古瀬奈津子〔シリーズ日本古代史⑥〕『摂関政治』岩波書店、二〇一一年。

図書寮所蔵（桂宮本叢書　第九巻）宮内庁書陵部編『伊勢大輔集』養徳社、一九五四年。

朧谷「藤原頼通の高倉殿」『平安貴族と邸第』吉川弘文館、二〇〇〇年、初出は一九九一年。

角田文衞監修『平安時代史事典』角川書店、一九九四年。

樋口健太郎「院政の成立と摂関家――上東門院・白河院の連続性に着目して」『中世摂関家の家と権力』校倉書房、二〇一一年。

第五章

服藤早苗「王権と国母――王朝国家の政治と女性」『平安王朝社会のジェンダー――家・王権・性愛』校倉書店、二〇〇五年、初出は一九九八年。

『諸寺供養記』藤田経世『校刊美術史料 寺院編 中巻』中央公論美術出版、一九七五年。

古瀬奈津子「摂関政治成立の歴史的意義――摂関政治と母后」『日本史研究』四六三号、二〇〇一年。

黒板伸夫「藤原道長の一条第」『摂関時代史論集』吉川弘文館、一九八〇年。

『法成寺金堂供養記願文』日本思想大系『古代政治社会思想』岩波書店、一九七九年。

日本絵巻大成23『駒競行幸絵巻』（小松茂美編）中央公論社、一九七九年。

新日本古典文学大系『金葉和歌集』（川村晃生・柏木由夫校注）岩波書店、一九八九年。

清水好子『恋歌まんだら――和泉式部』集英社、一九八五年。

増田繁夫『冥き途――評伝 和泉式部』世界思想社、一九八七年。

高木和子『和泉式部』笠間書院、二〇一一年。

『新編国家大観』第三巻「私歌集編Ⅰ」『和泉式部集』角川書店、一九八五年。

第六章

木本好信「御堂関白道長の涙――娘彰子の出家」『奈良平安時代の人びとの諸相』おうふう、二〇一六年、初出は一九八一年。

白根靖大「中世前期の治天について」『中世の王朝社会と院政』吉川弘文館、二〇〇〇年。

角田文衛「後一条天皇の乳母たち」『王朝の明暗』東京堂出版、一九七七年、初出は一九七〇年。

八馬朱代「東三条院と上東門院の石清水八幡宮・住吉社行啓についての試論」『史叢』七七号、二〇〇七年。

西岡虎之助「上東門院藤原彰子の仮名願文」『日本女性史考』新評論社、一九七七年。

『延暦寺』（古寺巡礼京都26）「図版解説 寺宝」（清水善三）淡交社、一九七八年。

京都国立博物館編（金峯山埋経一千年記念特別展覧会）『藤原道長――極めた栄華・願った浄土』「金銀鍍宝相華文経箱」（宮川禎一）、二〇〇七年。

萩谷朴『平安朝歌合大成』三、同朋社、一九五九年。

『新編国歌大観』第五巻「歌合編他」角川書店、一九八七年。

萩谷朴「『上東門院菊合』の研究――十巻本『歌合』巻五所収本の書誌・語釈」『古代文化』第四十巻第九号、一九八八年。

市川久編『蔵人補任』続群書類従完成会、一九八九年。

新日本古典文学大系『詞花和歌集』（工藤重矩校注）岩波書店、一九八九年。

『新編国歌大観』第三巻「私歌集編Ⅰ」角川書店、一九八五年。

角田文衛「関白師実の母」『王朝の映像』東京堂出版、一九七〇年、初出は一九六六年。

中村義雄『王朝の風俗と文学』塙書房、一九六二年。

高松百香「上東門院彰子の剃髪」倉田実編『王朝人の婚姻と信仰』森話社、二〇一〇年。

勝浦令子「尼削ぎ攷」『女の信心――妻が出家した時代』平凡社、一九九五年。

坂本賞三「『春記』にみえる王朝貴族の国政的危機意識について」竹内理三博士古稀記念会『続律令国家と貴族社会』吉川弘文館、一九七八年。

朧谷「藤原頼通の高陽院」『平安貴族と邸第』吉川弘文館、二〇〇〇年。

第七章

上島享「白河地域の景観とその特質」『日本中世社会の形成と王権』（前掲）。

『新編国歌大観』第一巻「勅撰集編」角川書店、一九八三年。

宮崎康充編『国司補任　第四』続群書類従完成会、一九九〇年。

「歴代后妃表」角田文衛監修『平安時代史事典――資料・索引編』角川書店、一九九四年。

杉山信三「法成寺について」「白河御堂」『院家建築の研究』吉川弘文館、一九八一年。

福山敏男（日本の美術九）『平等院と中尊寺』平凡社、一九六四年。

元木泰雄『武士の成立』吉川弘文館、一九九四年。

梶原正昭校注（古典文庫）『陸奥話記』現代思潮社、一九八二年。

新日本古典文学大系『古事談　続古事談』（川端善明・荒木浩校注）岩波書店、二〇〇五年。

田島公「禁裏文庫周辺の『古事談』と『古事談』逸文」（新日本古典文学大系『古事談　続古事談』月報一〇〇）岩波書店、二〇〇五年。

あとがき

上東門院彰子の一生をたどってきた。彰子が藤原道長の嫡女としてこの世に生を享け、十二歳で一条天皇に入内し、生んだ二人の皇子が相次いで天皇となり、道長の栄華を支えた女性、そして『源氏物語』作者の紫式部が出仕した女性、という程度のことは、この時代を知る者にとっては常識であろう。筆者とて似たようなもので、彰子に格別に強い関心を抱いていたわけではなかった。ましてや彰子について一冊の本を物するなど思ってもいなかった。その契機をはっきりと思い出せないが、あることを調べていて興味を抱き、史料を渉猟しだして深みにはまり込んだ、というのが正直なところである。それからというもの、彰子の生涯を追いかけて史料と格闘しながら一通り書き終えた段階で、彰子に主点を置いた研究がそれなりにあることを知り、それらをも消化して取り込むことで、より明確に意義づけできた点もある。

彰子ほど生誕時とその後の人生とで、歯車が大きく狂った人も少なかろう。それはひとえに父の人生に起因する。彼女がこの世に生を享けた時には、まさか将来、国母になろうとは、予測できなかった。病弱な父には健康な二人の実兄（彰子にとっては伯父）がいたからである。ところが、彰子が八歳の時にこの伯父たちが相ついで他界したことで、父のところに政権の座が転がりこんできたのである。そして、嫡女である彰子の肩に大きな役割が重くのしかかってきた。それは天皇家に入って一人でも多くの皇子を儲けることである。そのことで道長家から多くの天皇を輩出することになり、その結果、摂政・関白を独占して長期安定政権の維持に繋がるのである。

内覧左大臣となって政権の頂点に立った道長は、十二歳になった彰子を一条天皇のもとに入れた。しかし、一条天皇は中宮定子（二十三歳）への愛を貫いていたので、年齢的にも幼い彰子には関心を示さなかった。それが変わったのは、翌年に皇后定子が崩御したことによる。道長は、文化に関心の強い天皇の気を引くために、漢籍を取り揃えるなど彰子の周辺を文化の薫りで高めることに努めた。しかし、彰子には懐妊の兆候は一向に現れず、彰子にとっては重責を感じながらの辛い日々であったかと思う。

そんななか、十九歳の春に里内裏の東三条第で盛大な花の宴が行われた。多くの公卿・殿上人らが参集し、いくつかの殿舎に分かれて饗宴があり、舞が披露され、文人たちが詩文を献上した。道長も漢詩を作って上機嫌であった。彰子も日ごろの重い気持ちを封じこめて天皇とともに寛いだ。この時、母の倫子は身籠っていた。そして生まれたのが四女の嬉子であり、その七夜の祝い（産養）を中宮彰子が主催した。これを見て道長が、母の産養を娘がするなんて聞いたことがない、と言ったというが、三者それぞれに複雑な気持ちであったろう。

これが刺激となったのか、母の出産した年の暮れには彰子も懐妊する。入内してから八年も経っていた。そして誕生したのが敦成親王である。この親王は一条天皇の第二皇子であったが、第一皇子の敦康親王には後見人がなく帝位は困難であったから、敦成親王の皇位継承は約束されたようなものであった。事実、この皇子が三条天皇の後をうけて後一条天皇となっている。さらに彰子は翌年にも第三皇子を出産しており、この皇子が後の後朱雀天皇となる。このように彰子が年子の皇子を儲けたことは、父のために最大の貢献をしたことになった。

夫の一条天皇が、四半世紀の在位のあと三条天皇に譲位して三十二歳で崩御した時、彰子はまだ二十四歳であった。そして三条天皇が五年で譲位した後、二人の皇子、次いで二人の孫が帝位を継ぎ、彰子の崩御時の白河天皇は曾孫にあたる。

父の道長の配慮の結果ではあるが、彰子は女房たちにも恵まれた。彼女たちの文化面での支えが彰子サロンを豊かにした。折につけての歌会もそうであるし、世界に誇る大ロマンの作者、紫式部を生んだことも、彰子サロンの誉れといってよい。

一方では、国母としての存在の大きさを見せつけた。中宮、皇太后、太皇太后と身分は変わっても、関白の上表、それに対する勅答など人事に関することをはじめ、要のところでの発言権は大きかった。いや、当人が意識するしないに拘わらず、摂関や天皇の方が彰子を意識していたという方が正鵠を得ているだろう。

出家して女院となってからも国母としての影響力を保持した。頼通が子の師実に関白を譲ろうと意図していたのを阻止して、まず教通に譲ることを指示し、一方で、後冷泉天皇へ手紙で、「これは道長の遺言」と伝えて、関白の申し入れを受け入れないよう諭している。

上東門院彰子は八十七歳という破格の長命を保ったおかげで、後一条・後朱雀天皇（皇子）、後冷泉・後三条天皇（孫）、そしてこの世を去る時期の白河天皇（曾孫）の初頭までの在位期間、六十年近くを国母として君臨したのである。その長さゆえに弟妹、子、孫を見送るといった悲哀も味わうことになった。

冒頭で述べたように、今年は道長の望月の歌からちょうど千年の節目にあたる。その原因となった三后独占の端緒を開いた貢献者は彰子である。彰子なくして道長家の繁栄はなかった、といっても過言ではない。その佳年に彰子の生涯についてまとめ、世に問うことができたのを幸せに思う。

大学を離れて十年近くなり、図書の閲覧にも何かと不便をきたしているなか、文献の入手には同志社大学の植木朝子教授を煩わせ、刊行にあたっては『藤原道長』の時と同様に編集者の堀川健太郎氏に何かとご尽力いただいた。学恩を蒙った多くの研究者に対してとともに、感謝申し上げたい。

二〇一八年如月　賀茂川近くの陋屋にて

朧谷　寿

藤原彰子略年譜

和暦	西暦	齢	関係事項	一般事項
寛和 二	九八六		6・23花山天皇出家、懐仁親王践祚（一条天皇、七歳）。右大臣藤原兼家（五八歳）摂政となる。道長（二一歳）昇殿を許される。7・16居貞親王立太子。7・23道長、蔵人、従五位上となる。	
永延 二	九八八	1	1・29道長、従三位非参議から権中納言となる。この年、道長（二三歳）と源倫子（二五歳）の長女として誕生。	
正暦 二	九九一	4	9・16皇太后藤原詮子、出家し、東三条院と号す（女院号の初例）。	
三	九九二	5	1月、実弟頼通誕生。	
五	九九四	7	3月、実妹妍子誕生。	
長徳 元	九九五	8	5・11道長、内覧宣旨を賜る。6・19道長、右大臣となる。	
二	九九六	9	7・20道長、左大臣となる。この年、実弟教通誕生。	

長保 元	九九九	12	2・9着裳を行う。2・11従三位となる。11・1一条天皇（二〇歳）に入内する。11・7女御となる。同日、中宮定子、一条天皇の第一皇子敦康親王を生む。12・23実妹威子誕生。	6・14内裏焼亡。
二	一〇〇〇	13	2・25中宮となる（中宮定子が皇后となり、一帝二后の初例）。4・7中宮として初めて参内する。倫子、従二位となる。10・11天皇・中宮、新造内裏へ還御（中宮御所は藤壺）。12・16皇后定子、皇女を生み、間もなく崩御（二四歳）。	
三	一〇〇一	14	11・18天皇は職曹司、中宮は敦康親王を伴い土御門殿へ遷御。11・22天皇・中宮、一条院〈今内裏〉へ遷御（敦康親王も渡御）。⑫・22東三条院詮子崩御（四〇歳）。	11・18内裏焼亡。
五	一〇〇三	16	10・8新造内裏へ還御（藤壺）。	
寛弘 元	一〇〇四	17	1・2臣下より新年の拝賀を受ける（彰子の「二宮大饗」初見）。	
二	一〇〇五	18	3・8大原野社へ行啓。10・19道長、木幡に浄妙寺三昧堂を供養する。	11・15内裏焼亡。
三	一〇〇六	19	3・4道長、東三条第で花宴を催す。その後、天皇と共に東三条第から一条院（内裏）へ遷御。倫子、	

			正二位に、頼通、従三位となる。9・8敦康親王とともに土御門第へ渡御。12・29紫式部、彰子のもとへ出仕か（前年説あり）。	7・27道長、法性寺に五大堂を供養する。
四	一〇〇七	20	1・5実妹嬉子誕生。8・11道長、吉野金峯山へ参詣し、子守三所に詣でる。	
五	一〇〇八	21	7・16出産のため一条院より土御門殿へ渡御。9・11一条天皇の第二皇子敦成親王（後一条天皇）を生む。10・16天皇、土御門殿へ行幸。11・1新皇子の五十日の祝いを土御門殿で行う。11・17新皇子とともに一条院へ還御。	2・8花山法皇崩御（四一歳）。
六	一〇〇九	22	2・20中宮と若宮を呪詛したことで藤原伊周の朝参を止め高階光子・源方理ら罰せられる。6・19出産のため土御門殿へ渡御。10・19天皇、枇杷殿へ行幸〈今内裏〉。11・25一条天皇の第三皇子敦良親王（後朱雀天皇）を生む。12・26新皇子とともに枇杷殿へ還御。	10・5一条院内裏焼亡。
七	一〇一〇	23	2・20尚侍妍子、東宮居貞親王に入侍する。10・22敦成親王、着袴を行う。11・28天皇とともに新造の一条院内裏へ遷御。	
八	一〇一一	24	6・13一条天皇譲位、東宮居貞親王践祚（三条天皇、	10・24冷泉上皇崩御（六二歳）。

和暦	西暦	齢	事項	関連事項
			三六歳）。敦成親王立太子。6・22一条天皇崩御（三二歳）。8・23妍子、三条天皇の女御となる。	
長和 元	一〇一二	25	2・14三条天皇女御の妍子、中宮となり、皇后（中宮）彰子は皇太后となる。	
二	一〇一三	26	1・10東宮敦成親王（六歳）、皇太后の枇杷殿へ朝覲行幸。7・6中宮妍子、土御門殿で禎子内親王を生む。	
三	一〇一四			2・9内裏焼亡。
四	一〇一五	27	10・25道長の五十の賀を土御門殿で行う。10・27道長、准摂政となる。	9・20天皇、新造内裏へ遷御。11・17内裏焼亡。
五	一〇一六	29	1・29三条天皇譲位、東宮敦成親王践祚（後一条天皇、九歳）。道長、摂政となる。三条天皇の第一皇子敦明親王（母は藤原娍子）立太子。6・10道長・倫子、准三宮となり年官年爵を賜る。	7・20土御門殿ほか五百余家が焼失。9・24枇杷殿焼失。
寛仁 元	一〇一七	30	3・16道長、摂政を辞し、内大臣頼通、摂政となる。8・9敦明親王、東宮を辞し（小一条院）、敦良親王立太子。11・25天皇と同輿で賀茂社へ行幸・御幸。	5・9三条法皇崩御。
二	一〇一八	31	1・7太皇太后となる。3・7尚侍藤原威子、後一条天皇に入内する。4・28威子、女御となる。10・16女御威子、中宮となり、妍子、皇太后となる。道	4・28天皇、新造内裏に遷御。6・20土御門殿再建。12・17敦康親王薨去（二〇歳）。

				長「望月の歌」を詠む。10・22後一条天皇、土御門殿へ行幸（同輿する）、東宮・三后、行啓。	
	三	一〇一九	32	3・21道長、出家する。9・29道長、東大寺で受戒する。12・22頼通、関白となる。	4月、刀伊賊が対馬・壱岐筑前に襲来、大宰府がこれを撃破する。
	四	一〇二〇	33	3・22道長、無量寿院（九躰阿弥陀堂）を供養する。三后御幸、行啓。	春から疱瘡が流行する。
治安	元	一〇二一	34	2・28倫子、無量寿院で出家する。10・14後一条天皇と同輿で春日社へ行幸・行啓。	
	二	一〇二二	35	7・14道長、法成寺金堂を供養する（直前に無量寿院から法成寺に改称）。東宮・三后行啓。10・13仁和寺に観音院を供養する。	
	三	一〇二三	36	5月、土御門殿の東北での田植え・田楽を見物する。10・13倫子の六十の賀を土御門殿で行い、三后行啓。	
万寿	元	一〇二四	37	6・26道長、法成寺に薬師堂を供養、御幸。9・19頼通の高陽院へ御幸。後一条天皇、中宮威子とともに競馬を観覧する。	
	二	一〇二五	38	8・3嬉子、東宮敦良親王の皇子、親仁親王を生む。8・5嬉子薨去（一九歳）。	
	三	一〇二六	39	1・2後一条天皇、内裏に同居の弘徽殿の太皇太后	

四	一〇二七	40	のもとへ朝観行幸。1・19土御門殿で出家し（法名は清浄覚）、上東門院（女院）と号する。5・14顕信死去（三四歳）。9・14皇太后妍子崩御（三四歳）。11・25道長、土御門殿から法成寺阿弥陀堂へ移る。12・4道長薨去（六二歳）。	
長元三	一〇三〇	43	8・21法成寺に東北院を供養する（毎年九月に念仏を行うのを恒例とする）。10・29頼通、法成寺に五重塔を供養する。	
四	一〇三一	44	1・3後一条天皇、女院の土御門殿へ朝観行幸。9・25石清水社・住吉社・天王寺へ参詣する（関白以下、随行）。10・27自筆写経を比叡山横川の如法堂に奉納する。12・3土御門殿焼失、法成寺に避難する。	
五	一〇三二	45	1・3後一条天皇・皇太弟、女院の高陽院へ朝観行幸、行啓。3・2後一条天皇、関白頼通の白河院に行幸し、桜花を愛でる。10・18高陽院で上東門院菊合を行う。	12・16駿河国の富士山噴火する。
六	一〇三三	46	11・28関白頼通主宰の高陽院での倫子七十の賀に御幸。	
八	一〇三五	48	1・2後一条天皇、女院のもとへ朝観行幸。	

	九	一〇三六	49	4・17後一条天皇崩御（二九歳）、東宮敦良親王践祚（後朱雀天皇、二八歳）。9・6中宮威子崩御（三八歳）。	
長暦	二	一〇三八	51	1・2後朱雀天皇、土御門殿の女院のもとへ朝覲行幸。	
	三	一〇三九	52	5・7法成寺において剃髪、受戒する（再出家）。	6・27内裏焼亡
長久	元	一〇四〇	53	1・27後朱雀天皇、法成寺東北院（女院御所）へ朝覲行幸。	4・29京中に盗賊・悪僧の乱行多く、朝廷で審議する。8月、京中に疫病流行する。9・9土御門殿（内裏）焼亡。11・2放火頻発により検非違使に京中を夜警させる。
	二	一〇四一	54		12・8内裏焼亡。
	三	一〇四二	55		12・19天皇、新造内裏へ遷御。
寛徳	二	一〇四五	58	1・16後朱雀天皇譲位、東宮親仁親王践祚（後冷泉天皇、二一歳）。尊仁親王立太子。1・18後朱雀天皇崩御（三七歳）。⑤・15白河院へ遷る。	
永承	元	一〇四六	59		1・18藤原実資薨去（九〇歳）。10・8天皇、新造内裏へ遷御
	三	一〇四八	61		11・2内裏焼亡。

	五	一〇五〇	63	3・15関白頼通、法成寺に新堂を供養する、御幸。10・13後冷泉天皇、初めて東北院の女院のもとへ行幸。	
	六	一〇五一	64		この年、前九年の役、始まる。
	七	一〇五二	65	3・27関白頼通、宇治の別業を寺院に改める（平等院）。この年、末法に入る。	
天喜	元	一〇五三	66	3・4頼通、平等院に阿弥陀堂（鳳凰堂）を供養する。6・11源倫子薨去（九〇歳）。10・13平等院へ御幸。	
	五	一〇五七	70	3・14法成寺に八角堂を供養する。	
康平	元	一〇五八	71	2・23法成寺の諸堂のほとんどが焼失。3・30頼通、使いを木幡の道長の墓前に遣わし法成寺焼失を報告させる。	
	二	一〇五九	72	10・12関白頼通、法成寺に阿弥陀堂・五大堂を供養する。	
	三	一〇六〇	73	3・25後冷泉天皇、白河院の女院のもとへ朝覲行幸。	
	四	一〇六一	74	7・21法成寺東北院を供養する。12・21頼通、慶賀のため女院のもとへ参る。	
	六	一〇六三	76	12・24園城寺一乗院を供養する。	
治暦	三	一〇六七	80	10・5後冷皇天皇、平等院へ行幸。10・7頼道、准	

				三宮となり、年官年爵を賜る。12・5頼通、関白を辞する。	
	四	一〇六八	81	4・17左大臣教通、関白となる。4・19後冷泉天皇崩御（四四歳）、東宮尊仁親王践祚（後三条天皇、三五歳）。	
延久	二	一〇七〇	83		10・20京中大地震が起こり、堂舎家屋多く倒壊。
	三	一〇七一	84		8・28後三条天皇、新造内裏へ遷御。
	四	一〇七二	85	1・29頼通、出家する。12・8後三条天皇譲位、東宮貞仁親王践祚（白河天皇、二〇歳）。	
	五	一〇七三	86	5・7後三条天皇崩御（四〇歳）。	
承保	元	一〇七四	87	2・2頼通、薨去（八三歳）。10・3法成寺阿弥陀堂にて崩御（八七歳）。	
	二	一〇七五		9・25教通、薨去（八〇歳）。	

▨月の○囲みは閏月

人名索引

た・な行

は　行

ま・や・ら行

事項索引

あ 行

か 行

さ　行

た　行

な　行

は　行

ま　行

や　行

ら・わ行

《著者紹介》

朧谷　寿（おぼろや・ひさし）

1939年　新潟県生まれ。

1962年　同志社大学文学部文化学科文化史学専攻卒業。

2005年　京都府文化功労賞受賞。

同志社女子大学教授を経て，

現　在　同志社女子大学名誉教授。

著　書　『王朝と貴族』〈日本の歴史６〉集英社，1991年。

『藤原氏千年』講談社，1996年。

『源氏物語の風景』吉川弘文館，1999年。

『平安貴族と邸第』吉川弘文館，2000年。

『藤原道長』〈ミネルヴァ日本評伝選〉ミネルヴァ書房，2007年。

『藤原氏はなぜ権力を持ち続けたのか』〈NHK さかのぼり日本史⑨〉NHK出版，2012年。

『堀河天皇吟抄』ミネルヴァ書房，2014年。

『平安王朝の葬送』思文閣出版，2016年ほか。

ミネルヴァ日本評伝選

藤《ふじ》原《わらの》彰《しょう》子《し》

——天下第一の母——

2018年５月10日　初版第１刷発行
2018年11月10日　初版第２刷発行

〈検印省略〉

定価はカバーに
表示しています

著　者　朧　谷　　寿

発行者　杉　田　啓　三

印刷者　江　戸　孝　典

発行所　株式会社　ミネルヴァ書房

607-8494　京都市山科区日ノ岡堤谷町１

電話代表（075）581-5191

振替口座　01020-0-8076

共同印刷工業・新生製本

ISBN978-4-623-08362-6

Printed in Japan

刊行のことば

歴史を動かすものは人間であり、興趣に富んだ人間の動きを通じて、世の移り変わりを考えるのは、歴史に接する醍醐味である。

しかし過去の歴史学を顧みるとき、人間不在という批判さえ見られたように、歴史における人間のすがたが、必ずしも十分に描かれてきたとはいえない。二十一世紀を迎えた今、歴史の中の人物像を蘇生させようとの要請はいよいよ強く、またそのための条件もしだいに熟してきている。

この「ミネルヴァ日本評伝選」は、正確な史実に基づいて書かれるのはいうまでもないが、単に経歴の羅列にとどまらず、歴史を動かしてきたすぐれた個性をいきいきとよみがえらせたいと考える。そのためには、対象とした人物とじっくりと対話し、ときにはきびしく対決していくことも必要になるだろう。

今日の歴史学が直面している困難の一つに、研究の過度の細分化、瑣末化が挙げられる。それは緻密さを求めるが故に陥った弊害といえるが、その結果として、歴史の大きな見通しが失われ、歴史学を通しての社会への働きかけの途が閉ざされ、人々の歴史への関心を弱める危険性がある。今こそ歴史が何のためにあるのかという、基本的な課題に応える必要があろう。評伝という興味ある方法を通じて、解決の手がかりを見出せないだろうかというのも、この企画の一つのねらいである。

狭義の歴史学の研究者だけでなく、多くの分野ですぐれた業績をあげている著者たちを迎えて、従来見られなかった規模の大きな人物史の叢書として、「ミネルヴァ日本評伝選」の刊行を開始したい。

平成十五年（二〇〇三）九月

ミネルヴァ書房

ミネルヴァ日本評伝選

企画推薦
梅原　猛
ドナルド・キーン
佐伯彰一
角田文衞

監修委員
上横手雅敬
芳賀　徹

編集委員
石川九楊
伊藤之雄
猪木武徳
今谷　明
今橋映子
熊倉功夫
佐伯順子
坂本多加雄
武田佐知子
竹西寛子
西口順子
兵藤裕己
御厨　貴

上代

＊俾弥呼　古田武彦
＊日本武尊　西宮秀紀
＊仁徳天皇　若井敏明
雄略天皇　吉村武彦
継体天皇　若井敏明
＊蘇我氏四代　遠山美都男
推古天皇　義江明子
聖徳太子　仁藤敦史
斉明天皇　武田佐知子
＊小野妹子・毛人・毛野　大橋信弥
＊額田王　梶川信行
弘文天皇　遠山美都男
天武天皇　新川登亀男
持統天皇　丸山裕美子
阿倍比羅夫　熊田亮介
＊藤原四子　木本好信
＊柿本人麿　古橋信孝
＊元明天皇・元正天皇　渡部育子
聖武天皇　本郷真紹
光明皇后　寺崎保広
＊孝謙・称徳天皇　勝浦令子
藤原不比等　荒木敏夫
橘諸兄・奈良麻呂　遠山美都男
吉備真備　今津勝紀
＊藤原仲麻呂　木本好信
道鏡　吉川真司
＊藤原種継　木本好信
＊行基　吉田靖雄

平安

＊桓武天皇　井上満郎
嵯峨天皇　西別府元日
宇多天皇　古藤真平
醍醐天皇　石上英一
村上天皇　京樂真帆子
花山天皇　上島　享
＊三条天皇　倉本一宏
藤原薬子　中野渡俊治
＊藤原良房・基経　瀧浪貞子
＊紀貫之　神田龍身
源高明　所　功
＊安倍晴明　斎藤英喜
藤原実資　橋本義則
＊藤原道長　朧谷　寿
＊藤原伊周・隆家　倉本一宏
藤原定子　山本淳子
＊藤原彰子　朧谷　寿
清少納言　三田村雅子
紫式部　竹西寛子
和泉式部　ツベタナ・クリステワ
大江匡房　小峯和明
＊阿弖流為　樋口知志
坂上田村麻呂　熊谷公男
＊源満仲・頼光　元木泰雄
平将門　西山良平
藤原純友　寺内　浩
最澄　吉田一彦
円珍　岡野浩二
＊空也　石井義長
奝然　上川通夫
＊源信　小原　仁
慶滋保胤　吉原浩人
＊後白河天皇　美川　圭
＊式子内親王　奥野陽子
建礼門院　生形貴重
＊藤原秀衡　入間田宣夫
平時子・時忠　元木泰雄
平維盛　根井　浄
守覚法親王　阿部泰郎
藤原隆信・信実　山本陽子

鎌倉

源頼朝　川合　康
＊源義経　近藤好和
源実朝　神田龍身
＊九条兼実　加納重文
九条道家　上横手雅敬
北条時政　野口　実
熊谷直実　佐伯真一
＊北条政子　関　幸彦
北条義時　岡田清一
曾我十郎・五郎　杉橋隆夫
北条時頼　山本隆志
北条時宗　近藤成一
安達泰盛　山陰加春夫
平頼綱　細川重男
竹崎季長　堀本一繁
西行　光田和伸
鴨長明　浅見和彦
藤原定家　赤瀬信吾
＊京極為兼　今谷　明
＊兼好　島内裕子
重源　横内裕人
＊運慶　根立研介
快慶　井上一稔
法然　今堀太逸
栄西　中尾良信
明恵　西山　厚
＊親鸞　末木文美士
恵信尼・覚信尼　西口順子
覚如　今井雅晴
＊道元　船岡　誠
叡尊　細川涼一
＊忍性　松尾剛次
＊日蓮　佐藤弘夫
一遍　蒲池勢至
夢窓疎石　原田正俊
＊宗峰妙超　竹貫元勝

南北朝・室町

後醍醐天皇　上横手雅敬
*護良親王　新井孝重
*懐良親王　森　茂暁
*赤松氏五代　渡邊大門
*北畠親房　岡野友彦
楠正成　兵藤裕己
楠木正行・正儀　生駒孝臣
*新田義貞　山本隆志
*光厳天皇　深津睦夫
足利尊氏　市沢　哲
*足利直義　亀田俊和
佐々木道誉　下坂　守
細川頼之　亀田俊和
円観・文観　田中貴子
足利義詮　早島大祐
足利義満　川嶋將生
*足利義持　吉田賢司
足利義教　横井　清
足利義政　木下昌規
*大内義弘　平瀬直樹
伏見宮貞成親王　松薗　斉
*山名宗全　山本隆志
細川勝元・政元　古野　貢
畠山義就　呉座勇一
足利成氏　阿部能久
世阿弥　西野春雄
雪舟等楊　河合正朝
宗祇　鶴崎裕雄
*満済　森　茂暁
一休宗純　原田正俊
蓮如　岡村喜史

戦国・織豊

北条早雲　家永遵嗣
*北条氏政　黒田基樹
大内義隆　藤井　崇
斎藤氏三代　木下　聡
*毛利元就　岸田裕之
*毛利輝元　光成準治
小早川隆景・秀秋　光成準治
六角定頼　村井祐樹
*今川義元　小和田哲男
*武田信玄　笹本正治
*武田勝頼　笹本正治
*真田氏三代　笹本正治
*三好長慶　天野忠幸
松永久秀　天野忠幸
*宇喜多直家・秀家　渡邊大門
*上杉謙信　矢田俊文
大友宗麟　鹿毛敏夫
島津義久・義弘　福島金治
*長宗我部元親・盛親　平井上総
浅井長政　長谷川裕子
吉田兼倶　西山　克
山科言継　松薗　斉
*雪村周継　赤澤英二
正親町天皇・後陽成天皇　神田裕理
足利義輝・義昭　山田康弘
織田信長　三鬼清一郎
織田長益　八尾嘉男
豊臣秀吉　藤井讓治
豊臣秀次　矢部健太郎
*北政所おね　田端泰子
*淀殿　福田千鶴
蜂須賀正勝・家政　三宅正浩
前田利家　東四柳史明
山内一豊・忠義　長屋隆幸
*黒田如水　小和田哲男
*蒲生氏郷　藤田達生
*石田三成　堀越祐一
*細川ガラシャ　田端泰子
伊達政宗　伊藤喜良
*支倉常長　田中英道
千利休　熊倉功夫
*長谷川等伯　宮島新一
顕如　神田千里
教如　安藤　弥

江戸

*徳川家康　笠谷和比古
本多忠勝　柴　裕之
*徳川家光　野村　玄
徳川吉宗　横田冬彦
*後水尾天皇　久保貴子
後桜町天皇　所　京子
*光格天皇　藤田　覚
崇伝　杣田善雄
*春日局　福田千鶴
宮本武蔵　渡邊大門
*池田光政　倉地克直
保科正之　八木清治
シャクシャイン　岩崎奈緒子
*田沼意次　藤田　覚
細川重賢　安高啓明
*二宮尊徳　小林惟司
末次平蔵　岡美穂子
*高田屋嘉兵衛　生田美智子
*林羅山　鈴木健一
吉野太夫　渡辺憲司
中江藤樹　辻本雅史
熊沢蕃山　川口　浩
*山崎闇斎　澤井啓一
山鹿素行　前田　勉
*北村季吟　島内景二
伊藤仁斎　澤井啓一
貝原益軒　辻本雅史
*ケンペル　B・M・ボダルト＝ベイリー
新井白石　大川　真
荻生徂徠　柴田　純
*雨森芳洲　上田正昭
石田梅岩　高野秀晴
白隠慧鶴　芳澤勝弘
前野良沢　松田　清
平賀源内　石上　敏
本居宣長　田尻祐一郎
杉田玄白　吉田　忠
木村蒹葭堂　有坂道子
*大田南畝　沓掛良彦
菅江真澄　赤坂憲雄
*鶴屋南北　諏訪春雄
良寛　阿部龍一
*山東京伝　佐藤至子
*滝沢馬琴　高田　衛
平田篤胤　山下久夫
国友一貫斎　太田浩司
シーボルト　宮坂正英
本阿弥光悦　岡　佳子
小堀遠州　中村利則
狩野探幽・山雪　山下善也
尾形光琳・乾山　河野元昭
*二代目市川團十郎　田口章子
伊藤若冲　狩野博幸
浦上玉堂　高橋博巳
*佐竹曙山　成瀬不二雄
葛飾北斎　岸　文和
酒井抱一　玉蟲敏子
孝明天皇　青山忠正
*和宮　辻ミチ子
徳川慶喜　大庭邦彦
島津斉彬　原口　泉
横井小楠　沖田行司
*古賀謹一郎　小野寺龍太
*永井尚志　高村直助

＊岩瀬忠震　小野寺龍太
＊栗本鋤雲　小野寺龍太
大村益次郎　竹本知行
河井継之助　小川和也
＊西郷隆盛　家近良樹
＊由利公正　角鹿尚計
＊塚本明毅　塚本学
＊月性　海原徹
＊吉田松陰　海原徹
＊高杉晋作　海原徹
久坂玄瑞　一坂太郎
ペリー　遠藤泰生
ハリス　福岡万里子
オールコック　佐野真由子
アーネスト・サトウ　奈良岡聰智
緒方洪庵　米田該典

近代

＊明治天皇　伊藤之雄
＊大正天皇　F・R・ディキンソン
＊昭憲皇太后・貞明皇后　小田部雄次
大久保利通　三谷太一郎
山県有朋　鳥海靖
木戸孝允　落合弘樹
井上馨　伊藤之雄
＊松方正義　室山義正
北垣国道　小林丈広
板垣退助　小川原正道

長与専斎　笠原英彦
大隈重信　五百旗頭薫
伊藤博文　坂本一登
井上毅　大石眞
＊井上勝　老川慶喜
＊桂太郎　小林道彦
＊渡邉洪基　瀧井一博
＊乃木希典　佐々木英昭
星亨　小林道彦
林董　奈良岡聰智
＊児玉源太郎　小林道彦
＊高宗・閔妃　木村幹
山本権兵衛　室山義正
＊金子堅太郎　松村正義
高橋是清　鈴木俊夫
小村寿太郎　簑原俊洋
＊犬養毅　小林惟司
原敬　季武嘉也
＊加藤高明　櫻井良樹
牧野伸顕　小宮一夫
田中義一　黒沢文貴
内田康哉　高橋勝浩
石井菊次郎　廣部泉
平沼騏一郎　堀田慎一郎
＊鈴木貫太郎　小堀桂一郎
宇垣一成　北岡伸一
＊宮崎滔天　榎本泰子
＊浜口雄幸　川田稔
幣原喜重郎　西田敏宏
関一　玉井金五
水野広徳　片山慶隆

広田弘毅　井上寿一
安重根　上垣外憲一
＊グルー　廣部泉
＊永田鉄山　森靖夫
東條英機　牛村圭
今村均　前田雅之
蔣介石　劉岸偉
石原莞爾　山室信一
近衛文麿　庄司潤一郎
＊岩崎弥太郎　武田晴人
伊藤忠兵衛　末永國紀
五代友厚　田付茉莉子
大倉喜八郎　村上勝彦
＊安田善次郎　由井常彦
渋沢栄一　武田晴人
中野武営　佐賀香織
益田孝　鈴木邦夫
山辺丈夫　宮本又郎
武藤山治　阿部武司・桑原哲也
池田成彬　松浦正孝
西原亀三　森川正則
小林一三　橋爪紳也
大倉恒吉　石川健次郎
大原孫三郎　猪木武徳
＊河竹黙阿弥　今尾哲也
イザベラ・バード　加納孝代
＊林忠正　木々康子
＊森鷗外　小堀桂一郎
＊二葉亭四迷　ヨコタ村上孝之
＊夏目漱石　佐々木英昭

徳冨蘆花　半藤英明
巌谷小波　千葉信胤
樋口一葉　佐伯順子
＊島崎藤村　十川信介
泉鏡花　東郷克美
上田敏　小林茂
＊有島武郎　亀井俊介
永井荷風　川本三郎
北原白秋　平石典子
菊池寛　山本芳明
芥川龍之介　高橋龍夫
＊宮沢賢治　千葉一幹
高浜虚子　坪内稔典
与謝野晶子　佐伯順子
＊種田山頭火　村上護
＊斎藤茂吉　品田悦一
＊高村光太郎　湯原かの子
石川啄木　先崎彰容
萩原朔太郎　エリス俊子
＊原阿佐緒　秋山佐和子
＊狩野芳崖・高橋由一　古田亮
川村清雄　落合則子
＊小堀鞆音　小堀桂一郎
竹内栖鳳　北澤憲昭
黒田清輝　高階秀爾
中村不折　石川九楊
横山大観　高階秀爾
＊橋本関雪　西原大輔
小出楢重　芳賀徹
土田麦僊　天野一夫

岸田劉生　北澤憲昭
濱田庄司　濱田琢司
＊山田耕筰　後藤暢子
松旭斎天勝　川添裕
中山みき　鎌田東二
佐田介石　谷川穣
＊ニコライ　中村健之介
＊出口なお・王仁三郎　川村邦光
島地黙雷　阪本是丸
＊新島襄　太田雄三
新島八重　佐伯順子
木下広次　冨岡勝
海老名弾正　西田毅
嘉納治五郎　クリストファー・スピルマン
柏木義円　片野真佐子
津田梅子　田中智子
＊澤柳政太郎　新田義之
河口慧海　高山龍三
山室軍平　室田保夫
大谷光瑞　白須淨眞
＊久米邦武　髙田誠二
フェノロサ　伊藤豊
井上哲次郎　井ノ口哲也
三宅雪嶺　長妻三佐雄
＊岡倉天心　木下長宏
志賀重昂　中野目徹
徳富蘇峰　杉原志啓
＊竹越与三郎　西田毅
内藤湖南・桑原隲蔵　礪波護

＊廣池千九郎　橋本富太郎
岩村　透　今橋映子
＊西田幾多郎　大橋良介
＊金沢庄三郎　石川遼子
柳田国男　鶴見太郎
厨川白村　張　競
＊村岡典嗣　水野雄司
大川周明　山内昌之
西田直二郎　林　淳
折口信夫　斎藤英喜
シュタイン　瀧井一博
＊西　周　清水多吉
＊福澤諭吉　平山　洋
成島柳北　山田俊治
福地桜痴　山田俊治
＊村山龍平　早房長治
島田三郎　武藤秀太郎
田口卯吉　鈴木栄樹
＊陸　羯南　松田宏一郎
黒岩涙香　奥　武則
長谷川如是閑　織田健志
＊吉野作造　田澤晴子
山川　均　米原　謙
＊岩波茂雄　十重田裕一
＊北　一輝　岡本幸治
＊穂積重遠　大村敦志
中野正剛　吉田則昭
＊満川亀太郎　福家崇洋
＊エドモンド・モレル　林田治男
＊北里柴三郎　福田眞人

高峰譲吉　木村昌人
田辺朔郎　秋元せき
＊南方熊楠　飯倉照平
石原　純　金子　務
＊辰野金吾　河上眞理・清水重敦
＊七代目小川治兵衛　尼崎博正
本多静六　岡本貴久子
ブルーノ・タウト　北村昌史

現代

昭和天皇　御厨　貴
高松宮宣仁親王　後藤致人
＊李　方子　小田部雄次
吉田　茂　中西　寛
マッカーサー　柴山　太
鳩山一郎　楠　綾子
＊石橋湛山　増田　弘
重光　葵　武田知己
市川房枝　村井良太
＊池田勇人　藤井信幸
高野　実　篠田　徹
和田博雄　庄司俊作
朴正熙　木村　幹
＊田中角栄　新川敏光
宮沢喜一　村上友章
竹下　登　真渕　勝
＊松永安左エ門　橘川武郎

鮎川義介　井口治夫
＊出光佐三　橘川武郎
＊松下幸之助　米倉誠一郎
渋沢敬三　井上　潤
＊本田宗一郎　伊丹敬之
＊井深　大　武田　徹
＊佐治敬三　小玉　武
幸田家の人々　金井景子
＊正宗白鳥　大嶋　仁
＊大佛次郎　福島行一
＊川端康成　大久保喬樹
＊薩摩治郎八　小林　茂
坂口安吾　千葉一幹
太宰　治　安藤　宏
松本清張　杉原志啓
安部公房　鳥羽耕史
＊三島由紀夫　島内景二
井上ひさし　成田龍一
R・H・ブライス　菅原克也
柳　宗悦　熊倉功夫
バーナード・リーチ　鈴木禎宏
イサム・ノグチ　酒井忠康
熊谷守一　古川秀昭
川端龍子　岡部昌幸
藤田嗣治　林　洋子
＊井上有一　海上雅臣
＊手塚治虫　竹内オサム
古賀政男　藍川由美

＊吉田　正　金子　勇
武満　徹　船山　隆
＊八代目坂東三津五郎　田口章子
＊力道山　岡村正史
＊西田天香　宮田昌明
安倍能成　中根隆行
サンソム夫妻　平川祐弘・牧野陽子
＊天野貞祐　貝塚茂樹
和辻哲郎　小坂国継
矢代幸雄　稲賀繁美
石田幹之助　岡本さえ
＊平泉　澄　若井敏明
＊早川孝太郎　須藤　功
安岡正篤　片山杜秀
青山二郎　田野　勲
島田謹二　小林信行
田中美知太郎　川久保剛
前嶋信次　杉田英明
＊唐木順三　澤村修治
亀井勝一郎　山本直人
知里真志保　北原治郎太
＊保田與重郎　谷崎昭男
石母田正　磯前順一
＊福田恆存　川久保剛
井筒俊彦　安藤礼二
佐々木惣一　伊藤孝夫
小泉信三　都倉武之
＊瀧川幸辰　伊藤孝夫
式場隆三郎　服部　正

大宅壮一　有馬　学
清水幾太郎　庄司武史
＊フランク・ロイド・ライト　大久保美春
＊中谷宇吉郎　杉山滋郎
今西錦司　山極寿一

＊は既刊
二〇一八年十一月現在